Khanna Omarkhali · Kurdish Reader

Khanna Omarkhali

Kurdish Reader

Modern Literature and Oral Texts in Kurmanji

With Kurdish – English Glossaries
and Grammatical Sketch

2011

Harrassowitz Verlag · Wiesbaden

Cover photograph: *Geliyê Elî Beg*, Iraqi Kurdistan, by Gharani Ghaderi

Bibliografische Information der Deutschen Nationalbibliothek
Die Deutsche Nationalbibliothek verzeichnet diese Publikation in der Deutschen
Nationalbibliografie; detaillierte bibliografische Daten sind im Internet
über http://dnb.d-nb.de abrufbar.

Bibliographic information published by the Deutsche Nationalbibliothek
The Deutsche Nationalbibliothek lists this publication in the Deutsche
Nationalbibliografie; detailed bibliographic data are available in the internet
at http://dnb.d-nb.de.

For further information about our publishing program consult our
website http://www.harrassowitz-verlag.de
© Otto Harrassowitz GmbH & Co. KG, Wiesbaden 2011
Printed on permanent/durable paper.
Layout: Julia Guthmüller
Printing and binding: Hubert & Co., Göttingen
Printed in Germany
ISBN 978-3-447-06527-6

Contents

Lesson I. Text 2. Mem and Zîn. Ehmedê Khanî – Lesson II. Text 1. The Little Prince. Antoine de Saint-Exupéry – Lesson III. Text 3. Antigonus – Lesson IV. Text 2. Don't Ask. Hafiz – Lesson V. Text 1. The song of the falcon. Maksim Gorky – Lesson VI. Text 1. Cry of the Tigris. Mehmed Uzun. Part I. – Lesson VII. Text 3. Socrates – Lesson VIII. Text 1. The cloud and the mountain. Eskerê Boyîk

From Armenia and Russia: Text 2. Yezidis and Armenians – From Syria: Text 2. Our life in Syria. Part II. My life – From Turkey: Text 1. My life in Siirt and Batman – From Iraq: Text 5. Spirit and the body of Adam – From Azerbaijan, Kalbajar: Text 1. My sons – From Azerbaijan, Lachin: Text 3. Our village – From Turkmenia: Text 1. My life – From Khorasan: Text 1. Kurds and schools

List of Tables

Abbreviations

Other Abbreviations

adj	adjective	*LL*	literary language
adv	adverb	*m*	masculine noun
aff	affirmative	*n*	noun
aspir	aspirated	*Obl case*	Oblique case
comp	comparative	*paren*	parenthesis
conj	conjunction	*pas*	Passive
demonst	demonstrative	*part*	particle
Dir case	Direct case	*pers*	person(al)
e. g.	*exempli gratia*, for example	*pl.*	plural
etc.	*et cetera*, and so forth	*postcons.*	postconsonantal
f	feminine noun	*postvoc.*	postvocalic
i. e.	*id est*, that is	*prep*	preposition
imper	imperative	*pron*	pronoun
int	interjection	*reflex*	reflexive
intr	intransitive	*smb*	somebody
JPASB	Journal and Proceedings of the Asiatic Society of Bengal	*sg.*	singular
		smth	something
		superl	superlative
KA	Kurmanji in Armenia	*sw*	somewhere
KAZ	Kurmanji in Azerbaijan	*tr*	transitive
KIK	Kurmanji in Iraqi Kurdistan	*unaspir*	unaspirated
		unpub	unpublished
KS	Kurmanji in Syria	*v*	verb
KT&K	Kurmanji in Turkmenia and Khorasan	*Vocat*	Vocative

Acknowledgments

I would like to use this opportunity to express my gratitude to Prof. Amir Hassanpour for writing the Preface for the reader. I have also benefited from the help of colleagues and friends for advice about content and structure during my work on the book. I am indebted to Dr. Pavel Basharin who kindly read the grammar outline and offered valuable comments. My deepest expression of appreciation goes to Mrs. Lynne Colley (Shina) M. A. for her valuable advice and help with the English language.

Most of all, I would like to express my deepest thanks to my parents Zina and Riza **Usoyan** for their moral support and all the people who inspired me to publish this book.

Göttingen, Spring 2011   Khanna Omarkhali (Usoyan)

Preface to the Reader by Amir Hassanpour

This is an exciting collection of texts in Kurmanji, the main dialect of the Kurdish language. It is designed to help students with a basic knowledge of the language to enhance their fluency through the study of a variety of texts ranging from literary and folklore to non-narrative prose works. My goal in this preface is to place the readings in the context of the troubled history of the language, to map the place of Kurdish in the emerging world linguistic order, and to draw the contours of Kurmanji in the sociolinguistic chart of Kurdish dialects.

The Kurdish Language

In terms of the number of speakers, Kurdish ranks fortieth among the world's 6,600 to 7,000 languages.[1] The numerical strength of the language has, however, been undermined by the division of its speech area and speakers among five neighbouring countries of Turkey, Iran, Iraq, Syria and Armenia, and the adoption, by these nation-states, of policies ranging from linguicide (Turkey 1925–1991, Iran, 1920s–1941, Syria since the mid-1960s) to tolerance (Syria in the mid-1930s and WWII to 1958) and officialization on the local level (USSR and Iraq). In this changing geopolitical environment, Kurdish is now one of the two official languages of Iraq while it is denied many rights including native-tongue education in all neighbouring countries.

Although writing, in its alphabetic forms, dates back to seven millennia ago, the majority of the languages of the world have, until quite recently, remained unwritten. At the same time, languages are extremely unequal in terms of the scope of writing and literary traditions. Although the physical landscape of Kurdistan is decorated with inscriptions in extinct ancient languages and scripts, writing in Kurdish has a more recent beginning in the sixteenth century when two dialects, Kurmanji and Hewrami, began a literary tradition, predominantly in poetic form. Later in the early nineteenth century, another dialect, named Sorani since the 1960s, developed its written tradition, followed by occasional writing in other dialects.

The three literary traditions were poetic with only a few prose works, which were mostly non-narrative. This literary spark, much like that in Azeri, Pashtu or Baluchi languages, was overshadowed by the brilliant and rich literary traditions of Arabic and Persian, the dominant classical languages

---

1 This ranking is based on an estimation of the number of speakers at 20 million in the early 1980s (Leclerc 1986: 55, 138).

from northwest Africa to Central Asia and West India. The literary environment of West Asia was, no doubt, much more diverse. Two other literary languages, Armenian and Syriac, were used by Armenians, Assyrians and Jews, although Arabic, Persian and, to a much lesser extent, since the seventeenth century, Ottoman Turkish, dominated Kurdistan's literary landscape.

In this colourful mosaic of languages where writing anchored in religion, literature and statehood, Kurmanji was the language of both literature and religion, the sacred scriptures of an indigenous religion of Kurdistan known in the West as Yezidism. The predominantly oral texts of this religion and its written scriptures, *Meṣ̂hefa Reṣ*, "Black Book," and *Kitêba Cilwe*, "Book of Revelation," are mostly in Kurmanji.[2] Also, the scriptures of another religion of Kurdistan, Ahli Heqq, are mostly in Hewrami. Sorani has been the vehicle of Islamic and Sufi texts although there is evidence about one Yezidi text in this dialect.

Kurdish has been written in a variety of alphabets, including Armenian, Arabic, Cyrillic, Roman, and Syriac. The first printed translations of the Bible into Kurmanji were published in the Armenian alphabet.[3] Kurmanji texts have also been written in the Syriac alphabet.[4] This diversity reflects the complex linguistic and literary life of West Asia, as well as the post-WWI division of Kurdistan among nation-states where the choice of alphabets was primarily a political event decided by the government.

Until quite recently, there was little research interest in comparative studies of the languages and literary and oral traditions of the peoples of West Asia – Arabs, Armenians, Assyrians, Jews, Kurds, Persians, Turks and others. Armenian and Neo-Aramaic, spoken by Assyrians and Jews, were in close contact with Kurdish. While Armenian was eliminated in the wake of the 1915 genocide, the Neo-Aramaic languages spoken by the Jews disappeared after their migration to Israel.[5] Syriac was the major literary language of the region before the ascendency of Arabic and Persian, and it is still a living language though undermined by the geoethnic re-distribution of political, social and linguistic power. There is, for instance, a yet unpublished nineteenth century Kurmanji grammar in Syriac (Harrak 2011).[6]

---

2 There is a controversy on whether Yezidism is rooted in a written or oral tradition; it is argued, more recently, that the written texts date back to more recent times, e. g., nineteenth century (see, for instance, Kreyenbroek 1995: 1–25; 2010: 70–88).

3 This was a translation of the Gospel of Mathew published in 1856 in Constantinople.

4 See, for instance, Fuad (1970: 121–123).

5 There has been more interest in the comparative study of Kurdish and the Neo-Aramaic languages of the Jewish populations of Kurdistan (see annotated bibliographic references in Meho and Maglaughlin: 2001: 126–33).

6 I would like to thank Dr. Amir Harrak, my colleague at the University of Toronto, for information on this manuscript and the role of Syriac in the linguistic landscape of the region. He has uncovered the grammar in the Baghdad collection of Syriac manuscripts.

The Political Fragmentation of Kurdish since 1918

The Kurdish speech area has seen many divisions, the more permanent one being the border between the Ottoman and Iranian states in 1639. While this border has survived until now (forming Iran-Turkey and Iran-Iraq borders), the Ottoman Empire was dismantled by the end of WWI, and Britain and France created a number of states out of the provinces they occupied. The Ottoman part of Kurdistan was re-divided among Iraq (under British Occupation, 1918–1920, and Mandate, 1920–32), Syria (under French Occupation, 1918–20, and Mandate, 1920–46) while the rest remained under Ottoman rule until 1923 when Turkish nationalist leader Kemal Ataturk abolished the Ottoman regime and replaced it by the Republic of Turkey. The Kurds of Caucasus became part of the USSR, after Soviet power was extended to Caucasia in 1921.

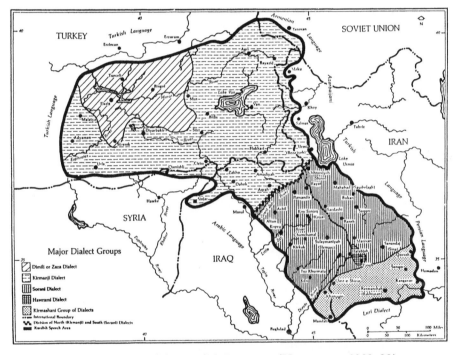

Major Dialects of the Kurdish Language (Hassanpour 1992: 22)

These divisions have re-shaped the political weight of the dialects and their course of development (more on this later). Kurmanji (also called Northern Kurmanji, Northern Kurdish) is now spoken by the majority of the Kurds in all countries where Kurdish is spoken. Sorani (also called Southern Kurmanji, Central Kurdish) is spoken in Iran and Iraq. The third dialect group, variously identified as Southern Kurdish and Kermashani, is spoken primarily in ıran but some of the dialects are also found in Iraq. The fourth group consists of Hewrami[7] or, in European philology, Gorani (Iran and Iraq) and Zaza or Dimilki (Turkey). Each of these dialects consists of a number of subdialects.

Writing in Kurdish and its subsequent literary development began under conditions of a flourishing feudal order in the sixteenth century. The great majority of Kurds lived in rural societies, both tribal and feudal, with a small but significant urban population. And most of the rural population, the peasantry, was tied to land in a mode of production similar to serfdom in other societies. This socio-economic system was conducive to fragmentation, diversity of dialects, and plurality of cultures and literary traditions.

The feudal order of Kurdistan had its elaborate system of principalities, i. e., mini-states which ruled over much of Kurdistan; some were independent small dynasties while others were nominally dependent on either the Ottoman or Iranian monarchs. Thus, the emergence of literary Kurdish dialects is historically associated with the rise of Kurdish political power in the fifteenth and sixteenth centuries. This literature was born in the mosque schools and in the courts of Kurdish princes and feudal lords.

Throughout much of its written history, Kurdish literature was scribal, hand-written on paper. The Ottoman and Iranian monarchs were not interested in the use and diffusion of printing when this technology began spreading from Europe to the East in the sixteenth century.[8] Paper and ink and even limited wood-block printing, devised in China and Korea, had made incursions into West Asia long before Gutenberg, but the first printed books in Arabic letters came from the West.

The Struggle for Standardization and Officialization

The transition from Kurdish scribal to print culture began in 1898 with the publication of *Kurdistan*, the first Kurdish newspaper in Cairo. The paper, like the ones that followed from 1909 to 1923, was predominantly in the Kurmanji dialect.

The first printed books were in Kurmanji published by missionaries and scholars of "oriental languages." The earliest were translations of Gospels published by the British and Foreign Bible Society in the Armenian alphabet in Constantinople in 1856 followed by more works in 1872, 1891 and 1911. The first collection of Kurdish texts was also in Kurmanji and published in St. Pétersbourg, Russia in 1860 (Jaba 1860).

---

7 While Kurds and Hewrami speakers call this dialect and its variants "Hewrami," Western philologists classify Hewrami as a dialect of Gorani (see, e. g., MacKenzie 1966: 4).

8 For instance, two Ottoman sultans, one in 1485 and the other in 1515 banned the use of printing in the Arabic alphabet (Oman 1991: 795).

The first books produced by the Kurds themselves appeared a decade after the first newspaper.[9] This was *Alifbayê Kurmancî*, "Kurdish alphabet," written by Khalil Khayali Motki and published in 1909 in Istanbul by Kurdizada Ahmad, an activist in Kurdish culture and politics and involved in the publication of the first newspaper, the first Kurdish political organization (1908), and the first Kurdish school in Istanbul. Also, the first recorded songs on the newly invented cylinders were in Kurmanji.[10] The earliest attempt at reforming the alphabet came in 1913 in the Kurmanji magazine *Rojî Kurd*. Thus, before the disintegration of the Ottoman Empire and the creation of the Iraqi state in 1918, Kurmanji had the upper hand in literary development (especially prose), journalism, translation, and transition from scribal to print culture. This is not surprising. Not only the speakers of the dialect were more numerous, they were also more urban, more literate, with a new intelligentsia which emerged after the Ottoman state's administrative reforms of the mid-19th century had brought the first state-run, modern type, schools including military ones in Kurdish cities.

The second division of Kurdistan turned Kurdish into a site of international or, rather, inter-state conflict (Hassanpour 1993). The destinies of the Kurmanji dialect changed radically: its superior position came to an end with its division among five countries and its violent suppression in the country, the Republic of Turkey, which had the largest number of speakers. While the repression of Kurdish can be traced back to the late Ottoman period, republican Turkey pursued a policy of linguicide, the deliberate killing of the language, after the suppression of a Kurdish revolt in 1925. The names "Kurds," "Kurdistan" and "Kurdish language" were banned, and the use of the language was criminalized even in the privacy of home. In neighbouring Syria, the French Mandatory power tolerated speaking in the language and, for a few years before and during WWII, allowed Kurdish publishing but rejected demands for native tongue education. In Iran, too, official policy under Reza Shah was deliberate killing of the language.

The policy of linguicide in Turkey and Iran did not simply affect the speakers of Kurdish in these countries. Western powers, in alliance with Turkey and Iran against the USSR, kept silent about the policy of linguicide and ethnocide and, in fact, endorsed it. While Britain and France, whose Mandatory rule over Iraq and Syria was acknowledged in 1920 by the League of Nations, had pledged to protect the rights of their "Kurdish minority," they supported the policy of restricting their language rights by all means possible. This was

---

9 By "Kurdish book," I mean here a printed work, regardless of number of pages, produced by Kurdish authors and targeted at Kurdish readership. This definition excludes publications for academic purposes, missionary literature, or government publications.

10 *Music! 100 Recordings. 100 years of the Berlin Phonogramm-Archiv. 1900–2000.* Edited by Artur Simon and Urlich Ulengner.

in spite of the fact that the League of Nations had, as early as 1925, committed itself to make Kurdish an official local language:

> Regard must be paid to the desire expressed by the Kurds that officials of Kurdish race should be appointed for the administration of their country, *the dispensation of justice, and teaching in the schools, and that Kurdish should be the official language of all these services.*[11] (emphasis added)

And Britain had pledged at the League that

> His Majesty's Government gladly gives an assurance that the existing system which does to a large extent carry out the recommendations of the Commission, will be continued and made even more effective.[12]

In Iraq, Kurdish leaders protested the League of Nations for failing to pressure Britain-Iraq into complying with their pledges regarding language rights. For Britain and France, the main concern was consolidating the post-WWI order with centralized and militarily strong states as a bulwark against the Soviet Union. The British diplomatic correspondence of the period 1920s–1950s, for instance, provides a detailed documentation of the concerns of the UK about Kurdish nationalism and how granting any "concessions" to this nationalism may play into the hands of "communists." Moreover, France and Britain were determined to prevent the "spill-over" of this nationalism into Turkey and Iran. Many Western academics and mainstream media pursued, in unison with their states, a similar line. When the Dominican priest Father Thomas Bois, writing under the pseudonym Lucien Rambout, exposed, in his *Les Kurdes et le droit* (Paris, Éditions du Cerf, 1947), the negative record of Western powers on the rights of the Kurdish people, a reviewer in the newly launched *Middle East Journal* declared his book "communist propaganda."[13] After the war, the state, mainstream media, and many in academia endorsed the criminalization of the language in Turkey, Iran and Syria in spite of the fact that the suppression of any language violated, among others, the Charter of the United Nations (paragraphs 6.11, 55), UN Universal Declaration of Human Rights (paragraphs 2, 26), and the International Covenant on Economic and political Rights (article 27).[14]

---

11 *Question of the Frontier between Turkey and Iraq.* Report submitted to the Council by the Commission instituted by the Council Resolution of September 30, 1925, Lausanne, League of Nations, p. 89.

12 League of Nations, *Official Journal*, October 1925, 6th Year, No. 10, p. 1314.

13 See F. E. Davidson's review in *Middle East Journal*, Vol. 2, No. 3, July 1948, p. 356.

14 For more info on Turkey's violation of international law see Skutnabb-Kangas and Bucak (1994: 347–70). For information and analysis of the limitations of Turkey's recent language reforms, see Dunbar and McKay (2002).

The criminalization of the language came also with a ban on field work by linguists and other researchers, both native and non-native, in Turkey, Iran and Syria. While Western politicians endorsed the project of linguicide, linguists who studied the language remained silent about it. Another case was the suppression of an internal study by the Turkish Army. In 1959, the Army, the U.S.A.I.D., and Georgetown University initiated a large-scale program of adult literacy training for recruits in Turkey's armed services. The rate of failure was high among non-Turkish, especially Kurdish, speakers. In order to investigate the problem, the American educationalists on the team asked for permission "to investigate the range of Kurdish dialects at twenty training sites throughout Turkey" with the objective stated as "the identification of major dialect types, their geographic location, and their relative proportions within the Kurdish-speaking population" (Bordie 1978: 207). Data were collected through interviews and by mail. The latter included approximately 5000 short forms sent to teachers at the military literacy centres throughout the country. However, before the researchers were able to process all the collected data, the army confiscated the entire material. Only a few items at the home and office of one of the researchers were spared. Bordie is the only one who has written about this event, although in a most ambiguous way. Referring to the 5000 short forms, he writes: "Approximately 1500 forms were ultimately collected. Unfortunately, due to national difficulties, the remainder of the questionnaires remain unavailable" (p. 209). It is difficult to understand how a linguist can reinterpret a very harsh policy of linguicide as "national difficulties." Another consultant of the research project, a well-known specialist in Kurdish language, has never written about the event, even in one of his published papers, which is a rather detailed survey of his career as a linguist.[15]

It is, thus, not difficult to see why Kurdish was rarely taught in Europe and North America. Kurdish, unlike Arabic, Persian or Turkish, was not the language of any state. Moreover, it had been criminalized except in Iraq and the USSR. Lack of academic interest meant lack of publishing interest. Academic libraries cannot, under the circumstances, build a collection adequate for research and teaching of the language. All of this amounts to a dearth of faculty members specializing in the language, lack of teaching material, limited supervision of student research, and little funding of field work. Usually, degree programs in Middle Eastern languages are supported by government funding and various forms of assistance from countries where they are official languages.

In 1958, the pro-Western monarchy in Iraq was overthrown by nationalist officers, an event which the US and its allies considered a shift to communism. The US, interested in the potential of Kurdish nationalism to undermine

---

15 The last two paragraphs are based on Hassanpour (2000: 34–35).

the new Iraqi republican regime, declared Kurdish a "strategic language," which allowed funding the development of textbooks and its teaching for the purpose of familiarizing students and government personnel with the language.[16] Even then, both governments and academics continued to support Turkey's linguicidal policy and endorse its claim that there was no Kurdish language and no "Kurdish problem" because the Kurds had been assimilated once and for all.[17]

The formation of the Iraqi state under the British Mandate together with the suppression of the language in Turkey changed the linguistic landscape of Kurdistan. Britain allowed the limited use of Kurdish in the media, elementary education, and local administration. Sorani was the dialect of this official local language. The choice of Sorani was not based on linguistic considerations or criteria such as "purity," "aesthetic" value, literary record, or the print output of the dialect. Had these been the criteria, Kurmanji should have been the official language. The choice of Sorani was rather based on political considerations. In Iraq, speakers of Sorani were more urbanized and more active in the emerging Kurdish nationalist politics. Moreover, the Kurmanji speech area was more tribal and rural, and numerically smaller than the rest of the Kurdish speech community. Thus, while state policy in Turkey, Iran and Syria threatened the viability of Kurmanji, in Iraq, the status of Kurmanji was undermined by the ascendancy of Sorani.

However, if the largest section of Kurmanji speech area had turned into the killing fields of the language in Turkey, the dialect was promoted, under Soviet rule, in the small enclaves of Kurdish population in Caucasia from 1921 to 1937. Here, Kurmanji was the only dialect spoken. Unlike Turkey, where an urban modern intelligentsia had been in the making after the 1860s, the Kurdish society in Caucasia was tribal, rural and predominantly non-literate. Numerically, it was the smallest Kurdish population of the five countries;

---

16 The Office of Education, (Department of Health, Education, and Welfare) proposed in 1960 to Ernest N. McCarus, Associate Professor of the Department of Near Eastern Languages and Literatures, University of Michigan, to prepare a basic course and a series of readers "for the instruction of students in that language" (see George G. Cameron, "Preface," in Jamal Jalal Abdulla and Ernest N. McCarus, *Kurdish Basic Course: Dialect of Sulaimania, Iraq*, Ann Arbor, The University of Michigan Press, 1967, p. iii. McCarus (1960: 325) wrote that "Kurdish today has strategic importance because of current political conditions in the Middle East, but it has long been of interest to Westerners for a variety of reasons."

17 See, for instance, article by Morgan Philips Price, Member of British Parliament, in the *Manchester Guardian* (September 1950): "There is no doubt that the Turkish method of national assimilation coupled with political freedom is bringing results, but it is a drastic remedy that only a strong Government can attempt … I doubt now if the Russians will succeed in making any mischief among the "mountain Turks" (the Turkish name for their Kurds) of Anatolia. They may be more successful however, in Persia and Iraq" (quoted in *Bulletin du Centre d'Études Kurdes*, No. 13, September 1950, p. 11).

moreover, Kurds were scattered throughout Caucasia and Central Asia, with a larger concentration in Armenia. Progress was swift, however. If illiteracy rates remained high in Turkey and the rest of Kurdistan, illiteracy was eliminated among the Kurdish community of the USSR by the early 1940s when the first generation of the intelligentsia had already emerged.

The first language planning conference was convened in Yerevan in 1934. It was decided that Kurmanji would be the language of writing, education and publishing. The norm chosen was the language spoken by the Kurdish working class of Armenia which would be developed on the basis of the "literary school of Eĥmedê Xanî," the prominent poet of the seventeenth century.[18]

Kurdish publishing was more advanced in the USSR than in Iraq, Iran, and Syria. Between 1920 and 1985, the number of books per 1000 persons was 2.17 in Iraq, 0.14 in Iran, 0.09 in Syria, 6.41 in the USSR, and 1.13 for all the four countries (Hassanpour 1992: 218). Of all Kurdish periodicals published between 1898–1985, 72.4 % were in Iraq, though most of them were ephemeral. However, if we use the more accurate measure of the number of journals per 100,000 population in 1985, the USSR with one regularly published paper, *R'ya T'eze* (New Road), emerges as the most active site of Kurdish journalism.[19] In broadcasting, too, Soviet Kurds were ahead of the rest if measured by the number of broadcasting hours per units of population (*Ibid.*, p. 296).

Kurdish publishing and education were brought to an end between 1937 and 1945 when many Kurds from Armenia and Azerbaijan were deported to Central Asia in 1937 followed by the deportation of Georgia's Kurds to Central Asia in 1944. Although this WWII-era policy was reversed, and publishing and radio broadcasting resumed in 1954, the promotion of the language never returned to the peak of pre-war years.

The access of many languages of the world to the new media of motion picture and broadcasting has been quite limited even decades after their emergence. Radio broadcasting and cinema lend themselves to state control, and in the Middle East, broadcasting emerged as a state monopoly. In fact, in Iran and Turkey, broadcasting and film were in the official languages only, and used to Turkify and Persianize the Kurds and other non-Turkish and non-Persian peoples.

The standardization of indigenous languages in Asia, Africa and Latin America began in the period from the late nineteenth century to the mid-twentieth century and is still a continuing process. Unlike European "vernaculars" such as English, French, and German, which went through standard-

---

18 For a report on this conference, see Vil'chevskii (1945) and a summary of the report in Nikitine (1956: 289–93).

19 The USSR with one newspaper and a Kurdish population of 115,858 ranked first (0.86 %), Iraq with eight journals and a Kurdish population of 3,105,000 (1980) ranked second (0.25 %), and Iran ranked third (0.05 %) with two magazines and a population of 3,500,000 (1980). For sources and more detail see Hassanpour (1992: 246).

ization processes in the age of printing, the development of these languages was shaped also by broadcasting. In the Kurdish case, a language divided among five countries, broadcasting overcame the barrier of borders, and acted as a major factor in creating a national listening public. At the same time, under conditions of the Cold War, Western powers interfered in the destinies of Kurdish language broadcasting.

If printing was a late-comer to Kurdistan, Kurdish had an early start in broadcasting. The first radio station was launched in Montreal, Canada, in 1919; Kurdish broadcasting began in the mid-1920s in Soviet Caucasia. Some fifteen years later, Britain and France allowed Kurdish broadcasting under conditions of WWII. This was a response to the extensive Nazi radio propaganda which had begun before the war. Radio Baghdad launched its programming in 1939 with a brief daily Kurdish broadcast. Later, the British-sponsored Sharq al-'Adna (Near East) station operating in Palestine launched a Kurdish program. Both were in Sorani but a French-sponsored program began broadcasting in Kurmanji in Beirut. These war-time stations came to an abrupt end by the end of the war, although Radio Baghdad continued and expanded its predominantly Sorani program to three hours just before the fall of the monarchy in 1958 (Hassanpour 1992: 281–303; 1996).

While Britain and France closed down their Kurdish broadcasting stations by the end of the war, in the USSR, Kurdish publishing resumed in 1945 and broadcasting began on Radio Yerevan in 1954. The half-hour Kurdish program of Radio Yerevan was entirely in Kurmanji and for a while in the early 1950s, Radio Baku allowed the leaders of the Iran's Kurdistan Democratic Party, who lived in exile in Azerbaijan, to broadcast their anti-Shah and anti-US speeches and party positions in Kurdish. During decades of harsh suppression of the language in Turkey when possession of recorded Kurdish music and listening to foreign broadcasting were criminalized, many Kurds tuned in to Radio Yerevan. In the dark years of violent repression in Turkey, listeners saw a ray of hope every evening when the station began with *Yerevan xeber dide*, "Yerevan speaks." In sharp contrast, the United States and Britain treated this program as well as broadcasts from Radio Baku as Soviet propaganda aimed at "stirring Kurdish nationalism." The confidential diplomatic correspondence of the period as well as some Western media reports indicate that the US and UK were entertaining the idea of broadcasting in Kurdish in order to neutralize the impact of Soviet broadcasting. However, this project did not materialize because both governments came to the conclusion that broadcasting in the language, even if the content was American and British propaganda, was not politically desirable. A brief documentation will be in order.

According to a political report from the British Legation in Damascus dated 18 September 1950,

Soviet and Communist propaganda has made a big impression on the younger Kurds chiefly because it has a monopoly of the area and no other news or broadcasts in the Kurdish language are heard. It is estimated that the broadcasts from Radio Erivan are known to 75 % of the Kurdish families in the JEZIREH [Kurdish region in north east Syria bordering Turkey and Iraq]. It is therefore natural that these broadcasts provide the chief topic of conversation among a population which is subjected to a continuous flow of Soviet propaganda without ever hearing any news from the Western World.[20]

Initially the response to this threat was launching Kurdish broadcasting on one of the two major Western propaganda stations, Voice of America or BBC, or even the UK-sponsored WWII propaganda station Sharq al-'Adna. However, British diplomats soon discarded the idea because, they argued, it would encourage Kurdish nationalism. A secret dispatch from the British embassy in Baghdad to the Foreign Office in London notes:

I am concerned however at the effect in Kurdistan of the broadcasts from the Soviet station Radio Erivan. You will recall that when the question of reviving the Kurdish broadcasts was discussed last year, Trevelyan estimated in his letter No. P.49/73 of the 25th August, 1949 to Murray, that there were 300 licensed sets and perhaps a similar number of unlicensed sets in Sulaimania town, that in the rest of the liwa there were 200 licensed sets and that in Erbil there were 215 licensed sets. He also pointed out that every village has one café radio, often with a loudspeaker attached to it, to which a considerable proportion of the population listens. Wilfred Thesiger who recently toured northern Iraq told a member of my staff that he was surprised at the extent to which the Kurds were radio-conscious ...[21]

Finally, London rejected the idea of British or American broadcasting in Kurdish. The same dispatch outlines the reasons:

We have again carefully considered the question of broadcasts in Kurdish. The main difficulties, apart from the expenditures involved appear to be (a) the supervision of the actual broadcasts, (b) the suscep-

---

20 Political report No. 7885, 25 September 1950, Syria, Political/Communism, entitled "Kurdish Affairs" [FO195/2650] reproduced in *Minorities in the Middle East: Kurdish Communities 1918–1974*, Vol. 3: 1941–1967, edited by Bjtullah Destani, Slough: Archives Editions, 2006, pp. 216–17.

21 Secret dispatch No. 1026/33/50 from the British Embassy, Baghdad, to G. W. Furlonge, Foreign Office, 8 November 1950 [FO195/2650], reproduced in *Minorities in the Middle East: Kurdish Communities 1918–1974*, Vol. 3: 1941–1967, edited by Bjtullah Destani, Slough: Archives Editions, 2006, p. 246.

tibilities of the Turkish, Syrian, Iraqi and Persian governments, and (c) the Kurdish reaction to undue interest in their affairs.[22]

It is clear from this correspondence that Turkey regarded British or American broadcasting detrimental to its policy of forced assimilation of the Kurds. The British government agreed and was actually interested in population movements and ethnic cleansing of the Kurds. Another secret dispatch from the British Legation in Damascus writes:

> I realise how extremely touchy the Turks are about their Kurdish minority and, indeed, one can appreciate their point of view. Such broadcasts would tend to discredit their policy of complete assimilation. The process of assimilation is going on equally, though less rapidly, in Syria. There is a possibility that it might be speeded up if the Syrians ever succeeded in increasing the population of Jezireh [a mostly Kurdish region] by a settlement of Palestinians or by other means.[23]

According to a secret dispatch form the British Embassy in Washington, the State Department agreed with London's point of view:

> They [State Department] were sure that we should not encourage Kurdish dreams of local autonomy (let alone an independent Kurdistan). They went on to quote a formulation that "the existing propaganda efforts of the four interested governments [Turkey, Iran, Iraq and Syria] towards the Kurds do not carry sufficient weight in the present struggle for world power." They think we tend to be a bit complacent about the potential danger from the Kurds ...[24]

According to this dispatch, the Voice of America had produced a memorandum in which it "completely dropped their consideration of broadcasting themselves in Kurdish":

> The memorandum explained in reasoned terms that our object should be to quieten the Kurds, not stir them up; and that the purpose of any VOA broadcast should be to produce something which would counter-

---

22 Ibid.

23 Secret dispatch No. 10622/8/50 from W. H. Montagu-Pollock, British Legation, Damascus, to G. W. Furlonge, Eastern Department, Foreign Office, 16 November 1950 [FO195/2650], reproduced in *Minorities in the Middle East: Kurdish Communities 1918–1974*, Vol. 3: 1941–1967, edited by Bjtullah Destani, Slough: Archives Editions, 2006, p. 251.

24 Secret dispatch No. 1063/82/51 from Sir B. A. B. Burrows, Washington, to Eastern Department, Foreign Office, 7 May 1951 [FO248/1523], reproduced in *Minorities in the Middle East: Kurdish Communities 1918–1974*, Vol. 3: 1941–1967, edited by Bjtullah Destani, Slough: Archives Editions, 2006, p. 268.

balance Soviet broadcasts, not a rousing Kurdish program which would just be the obverse of the Soviet coin ...[25]

Instead of Kurdish broadcasting by USA or UK, two local stations were launched by the Iranian Army in Sanandaj (1951) and Mahabad (1953), both in Sorani. However, this moment of the Cold War, fought over the language of airwaves, further intensified when Radio Cairo began a half-hour program in Sorani in 1957. This, too, was seen as a conspiracy by the Soviet Union and United Arab Republic paving the way for a "communist takeover" of the region. While Iran, Turkey and Iraq were actively engaged in diplomatic and propaganda campaigns against the station, the Iraqi monarchy was overthrown by nationalist officers in July 1958; Radio Baghdad's Kurdish program was extended to four hours and joined Radio Cairo in exposing Britain, Iran, Israel, Jordan, Turkey, US and UK as enemies of the peoples of the Middle East.

The leaders of Iraq's Kurdistan Democratic Party, under attack by the government, launched an armed struggle for autonomy in 1961 which continued until the first US-led war on Iraq in 1961. One of the major demands of the autonomists was language rights including native tongue education on secondary and tertiary levels. By 1991, when a major part of Iraqi Kurdistan came under the control of Kurdistan Regional Government, Kurdish was used in some secondary schools though the Ba'thist regime's Arabization policy continued. Textbooks and teaching were in Sorani.

Coming under attack by the Islamic regime in summer 1979, the Kurds of Iran began an armed resistance for autonomy; five years after the military coup d'etat of 1980, the Kurds of Turkey launched armed struggle aimed at gaining self-rule. One of the central demands in these autonomist movements was the officialisation of the language, and its use as the medium of instruction. These demands have been ignored in Iran, Turkey and Syria. For instance, Kurdish was not allowed to be taught as a medium of instruction in either public or private educational institutions by 2010.

During these armed conflicts, Turkey destroyed no less than 1300 villages and hamlets,[26] and Iraq eliminated 4009 villages in the course of a genocide known as Al-Anfal (code name of the genocide, a word in the Koran meaning 'spoils of war').[27] The rural population escaped into cities in Turkey and, in Iraq, was transferred into concentration camps on major highways. These "forced urbanization" projects have diminished the rural bases of the language, and changed the dialect mosaic, a situation that remains to be studied.

---

25 Ibid.
26 For a cinematic depiction of the destruction of rural life, see the Turkish movie *Güneşe Yolculuk/Journey to the Sun* (1999) written and directed by Yesim Ustaoğlu.
27 For a historical survey of genocide in Kurdistan and references, see Hassanpour (2005).

Far from being a matter of civil war, the autonomist struggles turned into regional and international conflicts, and the status of Kurdish continued to be a question of international politics.

Several developments in 1991 changed the linguistic terrain again, this time in favour of Kurmanji. By the beginning of the last decade of the century, Turkey had succeeded in threatening the vitality of Kurmanji as a spoken language. Eight decades of physical and symbolic state violence against the language, including criminalization (speaking was treated as violation of the "indivisibility of the Turkish nation), dialectisation (claiming that Kurdish is not a language), ruralisation and de-intellectualisation (claiming that it is a rural, uncultured dialect; banning its use in print and broadcast media, even in music), has lead to the loss of language among many speakers, especially in urban areas. Even when it is spoken at home, the ban on native tongue education makes it difficult for many Kurds to achieve fluency in reading and writing their language, and as a result they speak, read and write in Turkish. While this policy has not changed, in 1991, in Turkey, the Kurds were allowed to speak, though not write in their language. Speaking itself was restricted and banned in government offices, parliament, or election campaigns. However, gradually, writing and limited broadcasting were also tolerated. By the end of the century, recorded music and print literature were produced in large quantities. The private teaching of the language is now allowed but under conditions that make it very difficult to help the language maintain its vitality. For instance, Kurdish cannot be taught to children less than twelve years old. The goal of this policy is to ensure that Kurdish children first get fluency and literacy in Turkish.

Turkey's change of direction was, in part due to pressure from the European Union, which required respect for cultural rights of the Kurds as a condition for accession to the union. This led to a limited reform of the legal frameworks of linguicide but these policies continue by both legal and political means. For instance, Kurmanji is not allowed to be used as medium of instruction in education, and this is crucial for the viability of any language, especially threatened ones; the legal provisions for private teaching of the language are too restrictive to allow any change in the status quo. In spite of these reforms, for example, the use of letters *w, q, x* and *é* in writing Kurmanji is banned because they do not exist in Turkish alphabet, and if used it will threaten "the indivisibility of the Turkish nation." However, the demand for native tongue education is extensive; the teaching of Kurdish language and literature, as subjects, may be allowed at selected institutions of higher education.

The fall of the Soviet Union in 1991 and the independence of Armenia, Azerbaijan and Georgia brought about the end of broadcasting and publishing in Kurmanji,[28] while the 1988–94 war between Armenia and Azerbaijan over the disputed territory of Nagorno-Karabakh led to the further dispersion of the Kurdish population in the region.[29]

In Iraq, once the rule of the central government was replaced by Kurdish self-rule in 1991, the Kurds were for the first time in charge of their language. Signs in the streets were now all in Kurdish – Kurmanji in the west and Sorani in the East. Although textbooks were not available at all levels, the language of instruction from kindergarten to college shifted to Kurdish. The Kurmanji speaking area of Badinan chose to use their dialect instead of Sorani. The second US war against Iraq in 2003, overthrew the Ba'thist regime and further consolidated the position of the Kurdish government and the language. The new, post-Ba'th constitution declares Kurdish one of the two official languages of Iraq. However, Arab nationalist politicians in Baghdad pay lip service to this constitutional arrangement. In Kurdistan itself, Kurmanji speakers have insisted on the use of their dialect in education, media and administration. At present, although Sorani has the upper hand in terms of the number of publications and broadcasting channels, Kurmanji is making headway in Badinan, in the northwest of Iraqi Kurdistan, while the revival of the dialect in Turkey and the demand for language rights in Syria contribute to the enhancement of both its status and corpus. One may argue that Kurdish is, at present, a bi-standard language with two dialects Kurmanji and Sorani, while its other dialects are also struggling for access to writing, publishing and official recognition.

Another important development of the late twentieth century is a new wave of the dispersion of Kurdish speakers throughout the world. Refugees from all parts of Kurdistan have created new diasporic communities from New Zealand to Canada, and have turned Kurdish into a transnational language. Equally significant is the proliferation of satellite television channels, social media, and internet use in both the diaspora and Kurdistan. The first Kurdish satellite television channel, Med-TV, was launched in 1995 not by the Kurdistan Regional Government (KRG) but by a group of Kurds from and in Britain. It was a multilingual, multi-dialectal, channel though primarily in Kurmanji. Turkey has relentlessly campaigned for silencing the channel (Hassanpour 1998b). Failing to do so, Ankara launched its own channel, predominantly in Kurmanji, in 2009. Soon, the two major political parties sharing power in KRG began their satellite broadcasting. There were in 2010 no less than fifteen channels.

---

28 Occasionally, books are published, e. g., the translation into Kurmanji of the Georgian national epic *The Knight in the Panther's Skin* (Şota Rûstavêlî, *Wergirê P'ostê Piling*, published in T'ibîlîsî, Georgia, 2007).

29 For a glimpse of life in post-Soviet Kurdish villages of Armenia, see Hiner Saleem's movie *Vodka Lemon*, 2003.

The story of the Kurdish language, very briefly outlined above, allows us to envision the present world linguistic order and the violence it is capable of perpetrating on a language and its speakers. This is a (dis)order in which the world's fortieth largest language continues to be threatened by official policies of linguicide, while, at the same time, its status is enhanced under conditions of war, both internal and international, that have devastated the region since 1961. Many smaller languages are eliminated because the market and the state threaten, often in tandem, their viability in the highly hierarchal linguistic order. In the Kurdish case, the market more than the state, disrupts the dynamics of viability, especially native-tongue education, and use in mass media and administration.

Teaching Kurmanji Kurdish

To summarize, it is not difficult to demonstrate the enhancement of the status of Kurdish in early twenty-first century which is due to, a large extent, changes in the geostrategic environment of the region. In this process, the dominance of Sorani has given way to a situation in which Kurmanji is used increasingly in print and broadcast media and to some extent in education. Kurmanji, which had the upper hand at the beginning of the twentieth century, is reviving and strives for equality with Sorani. Under these conditions, there is a tendency among a group of Sorani speakers to deny that Kurdish is, like Armenian, Albanian or Norwegian, a bi-standard language.

Standardization remains, in all languages, an unfinished project, and newly standardizing languages like Kurdish still deal with many unsettled issues. For instance, each of the two dialects has a number of sub-dialects and the two standardizing varieties have not yet settled on a single sub-dialect or norm. Thus, Sorani has at least two competing norms, Silemani (Iraq) and Mukriyani (Iran). Kurmanji has a northeastern norm, that of Armenia, a Badinani norm (Iraq), and other norms based on the sub-dialects spoken in Syria and Turkey. Many Kurdish nationalists consider this diversity a threat to the unity of the Kurdish nation while Arab, Persian and Turkish nationalists present it as evidence to deny the existence of a single Kurdish language and, as a result, nation. Both sides create a mythical equation between nation and language – one nation/one language. Some linguists use philological arguments to claim that the dialects do not constitute a single language.[30] Concerning this sub-dialectal diversity, Michael Chyet (2003: xvi), an authority on Kurdish language and folklore, writes: "… although they offer very

---

30 Linguistics cannot offer linguistic criteria to distinguish between dialects and languages. It has been argued that, in the absence of linguistic criteria, political considerations, such as speakers' decision to decide where they belong to, would be a more appropriate resolution of the controversy. For a critique of philological classifications of Kurdish dialects, see Hassanpour (1998a).

interesting and illuminating differences, I fail to see how these differences present a threat: even the Kurmanji dialects at the two furthest extremes of Northern Kurdistan (let us take as examples 'Afrîn in northwestern Syria, and Kars in northeastern Turkey on the border with Soviet Armenia), readily possess a mutual intelligibility."

It is also difficult to predict the trajectory of development of the dialects, although one may argue that their relative weight will be shaped by political developments such as the state of self-rule or absence of it, liberalization of cultural and language policy, democratization of state power in each country, and the ability of the speakers of each dialect to make their speech a vibrant medium of cultural, economic and political life in a multilingual and globalizing context.

One obvious indication of the enhanced status of Kurmanji is the proliferation of bilingual dictionaries, language courses, teaching material,[31] international broadcasting (e. g., USA, Russia, Iran, Turkey, and Sweden), translation services, teaching and instruction in universities, extensive use in the internet and social media, and the growing struggle of its speakers for language rights in all parts of Kurdistan. In Turkey, Caucasian republics, and Syria, almost all publications are in Kurmanji, while publishing in the dialect in Iraq and Iran, in both dialects, has been on the rise.

The book of readings you have in your hands is unique in many ways. First and most importantly, it hails from Armenia. This is a context in which the dialect evolved its written tradition immune from the extremist purism (in Iraq, Syria, Turkey and Iran) that has undermined the ability of the language to emerge as a lexically rich vehicle of modern culture and knowledge.[32] Kurmanji and Sorani purists in these countries have banned certain phonemes and letters of the alphabet and numerous Kurdicized loan-words, and have, instead, coined hundreds of neologisms which remain to be accepted; this purist extremism makes writing cumbersome, artificial and inefficient. In his excellent *Kurdish – English Dictionary* (Yale University Press, 2003), Michael Chyet decided not to include "such vocabulary, which is largely unintelligible to the masses of Kurmanji speakers" (p. xv).

Second, while these texts are from all parts of the Kurmanji speaking countries, many were produced in Armenia. The readings from Armenia have not been readily available to students of the language, and this is the first collection incorporating material from this important literary and cultural heritage. They were originally published in the Cyrillic alphabet. If the Kurmanji of Radio Yerevan could easily cross the iron curtains of Iran, Iraq and Turkey, these texts were easily intercepted. While living in Iran, I had never seen *R'ya*

---

31 See, among others, Gülşat Aygen, *Kurmanjî Kurdish*, München, LINCOM Europa, 2007.
32 For a study of purist tendencies in Sorani, see Abdullah (1980), Hasanpoor (1999) and Hassanpour (1992: 398–404).

T'eze; none of the Kurdish books published in Armenia found their way into libraries and only a few titles were, once in a while, imported by a bookstore in Tehran. In the West, this component of Kurdish literature was accessible though, for political reasons, simply ignored. [33]

Third, as D. N. MacKenzie has noted, throughout much of the relatively long history of Western studies of Kurdish,[34] researchers found it "notoriously difficult to find trustworthy informants, even *in situ*." For instance, Chodzko's (1857) only informant in Paris was a Kurdish aristocrat who was more knowledgeable in Turkish and Persian than in his native tongue. Two other philologists, Prym and Socin (1887–1890), had to "obtain most of their Kurdish texts from an Aramaic-speaking Christian and an itinerant Jewish story-teller"; or, Makas (1926) relied on a Kurd from Mardin who had "travelled for years in Eastern Europe, [and] was telling stories he had heard twenty years before" (McKenzie 1961: xvii). This era in Kurdish language studies with a division of labour among philologists unfamiliar with the language and "informants" not immersed in their native tongue has come to an end. The compiler of this collection, Khanna Omarkhali, is a native speaker of the dialect, a young scholar with extensive academic training in the study of Kurdish language and culture, familiar with many languages, and with the experience of teaching the language to non-native speakers.

Fourth, this is the latest in a number of texts/readings which began in mid-nineteenth century including M. Alexandre Jaba, *Recueil de notices et récits kourdes* published in 1860. These texts were all from the pen of Jaba's Kurdish teacher Mela Mehmud Bayezidi. A century later, in 1959, Stig Wikander published *Recuel de textes kourmandji* in Uppsala, Sweden. Most of the readings were from the journals published by Bedir Khan brothers, intellectuals and political activists, in Syria in the 1930s and 1940s, and all of them were in the Roman alphabet they developed and is still in use with few modifications. Wikander wrote that "[c]ette anthologie vise à donner une idée plus complète d'un parler kurde que ne le font les textes publiés jusqu'ici" (1959: [3]). However, as the compiler himself notes all the texts are from the Kurdish

---

33 Once in a while, Sako, a bookstore in Tehran which was allowed to import books from the USSR, had a Kurdish title among its Armenian, Russian, Persian, English and French books published in that country. I would buy some of the books in the 1960s risking incarceration and torture in case of arrest with this print material in possession. The possession of this literature was criminalized for both its Kurdishness and its "communism," the simple fact that it was published in the USSR, even if it was *Mem û Zîn*, the seventeenth century love story composed by Ahmad-e Khani. The first time I saw *R'ya T'eze* was in the 1970s and mid-1980s, when I subscribed, through Victor Kamkin Bookstore in Washigton, to the paper while studying at the University of Illinois at Urbana-Champaign.

34 According to MacKenzie (1961: vii), "[t]he study of Kurdish has a longer history than that of most modern Iranian languages."

publications of Syria and Lebanon and a few texts he has written down from oral sources. There is, however, one text from Armenia's Kurdish author Ereb Şemo (text 18, pp. 40–46) whose writing is also selected in the present work. Wikander's book was followed by Joyce Blau's *Kurdish Kurmandji Modern Texts: Introduction, Selection and Glossary* published in Wiesbaden in 1968. This was a collection of five stories presented in the Roman alphabet.

While Omarkhali's new book of readings appears in print, Kurdish is being taught in a number of universities in the West (e. g., Paris, Berlin, Göttingen, Uppsala), Kurmanji is increasingly used as the language of instruction in the Badinan region of Iraqi Kurdistan, and there are indications that courses will be offered in some institutions of higher education in Turkey.[35] This book of readings is timely, and will fill in some of the lacunae in teaching Kurmanji. It is an important step towards developing an adequate curriculum for instruction in a language that continues to be threatened. Both the development of teaching material for Kurmanji and the will to learn it will contribute to reversing the continuing linguicidal campaign under way in the countries of West Asia.

References

Abdulla, Jamal Jalal. *Some Aspects of Language Purism among Kurdish Speakers*, unpublished doctoral dissertation submitted to the Department of Language, University of York, August 1980.

Bordie, John. "Kurdish dialects in Eastern Turkey," in Mohammad Ali Jazayery, Edgar C. Polomé and Werner Winter (eds.), *Linguistic and Literary Studies in Honour of Archibald A. Hill, Vol. II, Descriptive Linguistics*, The Hague, Mouton Publishers, 1978, pp. 205–12.

Chodzko, Alexandre. "Études philologiques sur la langue kurde (dialecte de Soléimanié), *Journal asiatique*. 5e série, t. 9, 1857, p. 297–356.

Dunbar, Robert and McKay. *Denial of a Language: Kurdish Language Rights in Turkey.* London, Kurdish Human Rights Project, 2002.

Fuad, Kamal. *Kurdische Handschriften*, Wiesbaden, Franz Steiner Verlag, 1970.

Harrak, Amir. *Catalogue of Syriac and Garshuni Manuscripts Belonging to the Iraqi Department of Antiquities and Heritage*, CSCO Subsidia, Leuven: Peeters, 2011.

Hasanpoor, Jafar. *A Study of European, Persian and Arabic Loans in Standard Sorani.* Uppsala, Uppsala University: Reports on Asian and African Studies. 1999.

Hassanpour, Amir. "The internationalization of language conflict: The case of Kurdish," in Eran Fraenkel and Christina Kramer (eds), *Language Contact – Language Conflict*. New York, Peter Lang, 1993, pp. 107–55.

---

35 In Iran, as early as 1972, two courses on the Kurdish language were offered by the Department of Linguistics of Tehran University.

– "The creation of Kurdish media culture," in Philip Kreyenbrock and Christine Allison (eds.), *Kurdish Culture and Identity*, London, Zed Books, 1996, pp. 48–84.

– "The identity of Hewrami speakers: Reflections on the theory and ideology of comparative philology," in *Anthology of Gorani Kurdish Poetry*, edited by A. Soltani, London, Soane Trust for Kurdistan. 1998a, pp. 35–49.

– "Satellite footprints as national borders: Med-TV and the extraterritoriality of state sovereignty," *Journal of Muslim Minority Affairs*, Vol. 18, No. 1, 1998b, pp. 53–72.

– "The politics of a-political linguistic: Linguists and linguicide," in Robert Phillipson (ed.), *Rights to Language: Equity, Power, and Education*. Mahwah, New Jersey, Lawrence Erlbaum Associates, 2000, pp. 33–39.

– "Kurds," *Encyclopedia of Genocide and Crimes against Humanity*. Vol. 2, Detroit, Thomson Gale, 2005, pp. 632–37.

Jaba, M. Alexandre. *Recueil de notices et récits kourdes*. St. Pétersbourg, Eggers et Cie, 1860.

Kreyebroek, Phillip G. *Yezidism – Its Background, Observances and Textual Traditions*, Lewinston, N. Y., The Edwin Mellen Press, 1995.

– "Orality and religion in Kurdistan: The Yezidi and Ahl-e Haqq traditions," in Philip G. Kreyenbroek and Ulrich Marzolph (eds.), *Oral Literature of Iranian Languages: Kurdish, Pashto, Balochi, Ossetic, Persian and Tajik*. Companion Volume II to *A History of Persian Literature*. London, I. B. Tauris, 2010, pp. 70–88.

Leclerc, Jacques. *Langue et société*. Laval, Canada: Mondia Éditeurs, 1986.

MacKenzie, David N. *Kurdish Dialect Studies*, Vol. 1, Oxford, Oxford University Press, 1961.

– *The Dialect of Awroman (Hawrāmān-ī Luhōn)*. København, Ejnar Munksgaard, 1966.

Makas, J. *Kurdische Texte im Kurmanjī-Dialecte aus der Gegend von Märdīn*. St. Petersburg-Leningrad, 1926.

McCarus, Ernest. "Kurdish language studies," *The Middle East Journal*, Vol. 14, No. 3, Summer 1960, 335–335.

Meho, Lokman and Maglaughlin, Kelly. *Kurdish Culture and Language: An Annotated Bibliography*. Westport, Connecticut, Greenwood Press, 2001.

Nikitine, Basil. *Les Kurdes: Étude sociologique et historique*. Paris, Librarie Klincksieck, 1956.

Oman, G. "Matba'a. In the Arab world," *Encyclopaedia of Islam*, New Edition, Vol. 6, 1991, pp. 794–99.

Prym, Eugen and Socin, Albert. *Kurdische Sammlungen*. St. Pétersbourg, 1887–1890.

Skutnabb-Kangas, Tove and Bucak, Sertaç. "Killing a mother tongue – how the Kurds are deprived of linguistic human rights," in Skutnabb-Kangas, Tove and Phillipson, Robert (eds.), *Linguistic Human Rights: Overcoming Linguistic Discrimination*. Berlin: Mouton de Gruyter, 1994, pp. 347–70.

Vil'chevskii, Oleg. "Pervaia vsesoiuznaia Kurdovedcheskaia konferentsiia i problema literaturnogo iazyka Kurdov SSSR," *Iazyk i Myshlenie/Le Langage et la Mentalité*, VI–VII, 1936, pp. 333–37.

Introduction

Day by day the Kurdish language is becoming more important in countries other than Kurdistan itself. The reason for this is not just the 'Kurdish question' and the radical changes that have taken place in the Middle East over the last few years, but also that Kurdish has become a significant language in Europe. Kurdish is now included in the teaching programmes of some European Universities.

Kurdish consists of a number of dialects and belongs to the north-western group of Iranian languages, which themselves belong to the Iranian branch of the Indo-European language family. In the works of scholars, there is no standard classification for the divisions of Kurdish dialects.

The Kurmanji dialect, which is the northern dialect of Kurdish, is divided into different local variants. Kurmanji is spoken by Kurds in Turkey, Syria, Armenia, Georgia, Azerbaijan, Turkmenia and Khorasan, the Ukraine, Russia, and also by Kurds in parts of Iraq, Iran and Afghanistan.

A Brief History of the Study of the Kurdish language

The study of Kurdish is usually marked by the name of the missionary, M. P. Garzoni, who lived for 18 years among the Kurds in Amadiya and studied their language. He published a book on Kurdish grammar, with Kurdish translations of texts such as "Our Father" (The Lord's Prayer) and "Ave Maria" in 1787, along with an Italian-Kurdish dictionary (Garzoni 1787). He came to the mistaken conclusion that Persian was the literary language of Kurdish. Garzoni's book aroused strong interest amongst scholars in Europe. There was an opinion that the Kurdish language should be investigated within Iranian Studies, because it could help to explain some phenomena of language in the Avesta.

Until the beginning of the 19th century, Garzoni's opinion that Persian was the basis for Kurdish was dominant. In 1840, two German scholars E. Rödiger and A. F. Pott published a number of articles, where they concluded that Kurdish, from its grammatical structure and vocabulary, was a separate language of the Iranian branch of families (Rödiger and Pott 1840–1850). In 1853 in Paris, an Iranist named A. Chodsko, with the help of the Kurdish merchant Ahmed-khan from the Baban tribe from Suleymaniye, also studied Kurdish (Chodsko 1857).

In the 19th century, different dialects of Kurdish were studied by Russian speaking scholars, such as V. Dittel (1847), Kh. Abovyan (1848), I. Beresin (1853), and others. In the mid 19th century, P. Lerkh studied the Kurdish spoken among 50 Kurds from Mardin, Dersim, Mush, Diyarbekir, Urfa and other cities (Lerkh 1856–1858). People from these cities were prisoners of war in Roslavl' in Russia, the majority of them spoke Kurmanji along with some Zaza speakers.

In 1860 in St Petersburg, A. Zhaba published a collection of Kurdish texts in Kurmanji, as well as the first Kurdish–French dictionary which included 15,000 words (Zhaba 1860). An American missionary, S. A. Rhea, published his work in 1872 (Rhea 1872), after spending 14 years among the Kurds in Hakkari (1851–1865). In 1880 in St Petersburg, the Iranist, F. Justi published his "Kurdish Grammar" in German which is characterized by the special comparative-historical approach in the study of Kurdish (Justi 1880). A collection of texts gathered by A. Socin whilst traveling in Kurdistan was published in 1898–1901 (Socin 1898–1901). The Kurmanji dialect of Tur Abdin and Bohtan was the basis for his investigation.

At the beginning of the 20th century, the Kurdish grammar in English by E. B. Soane was published in London (Soane 1913). In Minneapolis, in 1919 a grammar of Kurdish language by the American missionary, L. O. Fossum was published, which was written based on the Mukri dialect of the Mahabad region, there were, however, some examples given in Kurmanji (Fossum 1919).

In 1922 in Baghdad R. F. Jardine published a short grammar of "Bahdini Kurmanji" based on Kurmanji in the Mosul region (Jardine 1922). In 1926 in Paris, a French missionary, P. Beidar published a short grammar of the Kurdish language also based on Kurdish in the Mosul region (Beidar 1926).

A new period of study of Kurdish began in the 1930's, when a national liberation movement of Kurds began to raise national self-consciousness, with Kurdish journals and magazines such as "Gêlawêj", "Jîn", "Nîzan", "Hetaw", "Hîwa", "Dengî gîtî taze" in Iraq, and journals "Roja nû", "Hawar" and "Stêr" in Syria. Lebanon began to publish a number of articles and essays about the grammar of Kurdish. The most interesting among them are the works of Celadet Elî Bedir-Xan (1942), Tawfîq Wahbî (1929), Seîd Keban (1927), and some others.

In 1953 Kamûran Elî Bedir-Khan, professor of the Institute of Oriental languages in Paris published his two volumes of work in French, which were dedicated to the grammar of the Kurmanji dialect in the regions of the Jezire, Diyarbekir and north Syria (Bedir-Khan 1953).

Active study of Kurdish in Russia began in the 1930's, where in St Petersburg University and with the assistance of A. A. Frejman and I. A. Orbeli, specialists were trained in Kurdish Studies. These Soviet scholars, whose contribution into the study of Kurdish language could hardly be overestimated, are J. J. Avaliani, Ch.Kh. Bakaev, I. I. Tsukerman, K. K. Kurdoev, Z. A. Jusupova, I. A. Smirnova, R. L. Tsabolov and others. Russian Orientalists and ethnographers paid great attention to Kurdish language and to Kurdish culture, among them were P. I. Lerkh, the Russian consul in Erzerum, A. Zhaba, who gathered a large number of manuscripts on Kurdish literature which were kept in the Library at St Petersburg. V. F. Minorskij, O. L. Vil'chevskij, N. J. Marr, V. V. Vel'jaminov-Zernov, B. Nikitin, T. F. Aristova, and many others showed great interest in the history and culture of the Kurds.

In the history of Kurdish Studies in Russia, it is necessary to note the scientific activity of the academic J. A. Orbeli, who is considered to be the founder of modern Kurdish Studies in Russia. In 1959, under his initiative at the Leningrad branch of the Institute of Oriental Studies, the Group for Kurdish Studies was founded, which became the first Centre of Kurdish Studies in the world. The members of the group, which was aimed to study the history, culture and language of the Kurdish people, were K. K. Kurdoev (Kurdish: Qanatê Kurdo), I. I. Tsukerman, M. B. Rudenko, Zh. S. Musaeljan, J. I. Dement'jeva (after Vasil'eva) and at that time doctoral students I. A. Smirnova, K. R. Ejubi, Z. A. Jusupova and O. Dzh. Dzhalilov. This group of Kurdologists actively worked on the Kurdish language and its dialects and they published a large number of monographs in the field. Their work was dedicated, for instance, to the Kurdish southern dialects such as Sorani (K. K. Kurdoev, Z. A. Jusupova), Mukri (I. A. Smirnova, K. R. Ejubi), also to Awramani (Z. A. Jusupova) and Gorani (Z. A. Jusupova and N. G. Safonova).

In 1958, in New York a Kurdish grammar of E. N. McCarus was published (McCarus 1958). This work was dedicated to the southern dialect of Kurdish, particularly to the Suleymani dialect. The work of D. N. MacKenzie, can be considered to be the most detailed research of Kurdish dialects; it is one of the first extensive investigations of Kurdish dialects in northern Iraq (MacKenzie 1961, 1962).

J. Blau published a series of books dedicated to the Kurmanji dialect. Among them "Dictionnaire Kurde" (1965), "Kurdish Kurmanji Modern Texts" (1968), "Le Kurde de 'Amadiya et de Djabal Sinjar" (1975), and others.

Although Kurdish is still considered to be an uncommon subject for research, it is taught today in some universities and is studied by scholars all over the world.

The Aims and Structure of the Reader

This Reader is divided into two parts, "Modern Literature" and "Oral Texts" in Kurmanji. The first part includes different pieces of modern literature in Kurmanji presented in eight lessons, while the second part consists of interviews conducted with Kurmanji speakers from Turkey, Armenia, Russia, Syria, Iraqi Kurdistan, Azerbaijan, Turkmenia and Khorasan. The first part of the Reader includes 33 prose and poetic texts and 40 proverbs; the second part consists of 27 oral texts written down, which gives 60 texts altogether.

The eight lessons in Part I include examples of prose and poems not only of Kurdish writers, but also of French, German, Russian and Persian poets and writers in their Kurdish translation. After the prose and poetic texts in each lesson, there is a Kurdish text dedicated to the culture, literature and historical aspects of the Kurds. These original texts in the Kurmanji dialect are aimed for self study or work with a lecturer. At the end of each lesson, five Kurdish proverbs are given.

After both sections there are two Kurdish – English Glossaries, which consist of about 1300 definitions each. Definitions are not given in the Glossary from the last text in each lesson from the first part, as these texts are designed for independent reading or work with a lecturer.

In a separate chapter A Grammatical Sketch of Kurmanji the main questions of the phonology, morphology and syntax of the literary Kurmanji are explained. As Excursus I to the grammatical sketch there are tables for more than 250 verbs used in the texts from Part One. All the verbs are divided into three tables, namely: regular, irregular, and prefixed and compound verbs. In these tables, information for each verb is given as: infinitive, translation, a present stem of a verb, imperative (sg.) form and transitivity of a verb.

The second Excursus of the grammatical sketch, dedicated to the Part II: Oral Texts in Kurmanji, includes explanations of the main differences of the local Kurmanji variants from the literary language.

At the end of the book there are English translations of eight texts (one from each lesson) from Part One and eight texts from Part Two. After that sources of Kurdish texts for both parts are given. Recommended literature includes selected dictionaries, text books and literature on Kurmanji grammar.

The Reader has the English – Kurdish dictionary of 150 linguistic terms and it ends with the Grammatical Index.

The Kurdish texts are given in their original variants, with the exception of some corrections in writing. The aspiration of consonants which occurs not in all Kurmanji variants and were shown not in all used sources is ignored in the book. The texts that were transcribed from Cyrillic to Roman script were transcribed as closely as possible to the original texts, with some exceptions. For instance, *da/de*, *ra/re* and *va/ve* are written separately in the book, while in some original texts published in the Cyrillic script in the former Soviet Union, they are written added to the previous word; *-î + yê/ya/yên* is written, according to the Bedirkhan's standard of writing, namely *-î + yê* is written *-iyê*, for instance: *arîkariya*, *serhatiyên*, etc.

Part I: Modern Literature in Kurmanji

Kurdish Poetry

Examples of Kurdish poetry are represented in the first part of the book by Ehmedê Khanî (Ehmedê Xanî) in the modern Kurdish translation by Jan Dost, Shikoyê Hesen (Şikoyê Hesen), Kemal Burkay and Jegerkhwîn (Cegerxwîn). Examples of Kurdish folklore are also represented in the book: a short passage from the poem 'Siyabend and Khejê' ('Siyabend û Xecê') and the full

folklore version of 'Memê and Eyshê' ('Memê û Eyşê'). The last one is origi-
nally oral text; however, it was included in the first part of the book, as well
as the proverbs.

Ehmedê Khanî (1650–1707) was a Kurdish writer, poet and philosopher.
He was born into the Khani tribe in Hakkari province in present-day Turkey.
He moved to Bayezid in Ritkan province and settled there. Khanî was fluent
in Kurdish, Arabic and Persian. His most important and well-known work is
the Kurdish classic love story 'Mem and Zîn'. It is considered to be the apogee
of Kurdish literature. He is believed to be the first Kurd who has discussed
Kurdish independence in his poetry.

Jegerkhwîn (1903–1984), whose real name was Sheikhmous Hasan, was a
well-known Kurdish poet, writer, historian, and lexicographer. He was born
in the Kurdish village of Hesar close to the city of Mardin in present day
Turkey. Jegerkhwîn (Kurdish: Cegerxwîn 'bleeding liver'), is recognised as
one of the most influential Kurdish writers and poets in the Kurdistan region
of the Middle East. His poems have been used in the creation of many songs.

Shikoyê Hesen (1928–1976) was born into a Kurdish Yezidi family in
the Jamûshvana Bichûk village in Armenia. He finished his studies in the
Department of Oriental Studies in Yerevan and worked for Kurdish Radio
in the same city. In 1965 he successfully defended his doctoral thesis in the
Kurdish sector of the Institute of Asia and Africa in Leningrad. The poem 'Ez
û Baran' ('I and the rain') given in the Reader, was written in St Petersburg (at
that time Leningrad) in 1967.

Kemal Burkay was born in 1937 in Tunceli, Turkey. He is a Kurdish writer
and politician. Burkay wrote and published about 40 books and many articles
in Turkish and Kurdish. He has lived and worked abroad since 1980.

Kurdish Prose

The Kurdish prose in the reader is represented by examples of the works
of Erebê Shemo 'Kurdish Shepherd' ('Şivanê Kurd'), Sehîdê Îbo 'Kurdish
Wayfarer' ('Kurdê Rêwî'), Firîda Hejî Jewarî 'Hejiyê Jindî, Life and Work'
(Firîda Hecî Cewarî 'Heciyê Cindî. Jiyan û Kar'), Mehmed Uzun, 'The Shadow
of Love' ('Siya Evînê') and 'The Cry of the Tigris' ('Hawara Dîcleyê').

Sehîdê Îbo (Seîdê Rizgo Îboyan), a professor and doctor of medical sci-
ences, was born in 1924 into a Kurdish Yezidi family in the village Qarkhûna
in Armenia. He finished his studies at the Institute of Medical Sciences in
Yerevan and defended his doctoral thesis in Moscow. From 1971 he was Dean
of the Department of Paediatrics in the Yerevan Medical Institute. He was
also a Kurdish writer and poet. His novel 'Kurdê Rêwî' ('Kurdish Wayfarer')
was written in 1959. Sehîdê Îbo was killed in 1991 in his work place in Yerevan.

Firîda Hejî Jewarî, a daughter of the Kurdish writer Hejiyê Jindî (1908–
1990), was born in Yerevan, Armenia. She finished her studies at the depart-
ment of Physics and Mathematics in Moscow, after which she was a teacher

for some fifty years. A passage of text in this book is taken from her biographical book on the life of her father, published in 2003 in Yerevan. The 2nd edition was published in Istanbul in 2008. She used her father's notes for this work.

Erebê Shemo or Arab Shamilov (1897–1978) was a Kurdish novelist. He was born into a Kurdish Yezidi family in Kars in present-day north-eastern Turkey. During World War I he served as an interpreter for the Russian army. He was a member of the Central Committee of the Armenian Communist Party. Erebê Shemo worked on Kurdish literature at the Institute of Oriental Studies in Leningrad (now Institute of Oriental Manuscripts in Saint Petersburg), where he met K. K. Kurdoev (Qanatê Kurdo). His first, famous novel 'Kurdish Shepherd' ('Şivanê Kurd') was published in 1935. In 1937 he was exiled by Stalin and only returned to Armenia in 1956. In 1959 he published another Kurdish novel entitled 'Happy Life' ('Jiyana Bextewer'). The first text of Lesson IV is based on the novel 'Kurdish Shepherd' translated to Kurdish, while two texts at the end of the same lesson are from the original novel by Erebê Shemo.

Mehmed Uzun was born in 1953 in the village of Siwêrka near Urfa and passed away in Diyarbekir in 2007. He was a Kurdish writer who wrote in Kurdish as well as in Turkish and Swedish. Passages from his two novels namely 'The Shadow of Love' ('Siya Evînê') and 'The Cry of the Tigris' ('Hawara Dîcleyê') are used in this book.

There are also three short stories in Kurdish in the reader, namely 'Socrates' and 'Antigonus', and a short moral story by Eskerê Boyîk 'The Cloud and the Mountain' ('Ewir û Çiya').

Nuredîn Zaza was born in 1919 in Maden. The hand writing of the given in the reader text 'Memoirs (Damascus – Beirut)' ('Bîranîn (Şam-Bêrût)') underlay the basis of his book 'Ma vie de Kurde'.

Eskerê Boyîk was born in 1941 into a Kurdish Yezidi family in Qundekhsaz village in Armenia. He is a Kurdish writer and poet. Boyîk defended his doctoral thesis on economics in Yerevan. He is the author of many articles in Armenian and Russian. In the 60's, he began writing poetry and articles in Kurdish. Now he is the author of a large number of novels and collections of poetry in Kurdish. He is now living and working in Germany.

Translations into Kurdish

Although literature should be read in its original language, it was decided however, to give some translations of writers and poets from different languages to show the beauty of different classics and also to show the development of translation into Kurdish. Translations into Kurdish are made from Russian, French, German and Persian and include the works of such writers and poets as Antoine de Saint-Exupéry 'Little Prince', Hafiz 'Don't ask', Maxim Gorky 'The Song of the Falcon', Heinrich Heine 'Tragedy' and Mikhail Lermontov 'Mtsyri'.

Antoine de Saint-Exupéry (1900–1944) was a French writer and aviator. His novella 'The Little Prince' (*Le Petit Prince*) is well-known throughout the world and has been translated into many languages including Kurdish. De Saint-Exupéry is the author of many books on aviation adventures including 'Night Flight' and 'Wind, Sand and Stars'. He was a successful commercial pilot before World War II, but in July 1944 he disappeared on a reconnaissance flight over the Mediterranean. In this book a part of 'The Little Prince' (Mîrê Piçûk) in Khanna Omarkhali's translation is given.

Hafez (1315–1390) was a Persian poet whose life and work has been the subject of much commentary and analysis. His poems have been used in traditional and modern Persian music and translations of Hafez's poems exist in many languages. For this book, a poem of Hafez "Don't ask" ('Nepirse') in Husein Muhammed's translation is given.

Maxim Gorky (1868–1936), whose real name was Aleksey Maksimovich Peshkov, was born in Nizhniy Novgorod and was a Soviet author and a political activist. He was a founder of the so called socialist realism literary method. From 1906 to 1913 and from 1921 to 1929 he lived abroad, mostly in Italy. When he returned to the Soviet Union he was not permitted to leave the country again. 'When work is a pleasure, life is a joy! When work is duty, life is slavery' is one of Gorky's many quotations. The passage of text used in the reader is from 'The Song of the Falcon' ('Kilam derheqa teyrê baz da', Russian: Песня о Соколе), a short story, written in 1902. Among his other short stories are 'Makar Chudra' (Russian: Макар Чудра) and 'Chelkash' (Russian: Челкаш). His best known novel is 'The Mother' (Russian: Мать), written in 1907.

Christian Johann Heinrich Heine (1797–1856) was a prominent German poet; he was also a journalist and literary critic. Heine was born in Düsseldorf in present day North Rhine-Westphalia, Germany and died in Paris in 1856. The poem of Heine 'Tragödie' ('Tragêdiya'), translated from German into Kurdish by Hussein Habasch is included in the book.

Mikhail Yuryevich Lermontov was born in 1814 and was killed in 1841. He was a Russian romantic writer and poet. Sometimes Lermontov is called 'the poet of the Caucasus' because of his thematic work. He was the most important Russian poet after Alexander Pushkin. 'Mtsyri' (Russian: Мцыри), a part of which is included in this book, was written in 1839, when Lermontov was 25 years old. He is one of the most prominent poets, with amazing talent, not only in Russian classical literature, but also in world literature.

Kurdish Texts for self study

The distinctive parts of the book are the original Kurdish texts, which are presented before the proverbs at the end of each lesson. The explanation for words in these texts has not been included in the Kurdish – English Glossary, because these texts are designed for independent reading. These texts include: Qanatê Kurdo 'Grammar of the Kurdish language (Kurmanji-Sorani)' ('Gramera Zimanê Kurdî (kurmancî-soranî)') and 'The History of Kurdish Literature (Ahmedê Khanî)' ('Tarîxa edebiyeta Kurdî' (Ahmedê Xanî)), Tosinê Reshîd 'Hejiyê Jindî' ('Heciyê Cindî'), Eskerê Boyîk 'Hejiyê Jindî' ('Heciyê Cindî'), Erebê Shemo 'The Dawn' ('Berbang'), Wezîrê Esho 'The History of the Kurds of the Soviet Union' ('Dîroka Kurdên Sovyeta Kevin'), Ordîkhanê Jelîl and Jelîlê Jelîl 'The Kurdish Folklore' ('Zargotina Kurda'), Eskerê Boyîk 'Emînê Evdal (1906–1964)' ('Emînê Evdal (1906–1964)'), and Kemal Mezher 'Sheref-name in Kurdish Studies in the Soviet Union' ('Şerefname di Kurdnasiya Sovyetê de'). These texts introduce the readers to Kurdish culture, language, literature and folklore. They give information about such people as Ahmedê Khanî, Hejiyê Jindî, Emînê Evdal (1906–1964), and Sheref Khan Bidlîsî.

Part II

Oral Texts in Kurmanji

The second part of the Reader, "Oral Texts in Kurmanji", consists of seven sections with the interviews conducted between 1960 and 2011, with Kurmanji speakers from Turkey, Armenia, Russia, Syria, Iraqi Kurdistan, Azerbaijan, Turkmenia and Khorasan. The interviewees were born between 1881 and 1981. This part is also of interest for Kurdish Oral History Studies because it consists of various recordings of historical information, based on the personal experience of the speakers.

The history of the Kurdish community in Russia covers several centuries. The Kurds who live in the present Commonwealth of Independent States (CIS), before USSR, form about 2.5 % of the total Kurdish population, which is the most important part of the Kurdish Diaspora. The Kurds in Armenia appeared in these territories in two ways. The first were Kurds who are considered to be indigenous inhabitants of these areas, whilst the second are Kurds who, during the 100 years from the Russo-Persian war (1804–1813) until World War I (1914–1918) were resettled in this region (Omarkhali 2011: 226). In the history of Kurds – the famous work of Sharaf-khān Bidlīsī, *Sharaf-nāmē*, completed in 16th century – there are already references to Kurdish tribes living in the Caucasus and in northern Khorasan.

The majority of the Kurds in Armenia and Georgia are Yezidis whose ancestors were forced to move to these regions at the end of the 19th and the beginning of the 20th centuries, to escape from religious persecution by the Ottoman government.

In Armenia, the Kurds achieved definite cultural rights; it was the first Kurdish Diaspora to have radio, education and press written and spoken in their native tongue. In 1930 a partly sponsored newspaper in Kurdish, 'Riya Teze', started in Yerevan. Kurdish literature and culture in the former Soviet Union played a significant role in the development of Kurdish literature in general. After the collapse of the Soviet Union, at least half of the Kurds from Armenia and Georgia left these countries and moved mostly to Russia, the Ukraine, and Europe.

A large group of Kurds live in Azerbaijan. This branch of the Kurdish Diaspora suffered the most from assimilation during centuries. Under the order of Lenin in 1923, the Kurdish district (positioned between Nagorno-Karabakh and the border of Armenia proper), was a political independent centre. It received autonomous administration and self-management in what was called Red Kurdistan, its capital city was Lachin. For five years a newspaper, also called Red Kurdistan, was printed. After the collapse of the Soviet Union, the Kurds began to leave not only Georgia and Armenia, but also Azerbaijan and Central Asia.

Further to the east there was a Kurdish enclave in Turkmenia. Part of a large group of tribes resettled in that region in around 1600 to protect Iran's north-eastern frontier (van Bruinessen 1997: 214). Under the rule of Nadir Shah (1736–1747) a number of Kurds were resettled to the north and north-eastern borders of Iran, more in the province of Khorasan. The group numbering about 300,000 people remained on the newly formed borders between Iran and the Russian Empire, the territory of Turkmenia. The overwhelming majority of the Kurds in Turkmenia suffered from the assimilation process.

Texts given in the Part II

The second part of the reader includes 27 texts which demonstrate the richness of the Kurmanji dialect with its variations in different regions and countries. It is possible for advanced readers to practice their language knowledge through reading the texts written down in six countries where Kurmanji is spoken. Practically all of the given texts in this part are fascinating examples of the oral history of Kurds reflected in these interviews.

The interviews conducted with Kurds from Turkey, Armenia, Russia, Syria and Iraqi Kurdistan were recorded and written down by Omarkhali in the period between 2005 and 2011. The Kurmanji texts from Azerbaijan and Turkmenia were written down by Bakaev in the 1960's and published in two of his books (Bakaev 1962, 1965). The texts from Khorasan were published in Tsukerman's book (Tsukerman 1986).

Turkey: The text "Jiyana min li Sêrtê û Batmanê" ('My life in Siirt and Batman') was recorded from a Kurd of Turkey and it is dedicated to a description of the life of a Kurd from his village, Misêrch, his move to Batman and then to Germany.

Armenia and Russia: There are six texts in this part, all of which were written down from the Kurds from Armenia, the majority of whom live in different cities and regions of Russia; Moscow, St Petersburg and Tula. Four texts, namely "Jiyana Koçberiyê" ('Nomad's life'), two parts of "Rev" ('Escape') and "Êzdî û File" ('Yezidis and Armenians') reflect important historical events from the history of the Yezidi Kurds during their escape from the Ottoman Empire to Tsarist Russia after the collapse of the Soviet Union and migration from Armenia to the Russian Federation.

Two other texts "Dewat" ('Wedding') and "Şîn" ('Mourning') are dedicated to the description of Yezidi tradition.

Syria: There are two texts written down from a Kurd from Syria. These texts are "Jiyana me li Sûriyê. Gundê me" ('Our life in Syria. Our village') and "Jiyana me li Sûriyê. Emrê min" ('Our life in Syria. My life'). They are dedicated to the description of the village and life in Syria. The second text describes the daily life of a Kurdish woman in Syria.

Iraqi Kurdistan: The seven texts in this part were written down from Kurds living in Shingal (i. e. Sinjar), Til Kêf (i. e. Tel Keppe), Zakho and Duhok. Three texts form the Shingal region, namely "Rê û Rismê Dewatê li Şingalê" ('Wedding Traditions in Shingal'), two parts of "Êzdiyên Şingalê" ('Yezidis of Shingal'), are dedicated to the life and tradition in Shingal. The interviews were conducted with three people from different parts of Shingal. Two of the interviewees belong to the community who were originally from Serhed region, while the other one is an original resident of this region (i. e. Shingal).

There are two texts handed down from the Til Kêf (Tel Keppe) region. The first text "Gundê Xetarê û Mîrê Kor" ('Khetarî village and Blind Emir') was written down in Khetarî and dedicated to the description of the village and historical events connected with the assault of Mîrê Kor (lit. 'Blind Emir'). The second text "Ruh û Qalibê Adem" ('Spirit and the Body of Adam'), which belongs to the Yezidi cosmogonic myths (see Omarkhali 2009), was written down from a Kurd who was originally from the Babîra village.

There are two texts from the city of Zakho "Bajêrê me Zaxo" ('Our city Zakho') and Duhok "Bajarê Dihokê" ('Duhok city'). Both are dedicated to the description of the cities.

Azerbaijan: The four texts given in this part are written by Bakaev and published in his book *Jazyk Azerbajdzhanskikh kurdov* (1965) in the Cyrillic script. For this book the texts were transcribed from Cyrillic to Roman script by Omarkhali. Two texts "Lawkêne min" ('My sons') and "Qiştaxa me" ('Our village') were written down in the Kalbajar and Aghjakend regions. Two other texts "Tiye me" ('Our village') and "Jinîde me" ('Our women') were given by Kurds in the Lachin region.

Turkmenia: As well as texts from Azerbaijan, texts from Turkmenia were written by Bakaev and published in his book *Govor Kurdov Turkmenii* (1962). The texts were transcribed from Cyrillic to Roman script by Omarkhali. The first text "Umrî min" ('My life') as well as the second text "Ez we xᵒe" ('I am myself') were recorded in the Ashgabat region. These texts were written in Cyrillic script with stresses, aspirated consonants and additional letters representing the typical sounds for Kurmanji in Turkmenia. For this work, texts from Turkmenia were transcribed from Cyrillic to Roman script, where three signs added by Bakaev were preserved for the better demonstration of the phonetic features of the dialect. The letters in Cyrillic xº, ð, and ÿ were shown in the book as xº, ð, and ü.

Khorasan: The texts from Khorasan are divided in the book from the texts in Turkmenia because they were published in different books, the first by Bakaev and the second by Tsukerman, who reprinted the texts from other sourses.

The text "Kormanc we mektew" ('Kurds and schools') from Khorasan was published by Pehlewî (1934) and reprinted in Tsukerman (1986). Four short verses are reprinted in Tsukerman's book from Ivanow (1927).

In Part II: Oral Texts in Kurmanji, at the beginning of each text information is given in the following way: 1st line: The name of the interviewed person, year of birth, place of birth (in Kurdish); 2nd line: Date of the interview, place of the interview, region/city (in English).

Literary Kurmanji, developed mainly based on the Kurdish dialect of Turkey and Armenia, does not represent all forms of Kurmanji which exist in other local variations. As the first part of the book presents literary Kurmanji and the development of written tradition, the second part introduces the readers to a range of variants of Kurmanji with the richness of their forms which sometimes differ from literary language. In the selection presented in Part II, the living speech is reflected within its diverse local versions.

In the book, just some of the existent local Kurmanji variants are presented to give the readers a general picture of the variety of forms. For the texts given in Part II for easier reading, the Kurdish alphabet used is based on the Roman script developed by Celadet Elî Bedir-Xan. It cannot reflect all phonetic variety of the local dialects, but we did not aim to do this.

The book 'Kurdish Reader: Modern Literature and Oral Texts in Kurmanji' is designed for those who already have a basic knowledge of Kurdish and want to enrich their vocabulary and improve reading skills and the knowledge of Kurmanji through reading modern literature and acquaintance with oral texts. It could be used in Kurdish reading courses in universities, as well as for individual study of the language.

References

Abovyan, Kh. 'Kurdy', in: *Kavkaz*, Tiflis, 1848, 46, 47, 50, 51.

Avaliani, J. J. *Mater'jaly po slozhnomu glagolu kurdskogo jazyka*. Samarkand, 1961.

Bakaev, Ch.Kh. 'Kratkij ocherk grammatiki kurdskogo jazyka', in: *Kurdskij slovar'*. Moskva, 1957.

– *Govor kurdov Turkmenii*. Moskva, 1962.

– *Jazyk azerbajdzhanskikh kurdov*, Moskva-Leningrad, 1965.

Bedir-Xan, Celadet Elî. 'Grammara Kurmancî', in: *Hawar*. N 21, 28–30, 32–35, Şam, 1941; N 10, 34, 40, 42–44, 45, Şam, 1942.

Bedir-Khan, Kamûran Elî. *Zimanê Kurdî*. Paris, 1953.
– *Nivîsa min, Cours practique de la langue Kurd*, Paris, 1965.
Beidar, P. *Grammaire kurde*, Librairie Orientaliste Paul Geuthner, Paris, 1926.
Bérésin, I. *Recherches sur les dialectes persans*, Casan, 1853, (pt. I. Dialecte kurde oriental, pp. 118–138. Dialecte kurde occidental, pp. 138–158).
Blau, J. *Dictionnaire kurde/Kurdish dictionary*, Centre pour l'Etude des Problèmes du Monde Musulman Contemporain, Bruxelles, 1965.
– *Kurdish Kurmanji Modern Texts*, Otto Harrassowitz, Wiesbaden, 1968.
– *Le kurde de 'Amādiya et de Djabal Sinjār*, Analyse linguistique, textes folkloriques, glossaires, C. Klincksieck, Paris, 1975.
– with Barak V. *Manuel de Kurde (Kurmanji)*, L'Harmattan, Paris, 1999.
Chodsko, A. Études philologiques sur la langue kourde (Dialecte de Solèimanié), in: *Journal Asiatique*, 5ème sér., t. IX, 1857.
Dittel', V. 'Obzor trëkhgodichnogo puteshestvija po Vostoku magistra Villiama Dittelia', in: *Zhurnal Ministrestva Narodnogo Prosveshchenija*, otd. IV, Sankt-Peterburg, 1847.
Fossum, L. O. A *Practical Kurdish Grammar with English Phonetic Pronunciation Exercises for Translation into Kurdish, Short Stories Illustrating Kurdish Composition and Syntax, and Vocabulary*, Minneapolis, 1919.
Garzoni, M. P. *Grammatica e vocabolario della lingua Kurda*. Composti Dal P. Maurizio Garzoni De'Predicatori Ex-Missionario Apostolico. Rome, 1787.
Ivanow, W. 'Notes on Khorasani Kurdish', in: *Journal and Proceedings of the Asiatic Society of Bengal*, 23, 1, 1927.
Jardine, R. F. *Bahdinan Kurmanji: a Grammar of the Kurmanji of the Kurds of Mosul* Division and Surrounding Districts of Kurdistan, Baghdad, 1922.
Justi, F. *Kurdische Grammatik*, St. Petersburg, 1880; repr. Walluf, 1976; Schaan, 1981.
Keban, Seîd. *Qewaîdî zimanî kurdî*, Bexda, 1927.
Kurdoev, K. K. 'Kratkij ocherk grammatiki kurdskogo jazyka', in: *Kurdskij slovar'*. Moskva, 1960.
– *Kurdskij jazyk*. Moskva, 1960.
– *Gramatîka zimanê kurdî (ser zaravê kurmancî)*, Yerevan, 1960.
– *Grammatika kurdskogo jazyka (na materiale dialektov kurmandzhi i sorani)*, Moskva, 1978.
Lerkh, P. *Issledovanija ob iranskikh kurdakh i ikh predkakh, severnykh khaldejakh* (Research on the Iranian Kurds and Their Ancestors, the Northern Chaldeans), 3 vols., St. Petersburg, 1856–1858.
– *Forschungen über die Kurden und die iranischen Nordchaldäer*, 2 vols., St. Petersburg, 1857–58; repr. Amsterdam, 1979, 2 vols. in 1. R. Lescot, *Enquêtes sur les Yézidis de Syrie et du Djebel Sinjar*, Vol. 1., Beirut, 1938.
– *Textes kurdes*: Vol. I, pt. 1 *Contes, proverbes et énigmes*, Paris, 1940; Vol. I, pt. 2: *Mamê Alân*, Beirut, 1942.
MacKenzie, D. N. *Kurdish Dialect Studies*. Vol. I. London, 1961; Vol. II. 1962.
McCarus, E. N. *A Kurdish Grammar*, New York, 1958.

Omarkhali, Kh. 'The status and role of the Yezidi legends and myths. To the question of comparative analysis of Yezidism, Yārisān (Ahl-e Haqq) and Zoroastrianism: a common substratum?' in: *Folia Orientalia*, 45–46, Cracow, 2009, pp. 281–302.

– 'KurdInnen in der ehemaligen Sowjetunion', in: *Kurdistan im Wandel. Konflikte, Staatlichkeit, Gesellschaft und Religion zwischen Nahem Osten und Diaspora*. Thomas Schmidinger (Hg.), Peter Lang Verlag, Wien, Frankfurt u. a., 2011, pp. 225–239.

Pehlewî, G. G. *Kitawê xandinê. Bolekê dowwom*. Salê 2–om. Eşqabad, 1934.

Rhea, S. A. 'Brief Grammar and Vocabulary of the Kurdish Language of the Hakari District,' *Journal of American Oriental Society* 10/1, 1872, pp. 118–56; repr. as a book (155 pages) under the same title n. p., 1872.

Rödiger, E. and Pott, A.-F. 'Kurdische Studien,' *Zeitschrift für die Kunde des Morgenlandes* 3, 1840, pp. 1–63; 4, 1842, pp. 1–42; 5, 1844, pp. 57–83; 7, 1850, pp. 91–167.

Soane, E. B. *Grammar of the Kurmanji or Kurdish Language*, London, 1913.

– *Elementary Kurmanji Grammar*, Baghdad, 1919.

Socin, A. 'Die Sprache der Kurden', in: *Grundriss der Iranischen Philologie*, Bd I, Abt. 2, Strassburg, 1898–1901.

Tsukerman, I. I. *Khorasanskij Kurmandzhi. Issledovanija i teksty*, Moskva, 1986.

van Bruinessen, M. 'Behind the Iron Curtain,' in: *Kurdistan in the shadow of history*. By Meiselas Susan. With historical introductions and a new postscript by Martin van Bruinessen. Chicago and London, 1997.

Zhaba, A. *Recueil de notices et récits kourdes*, St. Petersburg, 1860.

The Kurdish Alphabet

There is no unified system of the Kurdish alphabet and in various editions insignificant distinctions can be observed. In the former Soviet Union in the 1920s, the first Kurdish alphabet based on the Armenian script was created, followed by written Kurdish based on the Latin script in 1927, Cyrillic followed in 1945; however Latin script is now the most commonly used by the Kurds in Armenia, Georgia, Turkey, Russia, and European countries.

The majority of texts in the book were originally published in the Roman alphabet[1] proposed by Bedir-Khan (Hawar, 1930s and 1940s) and this alphabet has been adopted by the majority of the Kurmanji speaking people. All the texts published in the Cyrillic script were transcribed into the Roman alphabet for this book.

Kurdish Alphabet

Roman	Cyrillic	Arabic-Persian	Examples
A a	A a	ا ئا[2]	*av* 'water', *nan* 'bread'
B b	Б б	ب	*bav* 'father', *bira* 'brother'
C c	Щ щ	ج	*cî* 'place', *cot* 'pair'
Ç ç	Ч ч, Ч' ч'[3]	چ	*çil* 'forty', *birçî* 'hungry', *çiya* 'mountain'
D d	Д д	د	*dil* 'heart', *sond* 'oath'
E e	Ә ә	ئه	*ez* 'I', *elek* 'sieve'
'E 'e, E' e'	Ә' ә'	عه	*'enî* 'forehead', *'ewr* 'cloud'
Ê ê	E e	ئێ ێ	*êvar* 'evening', *şêr* 'lion'
F f	Ф ф	ف	*felek* 'fate', *def* 'drum'
G g	Г г	گ	*agir* 'fire', *germ* 'warm'
H h	h h, h' h'	ح ه	*havîn* 'summer', *hesp* 'horse'
I i	Ь ь	—	*jin* 'woman', *rind* 'good'
Î î	И и	ئى ى	*evîn* 'love', *hîv* 'moon', *îro* 'today'

---

1 Phonology see in A Grammatical Sketch of Kurmanji, section 1.1, Kurdish Alphabet.
2 Initial vowels begin with a hamza carrier.
3 In the texts, aspirated and unaspirated sounds are not shown.

J j	Ж ж	ژ	*dirêj* 'long', *roj* 'day, sun'
K k	К к, К' к'	ک	*kevir* 'stone', *kendal* 'rock', *kubar* 'proud'
L l	Л л	ل	*delal* 'nice', *mal* 'home'
M m	М м	م	*mîr* 'emir', *maf* 'right'
N n	Н н	ن	*nav* 'name', *nîv* 'half'
O o	О о	نۆ ۆ	*sor* 'red', *kon* 'tent'
P p	П п, П' п'	پ	*pûng* 'mint', *lepik* 'glove', *por* 'hair'
Q q	Q q	ق	*qaz* 'gooze', *qirik* 'throat'
R r	Р р, Р' р'	ر ڕ	*stêrk* 'star', *ar* 'flour', *rovî* 'fox', *reş* 'black'
S s	С с	س	*sêv* 'apple', *serî* 'head'
Ş ş	Ш ш	ش	*şev* 'night', *şoreş* 'rebellion'
T t	Т т, Т' т'	ت	*tu* 'you', *tawis* 'peacock', *tab* 'patience'
U u	Ö ö	نو و	*gul* 'rose', *gund* 'village'
Û û	У у	نوو وو	*dûr* 'far', *hûr* 'fine'
V v	В в	ڤ	*vir* 'here', *kevir* 'stone'
W w	W w	و	*wek* 'likewise', *wira* 'there'
X x	Х х	خ غ	*xewn* 'dream', *xanî* 'building'
Y y	Й й	ی	*yek* 'one', *zeytûn* 'olive'
Z z	З з	ز	*kezî* 'plait', *zar* 'child'

Part One

MODERN LITERATURE IN KURMANJI

LESSON I

Text 1

Firîda Hecî Cewarî: *Heciyê Cindî. Jiyan û Kar*

Sêwîxane

1. Me bihîst, gotin Emerîkayê li Qersê sêwîxane vekiriye, zarokên bê dê û bav berhev dikin, dibin xwedî dikin, didine xwendin. Ez û birayê xwe jî ketin wê sêwîxaneyê. Ez di koma yekê de dame rûniştandin. Me bi zimanê Ermenkî nizanibû, giş zarokên Ermenî bûn, ji me re pirr çetin bû.

2. Çend meh ji wê ortê derbas bûn, rojekê Têliyê apê min hate cem me. Xurek anîbû, me xwar, paşê wî ez revandim, birim gund. Du çêlekên wan hebûn. Ez dişandime ber wan. Ez li ber xwe diketim, min bêriya birayê xwe dikir, dixwest dîsa vegerim, herim sêwîxaneyê. Ji apanên me Bekirê Şemo jî wexta ku ez didîtim, digot:
Lawo, here, here êtîmxaneyê, miqatî birangê xwe be, here bixwîne, tuyî serwext î.

3. Bi Kalikê Esed re pev diketim, wekî min bibe sêwîxaneyê. Wî îro sibehê dikir, „hey ji bîr dikir." Ez hêrs diketim.

4. Rojekê jî, ez bêyî dilê xwe çûm ber dêwêr, bi wê texmînê, wekî ecêbek ê bê serê min. Min li çolê fîşekek dît, pê re lîst, bi kêra cêban a biçûk xwest serê fîşekê derxim. Bû teqîn. Ji destê min ê çepê xwîn kişiya. Min dewar hişt, ez ber bi malê reviyam. Mêrê Kida xaltiya min, Hemîdê Husoyê rehmetî ez hilgirtibûm, biribûm Nexweşxaneya Qersê.

5. Li wê derê, ez dam xeberdanê, got bibêje, "Yek, dudu, sisê ..." Niza'm min çiqas got, bi ser hişê xwe de hatim, êdî destê min ê çepê ji zendê de tunebû. Hema ji nexweşxaneyê jî ez birim sêwîxaneyê.

6. Tirkan dîsa Qers zeft kir. Bi şev û roj dergehvanên Emirkan li ber derê sêwîxaneyê disekinîn, wekî ew destê xwe nedin me. Paşê em bi vagonan verêyî Sêwîxaneya Gumriyê kirin. Carekê çend doxtor hatin, kamîsiya

(şêwra bijîşkan) bû, teseliya me kirin, bejna me pîvan, li diranên me ni-
hêrîn, salên me nivîsîn. Sala bûyîna min sala 1908'an nivîsîn.

7. Ez carekê giran nexweş ketim. Zarokên nexweş dibirine Dîlîcanê. Lê
    wexta ku hinekî bi ser xwe de hatim, wan ez bi paş de anîm Gumriyê.
    Min birayê xwe Xaço li wir nedît; zarokên biçûk cîguhestî kiribûn. Ez
    zehf li ber xwe diketim.

8. Axiriyê, çend komên zarokên biçûk bi paş de anîn, û min kurek dît, navê
    wî Xaçîk, min got: "Birayê min e." Ez bi gav û saetê pê şa dibûm, min
    miqatî lê dikir. De ez bûm, ew bira. Lê gelo ew birayê min bû? De ew şik
    heta niha jî rihetiyê nade min.

Complete the following table with the right forms of the infinitive, the present stem, the explanation and translation of the verb:

Verb	Explanation of the form	Infinitive	Present Stem of Verb	Translation
(me) bihîst				
gotin				
(Emerîkayê ... sêwîxane) vekiriye				
berhev dikin				
dibin				
xwedî dikin				
didine xwendin				
ketin				
(ez ...) dame rûniştandin				
(me ...) nizanibû				
bûn				
çetin bû				
derbas bûn				
hate				
anîbû				
xwar				

Verb	Explanation of the form	Infinitive	Present Stem of Verb	Translation
(wî ez) revandim				
birim				
hebûn				
(ez) dişandime				
li ber xwe diketim				
(min) bêriya ... dikir				
dixwest				
vegerim				
herim				
(ez) didîtim				
digot				
here				
miqatî ... be				
bixwîne				
pev diketim				
bibe				
dikir				
ji bîr dikir				
hêrs diketim				
çûm				
bê sere min				
dît				
(min ...) lîst				
xwest				
derxim				
xwîn kişiya				
hişt				
reviyam				
(Hemîdê Huso ... ez) hilgirtibûm				
biribûm				
(ez) dam xeberdanê				

Verb	Explanation of the form	Infinitive	Present Stem of Verb	Translation
got				
niza'm				
bibêje				
bi ser hişê xwe de hatim				
tunebû				
birim				
zeft kir				
disekinîn				
(wekî ew) destê xwe nedin (me)				
verêyî ... kirin				
hatin				
teseli(ya me) kirin				
pîvan				
nihêrîn				
nivîsîn				
nexweş ketim				
dibirine				
bi ser xwe de hatim				
(wan ez) bi paş de anîm				
nedît				
cîguhestî kiribûn				
li ber xwe diketim				
bi paş de anîn				
pê şa dibûm				
miqatî lê dikir				
bûm				
rihetiyê nade min				

Text 2

Ehmedê Xanî: *Mem û Zîn*

Bi kurdiya îro: Jan Dost

1. Dît ku şar û kolan hemî vala
   Kes nemaye li kuçe û mala

2. Bêkes û vala ne bax û bistan
   Xalî ne sera û koşk û eywan

3. Zanî ku zeman e bê eman e
   Got: Rabe dilo eceb zeman e!

4. Fersend e da ku em bikin seyran
   Temaşe kin li kovî û teyran

   ——

1. Bêçare Memo derket ji xanî
   Xocê Xizir bû ku ew deranî

2. Ew Xizir çi bû? Bêrîkirin bû
   Bêrîkirin çi? Işqa mezin bû

   ——

1. Ey bilbil eger tu evîndar î
   Perwaneya mûma gula yar î

2. Zîna min ji sorgula te geştir
   Lê bextê min ji bextê te reştir

3. Ez im bilbilê rast ey dawîxweş
   Çima bêhûde xwe dikî rûreş?

4. Di her gulşenê de nûbuharan
   Gul dibişkivin ne yek, hezaran

5. Eger ku hebin gelek wek wan yar
   Firişte bin yan horiyên nazdar

6. Tucarî nabin sebebê derdan
   Ji ber ku hene li hemî erdan

7. Lê eger yek be û bê hemta be
   Wek Zîn û Sîmurx li pişt perda be

8. Evîndar çawa dê bike sebrê?
   Çara wî çi ye eger ku nemrê?

Complete the following table with the right forms of the infinitive, the present stem, the explanation and translation of the verb:

Verb	Explanation of the form	Infinitive	Present Stem of Verb	Translation
dît				
nemaye				
zanî				
got				
rabe				
bikin seyran				
temaşe kin				
derket				
bû				
deranî				
xwe dikî rûreş				
dibişkivin				
(eger ku) hebin				
bin				
nabin				
hene				
(eger yek) be				
dê bike sebrê				
eger ku nemrê				

Text 3

Folklora Kurmanca

Part I – Tosinê Reşîd: *Heciyê Cindî*

1. Mirov hene, gava gilî tê ser kurdnasiyê, çanda kurdî, tu nikarî navê wan nedî. Ji wan mirovan yek jî doktor, profêsor Heciyê Cindî ye.
   Heciyê Cindî sala 1908an li gundê Emençayîrê, navça Dîgorê, devera Qersê ji dayîk bûye.
2. Salên Cenga Cîhanî ya Yekemîn ew direvin Ermenistanê. Zûtirkê ji xelayê û nexweşiyan dê, bav û du xwîşkên wî dimirin.
   Ew sala 1919an dîsan vedigerin Emençayîrê. Gund talankirî û wêran bû. Rojekê jî gava ber dewêr bûye, ew bi fîşekekê dilîze, fîşek di dest de diteqe û destê çepê di zendê de difirîne.
3. Wê salê amerîkî li Qersê sêwîxanê vedikin û Hecî bi birê xwe yê biçûk ve dikevine wê sêwîxanê. Gava tirk Qersê hildidin, amerîkî wan bi trênê verêyî Gumriyê dikin.
4. Piştî li sêwîxanê dibistanê temam bike H. Cindî dikeve Peymangeha Perwerdeyê û sala 1929an temam dike. Dû re ew li gundên Qudaxsazê û Camûşvanê mamostatiyê dike û pê re jî ji nû ve fêrî zimanê kurdî dibe.
   Ji wê salê ew dest bi berevkirina[1] nimûnê folklora kurdî û karê wergerê dike.

Part II – Eskerê Boyîk: *Heciyê Cindî (1908–1990)*

1. Dîroka çanda kurdên Sovêta berê, xazma[2] ya kurdên Ermenistanê di nav dîroka gelê kurd ya hezerê salan da,[3] bûyereke geş, biriqandineke ronkayê ye.
2. Sala 1920 girtî heta hilweşina welatê Sovêtê kar û barên kurdên Ermenistanê yên kulturî, zanistî di warê kurdeyatiyê da, (axiftinên radi-yoya Êrêvanê bi zimanê kurdî, weşandina rojnama Riya Teze, damezran-dina du alfeban,[4] weşana bi hezaran pirtûkên edebî, zanistî, zimanzanî,

---

1 Berhevkirina.
2 Xasma.
3 The Kurds in the Caucasus pronounce *da, ra* and *va* instead of *de, re* and *ve*.
4 Elfabeyan.

dîrokî, perwerda zarokan bi zimanê dê û gelek destketinên mayîn) ji gelê kurdî bin zulm û zora dagerkiran ra bûn bîr û baweriyên xweparastinê, çira hêviya heyîtiyê û azadiyê.

3. Ne ku tenê di nava wê malbeta rewşenbîrî, lê ya temamiya kurdî da, dij-war meriv karibe şexsiyetekî usa gewre bibîne, ku emekekî ewqas mezin kiribe di nav karê pêşdabirina çanda kurdî da çiqas profêsor Heciyê Cindî.

4. Heciyê Cindî wek zanyar, nivîskar, folklorzan, ronakbîr navekî pir eyan û gewre ye ne ku tenê di nav rewşenbîriya kurdên welatê Sovêtê, lê di rewşenbîriya temamiya gelê kurd û Kurdistanê da.

Proverbs

1. Hezar dost hindik in, dijminek zehf e.
2. Hevalê pak ji birê nepak çêtir e.
3. Xirabkirin rehet e, avakirin zehmet e.
4. Dilê fireh pîr nabe.
5. Mêvan mêvanê Xwedê ye.

Lesson II

Text 1

Antoine de Saint-Exupéry: *Mîrê Piçûk*

From English into Kurmanji: Khanna Omarkhali

1. "Siba te bixêr," rovî got.

   "Ser çava," Mîrê Piçûk biedeb bersîv da, tevî ku dema berê xwe dayê, wî tiştek nedît.

   "Ez li vir im," deng got "li bin dara sêvê."

   "Tu kî yî?" Mîrê Piçûk pirs kir, û zêde kir, "Tu gelek xweşik î."

   "Ez rovî me"; rovî bersîv da.

2. "Were tev min bilîze," Mîrê Piçûk pêşniyaz kir. "Ez ewqas bedbext im."

   "Ez nikarim tev te bilîzim," rovî got. "Ez nehatime kedîkirin."

   "Wax! Ji kerema xwe, bibexşîne," Mîrê Piçûk got.

   Lê, piştî ku hinekî fikir kir, wî zêde kir:

   "Kedîkirin" çi ye?"

3. "Tu li vir najî," rovî got. "Ew çi ye, ku tu lê digerî?"

   "Ez li mirovan digerim," Mîrê Piçûk got. "'Kedîkirin' çi ye?"

   "Mirovan," rovî got. "Tifingên wan hene, û ew nêçîrê dikin. Ew jî bêarami-yeke mezin e. Ewana wisa jî mirîşkan xweyî dikin. Ew tenê di bala wan de ye. Tu li mirîşkan digerî?"

4. "Na," Mîrê Piçûk got. "Ez li hevalan digerim. 'Kedîkirin' çi ye?"

   "Ew jî kirineke wisa ye, ku mirov guh nadiyê", rovî got. "Me'na wê ava-kirina pêwendiyan e."

   "'Avakirina pêwendiyan'?"

   "Tenê ew e," rovî got.

5. "Bona min, tu wisa kurekî piçûk î, wek sed hezar kurên piçûk ên din. Û ez ne muhtacê te me. Û tu jî, ji aliyê xwe ve, ne muhtacê min î. Bona te jî ez ne zêdeyî roviyekî me, ku wek sed hezar roviyên din. Lê belê, heger tu min kedî bikî, hingê emê muhtacê hev bin. Bona min, tuyê yê yektayî bî li hemû dinyayê. Bona te, ezê yê yektayî bim li hemû dinyayê ..."

6. "Ez fahm dikim," Mîrê Piçûk got. "Kulîlkek heye ... Ez di wê baweriyê de me ku wê ez kedî kirime ..."

"Dibe, ku wisa be" rovî got. "Li ser erdê mirov her tiştî dibîne."

"Ax, lê ew ne li ser vê erdê ye!" Mîrê Piçûk got. Rovî 'ecêbmayî û zehf heweskar ma.

"Li ser hesareke din?"

7. "Belê."

"Li ser wê hesarê nêçîrvan hene?"

"Na."

"Ax, ew balkêş e! Li wê derê mirîşk hene?"

"Na."

"Tiştekî bêkêmasî nîne," rovî axînek kişand.

8. Lê ew vegeriya ser fikra xwe.

"Jiyana min gelekî yekaheng e," wî got. "Ez nêçîra mirîşkan dikim, mirov jî nêçîra min dikin. Hemû mirîşk mîna hev in, û hemû mirov jî mîna hev in. Û, wek encam, ez hinekî dilteng im. Lê heger tu min kedî bikî, wê wisa be, ku bêjî qey roj derketiye, ku jiyana min geş bike.

9. Ezê dengê gavekê binasim, ew ê ku ji hemû yên din cuda be. Gavên din min bilez binerd bikin. Yên te wê gazî min bikin, çawa mûzîk û min ji qulê bînin der. Û binihêre: tu zêviyên li wir dibînî? Ez nên naxwim. Genim kêrî min nayê. Zeviyên genim tiştekî min ra nabêjin. Û ew dilgîr e. Lê porê te rengê zêr e. Bifikire, wê çiqasî xweş be, ger tu min kedî bikî! Genim jî zer e, lewma jî ewê hizran di derheqa te de bîne. Û ezê bidilînî guhdariya zeviya genim bikim ..."

10. Rovî dûr û dirêj li Mîrê Piçûk nihêrî.

Wî got: "Lava ji te dikim, min kedî bike!"

Complete the following table with the right forms of the infinitive, the present stem, the explanation and translation of the verb:

Verb	Explanation of the form	Infinitive	Present Stem of Verb	Translation
(rovî) got				
bersîv da				
berê xwe dayê				

Verb	Explanation of the form	Infinitive	Present Stem of Verb	Translation
(wî) ... nedît				
(Mîrê Piçûk) pirs kir				
(Mîrê Piçûk) zêde kir				
bilîze				
pêşniyaz kir				
nikarim				
bilîzim				
nehatime kedîkirin				
bibexşîne				
fikir kir				
najî				
digerî				
digerim				
nêçîrê dikin				
xweyî dikin				
di bala wan de ye				
guh nadiyê				
ne muhtacê (te) me				
(heger tu min) kedî bikî				
(emê) muhtacê hev bin				
tuyê (yê yek- tayî) bî				
ezê (yê yek- tayî) bim				
fahm dikim				
(wê ez) kedî kirime				

Verb	Explanation of the form	Infinitive	Present Stem of Verb	Translation
(dibe, ku wisa) be				
dibîne				
ma				
axînek kişand				
vegeriya				
nêçîr dikim				
bêjî				
derketiye				
(ku ...) geş bike				
ezê ... binasim				
(ku ...) cuda be				
bikin				
wê gazî min bikin				
bînin der				
binihêre				
dibînî				
naxwim				
kêrî min nayê				
nabêjin				
bifikire				
(ewê) bîne				
(ezê) guhdari (ya ...) bikim				
nihêrî				
lava ji te dikim				
kedî bike				

Text 2

Siyabend û Xecê

1. Çawa şev û ro dihate guhastin,
    Çawa qiravî ser çayîra rûdinişt,

2. Çawa gelî tijî mij dibûn,
    Dilê Xecê tijî kul dibû.

3. Wê nedidît, çawa deşt û zozan,
    Dixemilîn, bi gul û kulîlka,

4. Çayrêd şîn û rihanêd bîn,
    Dizî va bi hev ra vedikin.

Complete the following table with the right forms of the infinitive, the present stem, the explanation and translation of the verb:

Verb	Explanation of the form	Infinitive	Present Stem of Verb	Translation
dihate guhastin				
rûdinişt				
dibûn				
dibû				
nedidît				
dixemilîn				
vedikin				

Text 3

Şikoyê Hesen: *Ez û Baran*

1. Ev barana dûr mîna yara min
   Tê û radimûse dêm-dîndara min,
   Ez bi eşq dibihêm sed û kêlma wê
   Û serxweş dibim bîn û hêlma wê ...

2. Barana ezîz bi eşq tê xarê,
   Dinyayê dişo toz û xubarê,
   Dinya dikene mîna gula al,
   Ji min direvin û xem û xiyal.

Complete the following table with the right forms of the infinitive, the present stem, the explanation and translation of the verb:

Verb	Explanation of the form	Infinitive	Present Stem of Verb	Translation
tê				
radimûse				
dibihêm				
serxweş dibim				
tê xarê				
dişo				
dikene				
direvin				

Text 4

Qanatê Kurdo: *Gramera Zimanê Kurdî (kurmancî-soranî)*

1. Kurdên Kurdistana Tirkiyê (welatên[5] Diyarbekrê, Mêrdînê, Hekariyê, Bitlîsê, Mûşê, Wanê, Erzerûmê, Dogubeyazedê, Erzincanê, Xarpûtê), kurdên Kurdistana Îranê (li nehiyên Xorasanê, rojava gola Urmiyê), kurdên Kurdistana Iraqê (welatên Mosulê, Akrê, Zaxo, Amadî, Dehok û çiyayên Sincarê), Kurdên Kurdistana Sûriyê (nehiyên Qamûşliyê, Efrîn, Hesîç û çiyayê Kurd), kurdên Sovetîstanê dipeyîvin bi kurmancî; kurdên zaza ji tevî zazakî qismek bi kurmancî jî dizanin û dipeyîvin.

2. Bi zaravê soranî kurdên Kurdistana Iranê (welatên Mahabadê, Saqizê, Banê, Sînê) û kurdên Kurdistana Iraqê (welatên Revandizê,[6] Erbîlê, Suleymaniyê, Kerkukê û nehiyên din) dipeyîvin.

3. Niha kurmancî û soranî du zaravên zimanê edebiyeta kurdî ne. Nivîsandina edebiyeta zimanê kurdî li sedsaliyên X–XI dest pê kiriye. Berê pêşîn bi kurmancî edebiyeta kurdî klasîkî ya qurnên navîn hatiye nivîsandinê. Bi kurmancî nivîsarên xwe Elî Herîrî (X–XI), Feqê Teyran (1302–1375), Meleyê Cizîrî (1407–1481), Ahmedê[7] Xanî (1591–1652), Îsmayîlê Beyazidî (1642–1709), Pertew-beg Hekarî (li sala 1800 çûye rehmetiyê), Mela Beyazidî (nîvê sedsaliya XIX) û gelekên din nivîsîne.

4. Edebiyeta kurdî bi zaravê soranî li sedsaliya 18[8] dest pê dike, bi soranî nivîsarên xwe van şayîran nivîsîne: Bêsaranî (1714–1802), Nalî (1797–1855), Kurdî (1809–1849), Hacî Qadir Koy (1815–1899), Selîm (1800–1899) û gelekên din.

Proverbs

1. Gilî heye serî hezar giliya ne.
2. Dûrî çava, dûrî dila.
3. Ber baranê revîm, ketime bin teyrokê.
4. Ez devê gur derketim, ketim devê hirçê.
5. Deve dûrî devê diçêre, lê guhê wan ser hev e.

---

5   Here in the meaning of *bajar* ('city').
6   Usually, it is pronounced *Riwandoz*.
7   Ehmedê.
8   Should be 18an.

Lesson III

Text 1

Mehmed Uzun: *Siya Evînê*

Part I

1. Di deştê de tiştê herî xweş dengê musîkê ye. Dengê musîkeke têkel ji
    dûr ve, ji hêla ku aso û deşt digihîjin hev, tê. Baş fahm dibe; deng dengê
    musîkê ye. Lê kîjan musîk? Ev yeka fahm nabe.
2. Carina ew dişibe senfoniyeke babilîska 18-an ya Ewrûpayê, carina bi
    straneke gelêrî ya kurdî, carina bi soneteke xweş ya piyanoyê, carina bi
    musîka klasîk ya erebî û carina jî bi şîîreke farisî dimîne.
3. Guherînên deştê û musîkê li gor hev in. Ax, rengê hawîrdor û rawir li
    gor musîkê diguherin. Lê belê, dengê musîkê jî pir ji dûr tê. Yanê, di nav
    bêdengiyê de dengekî weke dengê musîkê ...

*Complete the following table with the right forms of the infinitive, the present stem, the
explanation and translation of the verb:*

Verb	Explanation of the form	Infinitive	Present Stem of Verb	Translation
digihîjin hev				
tê				
fahm dibe				
fahm nabe				
dişibe				
dimîne				
diguherin				

Part II

1. 1931. Dawiya zivistanê. Ber bi êvarê. Bajarê kevnare, Antaqiye. Bajarê Memduh Selîm Begê.

2. Kolanên şil û vala. Mij. Û Memduh Selîm Beg. Ew vegeriyaye. Edî şerê xopan li pey maye. Naxêr, şer li pey nemaye, lê Memduh Selîm Beg ew li pey xwe hiştiye. Ew ji agirê şer bi dûr ketiye. Agirê evînê, niha, dewsa agirê şer girtiye.

3. Ew li ser riya mala xwe ye. Ew, hêdî hêdî, di kolanên kevn û şil de, ber bi mala xwe dimeşe û li dora xwe dinihêre.

4. "Xwedêyo! Qederê! We weha li min kir. Ez dîsan hatime bajarê xwe, ez derim mala xwe, bajarê min, mala min ... ev warê xerîb bûye yê min. Berî heşt salan min welat, bajar û mala xwe li pey xwe hiştin û ez hatim van deran. Niha jî ev der bûne warê min, bûne welat, bajar û mala min ... qederê, qederê."

5. Xerîbî, hîsên xerîbiyê. Lê belê, ew. Digel xerîbiyê ew heye. Yanê Ferîha. Xezalê. Edî wext hatiye. Payin û payandin nabe. Keça reben evçend pa, evçend li hêviya wî ma. Bi evîn. Bi axîn û nalîn. Digel ku her tişt li dijî payinê bû. Niha, êdî wext wextê perûkirinê ye. Payin û dilsoziya evînê divê perû be. Belê, êdî Memduh Selîm Beg zewac divê. Zar û zêç divê. Dukesbûn, ducanbûn[9] divê. Jiyaneke ku her roj bi evînê tê avdan divê.

Complete the following table with the right forms of the infinitive, the present stem, the explanation and translation of the verb:

Verb	Explanation of the form	Infinitive	Present Stem of Verb	Translation
vegeriyaye				
maye				
li pey xwe hiştiye				
bi dûr ketiye				

---

9 The verb *ducan bûn* lit. 'get pregnant, be pregnant', here in the meaning of *dukesbûn*, see Kurdish – English Glossary.

Verb	Explanation of the form	Infinitive	Present Stem of Verb	Translation
dewsa ... girtiye				
ber bi ... dimeşe				
li dora xwe dinihêre				
(we weha li min) kir				
hatime				
derim				
bûye				
li pey xwe hiştin				
hatim				
bûne				
hatiye				
nabe				
li hêviya (wî) ma				
li dijî ... bû				
tê avdan				

Text 2

Memê û Eyşê

1. Memêyo, min îşev xewnek diyo,
   Kaxazekî hatî ji Memêyo,
   Kaxaz, kaxaza mîrê dewletêyo,
   Memê xatir xast ji malêyo,
   Çû welatê di xerîbêyo.

2. Heft salê Memê min temam biyo,
   Xatir xast ji padşêyo,
   Siyar bû li Bozêyo,
   Berê xwe da welatê malî bavêyo.

3. Hat li ber derê malî babê peya biyo.
   Gazî kir: – Lê, lê, Eyşêyo,
   Mêvan e, mêvanê Xwedêyo.

4. Eyşê gazî kir: – Herke tu mêvan î,
   Mêvanê di Xwedêyo,
   Hespê xwe bikşîn tewlêyo,
   Tu were here aliyê di odêyo,
   Ezê ji te ra bînim nanê di qawêyo,
   Hespê te ra bînim cehe di kayêyo.

5. Memê gazî kir, got:
   Ez Memê me,
   Mêvanê sing û berê Têlî Eyşê me,
   Eyşê dêrî veke li Memêyo,
   Kulav û doşek raxistiyo,
   Ji xwe ra kirin kêf û seyrange
   Heya berbanga di sibêyo.

6. Memê gotî: – Ka diya pîrêyo!
   Eyşê got: – Diya pîrê, îro du roj, sê roj
   Çûye dewata kurê padşêyo,
   Sibê zû da têyo.

7. Diya pîrê hatî ji dewata kurê padşêyo,
   Hatî, çû aliyê tewlêyo,
   Nihêrî hespekî boz î girêdayo,
   Hatî çû aliyê odêyo,
   Nihêrî xortekî çarde salî di paşla Eyşêyo.

8. Got: – Puh, nehlet, merivê di îsano,
   Çawa anî kurê xelqê kire paşla xweno.
   Pîrê got: – Ezê tifingê lêxim,
   Dengê têkeve dinêyo,
   Erkê soranîkî lêxim qewata di jinêyo.

9. Rabû diya pîr soranî danî
   Ser dil û gurçikê di Memêyo,
   Xwe avîte ser soranî,
   Çar tilî, pêçî çû li erdêyo,
   Qîrîn ketî di Memêyo,
   Çarîn ketî di Eyşêyo.

Complete the following table with the right forms of the infinitive, the present stem, the explanation and translation of the verb:

Verb	Explanation of the form	Infinitive	Present Stem of Verb	Translation
(min) xewnek diyo				
hatî				
xatir xast				
çû				
temam biyo				
siyar bû				
berê xwe da				
hat				
peya biyo				
gazî kir				
bikşîn				

Verb	Explanation of the form	Infinitive	Present Stem of Verb	Translation
were				
here				
(ezê ...) bînim				
got				
veke				
raxistiyo				
kirin kêf û seyrange				
çûye				
têyo				
hatî				
çû				
nihêrî				
anî				
kire paşla xweno				
(ezê) tifingê lêxim				
dengê têkeve (dinêyo)				
(erkê) soranîkî lêxim				
rabû				
danî				
xwe avîte ser				
ketî				

Text 3

Tiştine kevin lê herdem teze û hêja. Entîgonas

1. Entîgonas, fermandarekî Skender î bijarte, çûbû serdana kurê xwe ê nexweş. Bav, li ber deriyê kurê xwe rastî keçikeke delal hat. Gava ket hundir kurê wî gotê:

   – Bavo, nexweşiya min çû.

2. Bav lê vegerand û got:

   – Belê kurê min, li ber derî em rastî hev hatin. Gava ez dihatim ew diçû.

Complete the following table with the right forms of the infinitive, the present stem, the explanation and translation of the verb:

Verb	Explanation of the form	Infinitive	Present Stem of Verb	Translation
çûbû				
rastî (keçikeke delal) hat				
ket hundir				
gotê				
çû				
lê vegerand				
got				
(em) rastî hev hatin				
dihatim				
diçû				

Text 4

Qanatê Kurdo: *Tarîxa edebiyeta Kurdî*

Ahmedê Xanî

1. Sala ji dayikbûna Ahmedê[10] Xanî ne aşkera ye. Her bi tenê aşkera ye çi wextî, kîjan salê ewî nivîsarên xwe dastana "Mem û Zîn" û "Nubar" nivîsîne. Bi gotina Aladîn[11] Sicadîn, Ahmedê Xanî "Sertacê nivîskar û şayirên kurda ne" li tarîxa lîtêratûra kurdan da dinivîsin, ku Ahmedê Xanî berî gişka ala xwerûya serxwebûna kurdan, ala yekîtî û hevkariya eşîr û qebîlên kurdan bilind kir bo xatirê sazkirina dewleta kurdan.

2. Nav û dengê Ahmedê Xanî berî pêşin li Rûsistanê[12] da belav bû. Aşkera bû, ku li nav salên 1860 û 1885-da[13] qonsulê (baylozê) rûsan li baylozxana rûsan da li Erzerumê dixebitî. Wî wextî akademiya Rûsistanê sparte wî, ku ew destnivîsarên zimanê kurdî yên tarîxî, êtnografî, lîtêratûrî û folk-lorî kom bike û bi rêbike Pêtêrbûrgê.

3. Bi arikariya alîm û zanyarê kurd Mele[14] Bazîdî ewî gelek destnivîsarên dastan, çîrok, hikyat, beyt, şêr, kilam û stran û serhatiyên dîrokî şandine Pêtêrbûrgê. Di nav wan destnivîsaran da melûmetiyên[15] kurt derheqa neh şayir û nivîskarên kurdan hebûn. Ew melûmetî[16] di gel hikyat û ser-hatiyên tarîxî di kitêba A. Jaba da ya bi navê *Recueil de notices et recits kurde* (sala 1860 li Pêtêrbûrgê da) hatine çapkirinê.

Proverbs

1. Bila dujminê mêra şêr be, ne rovî be.
2. Agir bê dû nabe.
3. Şêr şêr e: çi jin, çi mêr e.
4. Mêş ber çavê wî dibin gamêş.
5. Biçûk gura mezina bike, nigê wî kevira nakeve.

---

10 Ehmedê.
11 Eladîn.
12 Rûsiya, Ûrisêt.
13 1885-an da.
14 Mela Mehmûdê Bayezîdî (1797–1867).
15 Agahdariyên.
16 Agahdarî.

Lesson IV

Text 1

Erebê Şemo: *Şivanê Kurd*

1. Li payizê, gelek caran gur dihatin heya nêzîkî gundê me, xwe davêtin nêv kerî û pez dibirin. Dadê û bavo ji bo selameta pezê ku me diçêrand, gelek ditirsiyan. Tirsa wan a mezin, nemaze, ji bo min bû; ewan dizanîn ku zarokekî wek min nikare xwe ji guran biparêze.

2. Her êvar gava min kerî tanî mal, bêî ku tu pez jê kêm be, dê û bavê min bi dengekî bilind, ser hev: "Şikir ji Xwedê! Şikir ji Xwedê ku roj bê xisar derbaz bû! ...", digotin.

Complete the following table with the right forms of the infinitive, the present stem, the explanation and translation of the verb:

Verb	Explanation of the form	Infinitive	Present Stem of Verb	Translation
dihatin				
xwe davêtin				
dibirin				
(me) diçêrand				
ditirsiyan				
bû				
dizanîn				
nikare				
xwe (ji ...) biparêze				
tanî				
kêm be				
derbaz bû				
digotin				

Text 2

Hafiz: *Nepirse*

From Persian into Kurmanji: Husein Muhammed

1. Derdê evînê dikişînim.
   Çend?
   > Nepirse!
   Min tam kiriye jehra xerîbiyê.
   Çi qas?
   > Nepirse!

2. Li dinyayê gerîme,
   min yara xwe dîtiye.
   Kî ye?
   > Nepirse!

3. Li ber deriyê wê
   Rondikên min dibarin.
   Çi heyamek e?
   > Nepirse!

4. Şeva borî
   min peyv ji lêvên wê bîstin.
   Çi bûn?
   > Nepirse!

5. Çima lêvên xwe digezînî,
   devê xwe li min xwehr dikî?
   Min lêvên yara xwe ramûsandine.
   Kengî?
   > Nepirse!

6. Bêyî te
   di perîşaniya xwe de
   tûşî êş û janan bûme.
   Yên çend giran?
   > Nepirse!

7.   Mîna Hafizî
     ketime ser rêya evînê
     û gihîştime ...
     Kû?
         Nepirse!

Complete the following table with the right forms of the infinitive, the present stem, the explanation and translation of the verb:

Verb	Explanation of the form	Infinitive	Present Stem of Verb	Translation
dikişînim				
nepirse				
(min) tam kiriye				
gerîme				
(min) dîtiye				
dibarin				
(min peyv ...) bîstin				
digezînî				
xwehr dikî				
(min lêvên ...) ramûsandine				
bûme				
ketime				
gihîştime				

Text 3

Erebê Şemo: *Berbang*

(original text)

I

1. Şemo Kurmancekî[17] kesîb bû, ji êla Hesiniya bû. Diçû ber dewarê xelqê li qeza Surmeliyê, berê ew qeza tev welatê Rewanê[18] bû. Wextê jina wî pêşin mir, ewî herdu kurê xwe: Dewrêş û Biro hildan û ji qeza Surmeliyê derket, lê da çû; îdarê wî li wê derê nedibû.

2. Şemo rê da gele çetinî dîtin, çimku barbirê wî tunebû, ewî herdu kurê xwe hildigirtin, yek dida pişta xwe, ê din jî dida ber dilê xwe. Biro wî çaxî sê salî bû, lê Dewrêşî hê du salî bû. Qet tiştekî wî idî[19] tune bû, xênji lihêfeke kevin.

3. Rê da, gava te'rî dikete 'erdê, Şemo xwe dida ber dîwara û qefê zinara. Alîkî lihêfê bin zara ra dikir, aliyê dinê jî davîte ser wan, wekî zar serma nekin. Xwe jî bi kincê xwe va radiza.

II

1. Her siba, wexta me dewar ji gund derdixist ber bi çolê dibir, her yekî ji me çe'vê xwe digerand, çika kîjan jin yanê malxwê malê parî nan bide destê me. Me gele cara lava dikir, digot: "Тйотйа, ради бога, падай кусок хлеба."[20]

2. Gunê[21] hineka li me dihat, nan didane me, lê hineka qe guh nedida me ... Rastî ji hezara yekî dengê me dibihîst, nan dida me ...

3. Nava jinêd melegana[22] da jineke ze'f rind hebû, navê wê Paraşa bû. Ewê gelek ez hiz dikirim. Kifş bû, gunê wê bi min dihat.

---

17 Kurds in Azerbaijan, Turkmenia, and Armenia often call themselves Kurmanj, and their language (not dialect!) Kurmanji.

18 Rewan is Êrêvan.

19 Êdî.

20 Comments by Erebê Shemo: "Тётя, ради Бога, подай кусок хлеба", "Metê di riya Xwedê da be parî nan bide").

21 Guneh.

22 Molokans (Russian: молокане "milk-drinkers") are Christians who refused to obey the Russian Orthodox Church. In the beginning of the 19th century the government's policy was to send them away from the centre, especially to the villages in the Transcaucasia.

4. Ez hê zaru[23] bûm, kincê mine pertî, min xwe dikire qoncik ji serma payîzê
    û sibê şebeqê hê tarîbana[24] sibê pezê mala top dikir, dibire çêre. Ji sermê
    lûbe-lûba min bû. Hevtê[25] du cara yanê sê cara Paraşê nan dida min, xi-
    yarê tirşînê dida min. Zarê wê tunebûn, gunê wê min dihat.

Proverbs

1. Çêjika gura meriya ra nabe bira.
2. Malê da şêr e, derva pişîk.
3. Hesin bikute hê germ e.
4. Şîn û şayî bira ne.
5. Kesê ko ji keran bixeyîde ji wan kertir e.

---

23 Zaro, zar, zarok.
24 Tarîbûna.
25 Heftê.

Lesson V

Text 1

Nuredîn Zaza: *Bîranîn (Şam-Bêrût)*

1. Şevekê, nêzîkî nîvî şevê, di nivîna xwe de, hinek mabû ku ez xew re her-
   im. Pêjna teptepa lingê zilama li hewşê ez veciniqandim. Nîv şiyar, nîv di
   xew de, min serê xwe rakir û guhê xwe da derve, teptep nêzîkî min dibû.
   Ji nişka ve deriyê oda min vebû û hin peya, bi lez, ketin hundir.

2. Berî ku ez bizanim kîne, yekî ji wan bi aliyê min de hat û "Rabe! Rabe!
   Cilê xwe wergire!" gote min. Di vê gavê de qurpînek ji dilê min hat û ez
   bi xeyd û bi tirs rabûm ser xwe. Di vê demê de, çira vebû.

3. Min hingê dît ku yê ez rakiribûm Hesen Dêrkî bû, pê re du zilamên din
   hebûn ku min nas nedikirin. Ê çira pêxistibû, xudiyê xênî, mêvandarê
   min, Îzet Dêrkî bi xwe bû. Hesen her du peyayên din bi min naskirin û
   gote min:

4. "Çi yên te li vir hene bixe çentê de û xatir ji Îzet axa bixwaze, emê te
   bibine Libnanê. Ev herdu camêrên ha ku bi min re hatine dostên me ne.
   Otombêleke wan a sehrinc[26] (tanker) heye. Tê de, û di Homsê re, ewê te
   bibine heya erdê Libnanê. Ji wê jî, Libnanî hene, ewê te bigihînin Bêrûtê.
   Me her tişt xweş ders û saz kiriye. Qet mitala meke û xwe bispêre me!.."

Complete the following table with the right forms of the infinitive, the present stem, the explanation and translation of the verb:

Verb	Explanation of the form	Infinitive	Present Stem of Verb	Translation
mabû				
xew re herim				
(pêjna ... ez) veciniqandim				
(min) serê xwe rakir				

---

26 Serhinc: sarînc, sarinc (N. Zaza).

Verb	Explanation of the form	Infinitive	Present Stem of Verb	Translation
guh(ê xwe) da				
nêzîk(î min) dibû				
vebû				
ketin hundir				
bizanim				
hat				
rabe				
wergire				
gote				
rabûm				
dît				
bû				
hebûn				
nas nedikirin				
hene				
bixe				
xatir bixwaze				
(emê) bibine				
hatine				
heye				
(ewê) bigihînin				
(me her tişt) ders û saz kiriye				
mitala meke				
xwe bispêre (me)				

Text 2

Maksîm Gorky: *Kilam derheqa teyrê baz da*

From Russian into Kurmanji: Mîroyê Esed and Qaçaxê Mirad

1. Soreme'r şûlikî çiyayê bilind û wir zaxa nem da veleziya, bû kulî û li be'rê dinihêrî.

    Te'vê 'ezmanê bilind da şemal dida, lê çiya bi hewa sincirî hû dikire 'ezmîn, û jêrê pêlê xwe kevira dixist.

    Lê li zaxê ra, nav te'riyê û pijqandinê da, çem dileme pêşiya be'rê, bi kevira dike gurîn ...

2. Temam nav kefa sipî da, rûsipî û qewat, wî çiya diqelaşt û dikete be'rê, bi hêrs dizûkiya.

    Nişkê va ji 'ezman Bazê sîngşikestî, perê wî xûnê da kete wê zaxê, li ku soreme'r bûbû gulok! ...

    Bi qûjîn ew 'erdê ket û bi 'ernê bêtaqet sîngê xwe kevirê hişk dixist! ...

3. Soreme'r tirsiya, zû ji wir şûlkî, lê zû fe'm kir, ku 'emrê teyr maye du-sê deqe ...

    Ew nêzîkî teyrê xişimî bû, çe'v kutayê û kire xuşîn:

    – Çi ye, tu dimirî?

4. – Belê, dimirim! – Baz caba wî da, hizinka kûr rahîşt. – Min bi şuret 'emir kir! ... Ez dizanim çi ye bextewarî! Min mêranî şer kir! Min 'ezman dît ...

    – Tu wî usa nêzîk nikarî bibînî! ... Hey, tu sexîr!

5. – Êy, çi dibê? 'Ezman ciyê vala ye ... ezê wira çawa bişûlikim? Vira min ra pak e ... – Germ û nem e.

6. Soreme'r usa caba teyrê aza da û bona wan xirefe'şiya dilê xwe da ser wî dikeniya.

    Û wa fikirî: "Bifirî, yanê bişûlikî, axirî 'eyan e: Hemûyê têkevine 'erdê, hemûyê bibine tirêx ..."

Complete the following table with the right forms of the infinitive, the present stem, the explanation and translation of the verb:

Verb	Explanation of the form	Infinitive	Present Stem of Verb	Translation
şûlikî				
veleziya				
dinihêrî				
şemal dida				
hû dikire				
dixist				
dileme				
dike gurîn				
diqelaşt				
dikete				
dizûkiya				
kete				
bûbû gulok				
ket				
tirsiya				
şûlkî				
fe'm kir				
maye				
nêzîkî … bû				
çe'v kutayê				
kire xuşîn				
dimirî				
dimirim				
caba … da				
hizink(a kûr) rahîşt				
dizanim				
şer kir				
dît				
nikarî				
bibînî				

Verb	Explanation of the form	Infinitive	Present Stem of Verb	Translation
dibe				
bişûlikim				
dikeniya				
fikirî				
bifirî				
bişûlikî				
têkevine ('erdê)				
bibine (tirêx)				

Text 3

Heinrich Heine: *Tragêdiya*

From German into Kurmanji: Hussein Habasch

1. Bi min re bireve û bi jina min be,
    Li ser singê min hêsa be,
    Dûr bi xerîbiyê dilê min,
    Ji te re welat û malbav e.

2. Ger tu bi min re naçî, weha ezê li vir bimrim,
    Û tu yê bi tena xwe bimînî,
    Tu yê di malbavê de bimînî,
    Erê, tu yê weha bimînî çawa li xerîbiyê bî.

Complete the following table with the right forms of the infinitive, the present stem, the explanation and translation of the verb:

Verb	Explanation of the form	Infinitive	Present Stem of Verb	Translation
bireve				
be				
hêsa be				
(ger ...) naçî				
(ezê ...) bimrim				
(tu yê ...) bimînî				
bî				

Text 4

Wezîrê Eşo: *Dîroka Kurdên Sovyeta Kevin*

1. Piştî li Ermenistanê dibistanên kurdî li paytexta Gurcistanê hatin ve-
kirin û ya herî pêşî dîsa bi destê Lazo hate vekirin. Ew, sala 1924an ji
Ermenistanê çû Tivlîsê û bi destê hukumeta Gurcistanê dibistaneke
Şevberkiyê ya înternat ji bo zarokên kurd, nexasim yên sêwî û bêxwedî
vekir.

2. Lazo bi alîkariya Emînê Evdal, ji kuçên Tivlîsê pir zarokên kurdan civan-
din û anîn kirin şagirtên vê dibistanê. Di eynî demê de ronakbîrekî kurd
yê bi navê Kamîl Bedirxan beg, ku piştî Cenga Cîhanê ya Yekemîn ni-
karîbû vegere Tirkiyeyê (ji ber tirsa îdamkirinê, ji ber ku ew serokê
têkoşîna kurdan ya çekdarî bû li wî welatî), li Tivlîsê peneber ma.

3. Kamîl Bedirxan beg dersdarê dibistaneke tirkî bû, lê wisa jî bi dibi-
staneke bajêr ya partiya komûnîst de ders didan. Wî bi alîkariya huku-
meta Gurcistanê dibistaneke kurdî ji bo wan karkerên Tivlîsê yên kurd î
nexwende vekir.

Proverbs

1. Teyr çiqas bilind difire, ewqas dûr dibîne.
2. Kê got û kir mêr e,
   kê negot û kir şêr e,
   kê got û nekir kerê nêr e.
3. Çav ditirsin, dest dikin.
4. Ger ku mirin nebûya, jiyan jî nedihat naskirin.
5. Xwezî dinê mirin heba, pîrbûn-kalbûn tuneba.

Lesson VI

Text 1

Mehmed Uzun: *Hawara Dîcleyê*

Part I

1. Êzdiyên deverên Bedir, Şengal û Lalişê, bi çil û bergên xwe yên taybetî yên spî, porê xwe yê gelekî dirêj, rîh û simbêlên xwe yên şehkirî, ji bo kirîn û firotinê, nemaze ji bo firotina heyinên çiyayê Şengalê, mîna gwîz, behîf, mewîj, tû û hêjîrên hişk, carina dihatin bazarên Mûsilê.

2. Tevî ku ew ehlê navçê bûn û bi kurmanciyeke zelal û xweşik dipeyivîn, mîna însanên xerîb, li ser rûyê wan hertim şopên şik, sûzenî û tirsekê diyar bû. Ew bi tevgera xwe bitevdîr, bi nêrîna xwe nerm, bi gotinên xwe nefsbiçûk bûn. Lê belê tevî vê yekê xelkê bajêr, nemaze zarok û xortên ehlê misilman, mîna ku êzidî ji dinyayeke din û mehlûqatên neçê bin, heqaret li wan dikirin.

Complete the following table with the right forms of the infinitive, the present stem, the explanation and translation of the verb:

Verb	Explanation of the form	Infinitive	Present Stem of Verb	Translation
dihatin				
bûn				
dipeyivîn				
diyar bû				
bin				
heqaret (li wan) dikirin				

Part II

1. Ez têgihîştim; gotin, qewl, bilûr, erbane, tembûr ji bo însanê êzidî heyat bû, di şîn û tahziyan, dawet û dîlanan, rojî û cejnan, sefer û koçan de, wan her û her digotin û derbên xedar ên heyata wan ku bi tenê ji jan û kesereke kûr hatibû pê, bi alîkariya deng, gotin û awazê kêmtir dikirin.

2. Qewlê dînî û bilûr û strana kurmancî hêzeke manewî dida êzidiyên ku hertim diperçiqîn û qîr dibûn, da ku ew bikaribin, tevî hemû bela û mûsî-betan bijîn û gotina xwe bi nifşên nû bigihînin. Bilûr û erbana sade, li heyata wan a sade û li gotina wan a sade dihat.

Complete the following table with the right forms of the infinitive, the present stem, the explanation and translation of the verb:

Verb	Explanation of the form	Infinitive	Present Stem of Verb	Translation
têgihîştim				
bû				
digotin				
hatibû pê				
kêmtir dikirin				
dida				
diperçiqîn				
qîr dibûn				
bikaribin				
bijîn				
bigihînin				
dihat				

Text 2

Kemal Burkay: *Serokzindan û Hozan*

1. Heylo, serokzindano!
   Ma jiyan tê dardakirin?
   Tê dardakirin ezmanê şîn?
2. Tov, brûsk û baran
   Hezar gul dide dengê min,
   Dengê min tê dardakirin?

Complete the following table with the right forms of the infinitive, the present stem, the explanation and translation of the verb:

Verb	Explanation of the form	Infinitive	Present Stem of Verb	Translation
tê dardakirin				
dide				

Text 3

Ordîxan û Celîlê Celîl: *Zargotina Kurda*

Part I

1. Beşî dîrok-fîlologiya Akadêmiya zanistî, bi pêşdanîna N. Y. Mar, payîza sala 1911 Î. A. Orbêlî, xwendevanê fakûltêta zimanê rohilatê ya zanîngaha Pêtêrbûrgê teze temam kirî, şande êkspêdîsiyayê ber bi Ermenîstanê, Wanê û wîlayêtê wî.

2. Karê xwe da, ko nêzikî sê meha berdewam kir di nav ermeniyê û kurdê Moksê, yêk miletê Rohilata Navînê kevnare û bi sed sala va cînarê hev bûn, Î. A. Orbêlî matêriyalê xwe nek tenê ser ermeniya û zaravê ermeniya berev[27] kir.

3. Dilsoz bûyî li gor riya rohilatnasiya ûrisî û hilfa, ko Akadêmiya zani-yarî li Pêtêrbûrgê dabû kurda û zargotina wê, Î. A. Orbêlî cî da, hema li Moksê dest bi hînbûna zimanê kurdî û komkirina nimûnêd zargoti-na kurdê wîlayêta Moksê kir, "bêy lêkolînawayê zaravê kurdê Moksê, zaravê ermeniyê Moksê wê neyî tam biya". Wextê Î. A. Orbêlî Moksê bû, ewî helbestê kurda û ermeniya, efsene, serpêhatî, stran, çîrok, çîvanok, têderxistinokê wan civand.

Part II

1. Sala 1903 zaniyarekî Rohilatê profêssorê zanîngeha Bêrlînê Oskar Mann çar sala li Îranê û Turkiyayê rêwîtî kir, berêpêşin Kurda va û zargotina wana va mijul bû.

2. Materiyalê ko O. Mann li Kurdistanê berev kiribû sala 1906, 1909 li Bêrlînê bi du para va çap kir, pareke kitêbê têkstê kurdî bûn, para din jî wergera wê bi zimanê almanî bi nivîsarnasiya (kommêntarê) xweş va.

3. Berê pêşin da O. Mann stiran û poêmê bedew, yê ko wê hênê nava kurdê mûkrî dihatine sitranê û gotinê, xiste çapê. O. Mann hozanê pêşin bû, ko materiyalê wa bi dewlemend ji zargotina mûkriya da serhev û xiste ber çe'v.

---

27 Berhev.

Proverbs

1. Qulingê refa xwe qetiya unda dibe.
2. Pirbûn ji hindikayiyê çê dibe.
3. Sistiya ne di cihê xwe da ew dibe tirs.
4. Dengê defê dûr va xweş e.
5. Navê min navê te, kumê min serê te!

Lesson VII

Text 1

Sehîdê Îbo: *Kurdê Rêwî*

1. Zeytûnê jî Kerem dît. Lê ewê xwe unda nekir. Fesal daçiviya ser çe'vkaniyê, çengê av hilda pê destê xwe şûştin û ber bi Kerem hat, xort jî pêşiya wê da çû.

2. Ewe diha bal hev bûn. Wana li hev nihêrîn. Kerem xeberdana xwe wa dest pê kir:
   – Zeytûn?
   – Ha, qîzikê got.
   Ew diha nêzîkî hev bûn.

3. Zeytûnê berê 'ewlin derheqa Perîşanê da xeber da. Paşê wana hal û wextê hev pirsîn.
   Kerem ewê carê dixwest qet na hema xelatekê ji qîzikê bistîne, lema jî ewê got:
   – Zeytûn, dezmalekê nadî min?

4. Zeytûn vebeşirî, serê xwe hinekî berjêr kir, soro-moro bû, bin çe'va va li Kerem nihêrî.
   Kerem îdî hîviya wê nesekinî, ewî dezmal ji cêva bîşmêtê xwe derxist raberî Zeytûnê kir, qîzikê ew hilda û dezmala xwe jî da Kerem.

5. Ewê dezmalê diha qinyat da Kerem. Ewî destê Zeytûnê girtin, lê turuş nekir wê ramûse. Hinekî paşopê çû dor û berê xwe nihêrî, dada ser qîzikê û teze lêvê wî ancax deyamîşî sûretê Zeytûnê bûn.

6. Bû qîrîna Zeytûnê:
   – Wey li min, porê xwe kurkirê, wekî diya min bibihê, wê çi min ra bêje.
   Ew ji Kerem silikî. Lê xort hê cî da qerimî bû, nizanibû şabûna çi bikira.

Complete the following table with the right forms of the infinitive, the present stem, the explanation and translation of the verb:

Verb	Explanation of the form	Infinitive	Present Stem of Verb	Translation
dît				
(ewê) xwe unda nekir				
hilda				
şûştin				
ber bi ... hat				
pêşiya (wê) da çû				
bal hev bûn				
li hev nihêrîn				
dest pê kir				
got				
nêzîkî hev bûn				
xeber da				
hal û wextê hev pirsîn				
dixwest				
bistîne				
nadî				
vebeşirî				
berjêr kir				
soro-moro bû				
bin çe'va va (li ...) nihêrî				
(Kerem) hîviya ... nesekinî				
derxist				
raberî ... kir				
(qîzikê ew) hilda				
da				

Verb	Explanation of the form	Infinitive	Present Stem of Verb	Translation
(ewî ...) girtin				
turuş nekir				
ramûse				
paşopê çû				
dor û berê xwe nihêrî				
dada ser ...				
deyamîşî ... bûn				
bû				
(wekî) bibihê				
(wê çi ...) bêje				
silikî				
(cî da) qerimî bû				
nizanibû				
(nizanibû çi) bikira				

Text 2

Cegerxwîn: *Agirî Evîndarî*

1. Şev tev çûye îdî ma tû hew tê lo
   Ez ranazim, kengî bê te xew tê lo
   Xanî bûye zindan tê de ranazim
   Ta sipîdê qîr û nal û tew tê lo

2. Te j' min dil bir carek mi j' te r' nego na,
   Te rû kul kir carek mi j' te r' nego na
   Ma ji bo çi, îro tu j' min xeyîdye?
   Te j' min çidkir, carek mi j' te r' nego na

3. Ay dil, ay dil, ma kes nîne mîna wî?
   Bo çi her dem wer dil xwazê dîna wî?
   Ahî dema destê wîl bin serê min!
   Bi min xweş tê gelek hilm û bîna wî

4. Tenê hiştim ay dil îşev çima çû?
   Wî ez kuştim, ay dil îşev çima çû?
   Rabe peykev ay dil zû wî werîne
   Tev biriştim ay dil îşev çima çû?

Complete the following table with the right forms of the infinitive, the present stem, the explanation and translation of the verb:

Verb	Explanation of the form	Infinitive	Present Stem of Verb	Translation
çûye				
ma				
tê				
ranazim				
bûye (zindan)				
bir				
nego				
kul kir				

Verb	Explanation of the form	Infinitive	Present Stem of Verb	Translation
(ji min) xeyîdye				
çidkir				
xwazê				
xweş tê				
hiştim				
çû				
wî ez kuştim				
peykev				
werîne				
biriştim				

Text 3

Tiştine kevin lê herdem teze û hêja. Sokrat

1. Şagirtekî Sokrat hekîm jê pirsî:
   – Kîjan çêtir e, mirov bizewice an bêkar bimîne?
2. Sokrat:
   – Tu kîjanî jî bikî, paşî poşmanî ye.

Complete the following table with the right forms of the infinitive, the present stem, the explanation and translation of the verb:

Verb	Explanation of the form	Infinitive	Present Stem of Verb	Translation
pirsî				
bizewice				
bimîne				
bikî				

Text 4

Folklora Kurmanca

Eskerê Boyîk: *Emînê Evdal (1906–1964)*

1. Sala 1933an heta 1937 ew kitêbên dersan yên zimanê kurmancî seva komên çara, pênca, şeşa (tevî C. Celîl), mêtodîka hînkirina xwendin-nivîsarê, mêtodîka zimanê kurmancî, tevî hinek hevalan "Xebernema Fileyî-Kurmancî", berevoka afirandinên nivîskarên kurd ên Ermenistanê hazir dike, diweşîne.

2. Sala 1936an tevî hevalê xwe yî zarotiyê, zanyarê navdar Heciyê Cindî "Folklora Kurmanca" diweşînin. Pey ra ew êdî guhdariya xwe hîmlî dide ser pirsên ziman, perwerde û êtnografa kurdî.

3. Sala 1937an Emînê Evdal ûnîvêrsîtêtê bi serketin xilas dike û di warê kurdzaniyê da dikeve aspîrantûrayê.[28] Têma lêkolînê ya doktoraya wî "Jina kurd di malbeta qedîmî da, li ser hîmê matêryalê netewzaniyê û folklorzaniyê" bû. Sala 1944an ew dîsêrtasyayê xwe ya doktoriyê xweyî dike û dibe yek ji zanyarên kurdzaniyê yê kurdên ewilîn.

Proverbs

1. Aqil tacê zêrîn e, serê hemû kesa nîne.
2. Meriyê serê wî vala, zimanê wî dighîje 'ezmana.
3. Wexta hingivê te tune be, mêş te nacivin.
4. Karê îro nehêle sibê.
5. Deriyê mêvanhiza şev û roj vekirî ye.

---

28 The work on a dissertation is commonly carried out during a postgraduate study period called *aspirantura* (Russian: аспирантура), after which the Candidate of Sciences degree (Dr.) is awarded.

Lesson VIII

Text 1

Eskerê Boyîk: *Ewir û Çiya*

1. 'Ewir gote çiyê:
   – Jiyana min bi hewas derbaz dibe. Kêfa xwe me. Ez siyarê li nav ezmên im. Ku bixwezim baranê, ku berfê, ku teyrokê dibarînim. Bi şûrê xwe lê dixim sîngê 'erdê vedijênim. Bixwezim ezê perda keskesora bedew dardakim, bixwezim bahozê, lêyê, sêlavê rakim ...
2. – Ji boy wê jî hûn tên û diçin, em dimînin. Çiya cawa ewir da.
   Cînarê dem-demî nikarin cînartiya dirêj bikin ...

Complete the following table with the right forms of the infinitive, the present stem, the explanation and translation of the verb:

Verb	Explanation of the form	Infinitive	Present Stem of Verb	Translation
gote				
derbaz dibe				
bixwezim				
dibarînim				
lê dixim				
vedijênim				
dardakim				
rakim				
tên				
diçin				
dimînin				
caw(a ewir) da				
nikarin				
cînarti(ya dirêj) bikin				

Text 2

Mikhail Lermontov: *Msîrî*

From Russian into Kurmanji: Mîroyê Esed and Qaçaxê Mirad

Part I

1. Carekê gênêralê ûrisa
   Ji çiyê diçû ber bi Tiflîsê,
   Xwe ra dibir zareke dîl,
   Ku nehiş bû. Zara feqîr,
   Te'mûl neda ber riya kesrî,

2. Ew hebû weke şeşsalî.
   Wek kara beyanî, sawa,
   Wek zilika bêtaqet, bê wa.
   Lê zêda wiye ze'f xeder
   Ruhê mezin tim dida ber,

3. Ya kal-bava. Ew bê gazin
   Diçilmisî. Ne'lîn û lava
   Dernediket ji nav lêva,
   Nan înkar dikir pê çe'va
   Û hêdî-hêdî dimir mêranî.

4. Rebenekî gune pê anî
   Guh da nexweş û piş dîwar,
   Mizgevt vira jê ra bû war,
   Û xilaz kir hunurê dilbar.
   Lê dûrî wî ye kenê zara,

5. Ew berê ji hemûya direviya,
   Digeriya bê his, nav zelîqetê,
   Dilkovan berî li rohilatê,
   Wî mêla wetenê kal-bava
   Tim dikişand, lê tima dima,

6. Lê paşê hînî dîltiyê bû, qeyas,
   Diha fe'm dikir wî zarê nenas,
   Keşîşa ew kirin xaçparêz,
   Lê 'elema heytehol wî ra nenas bû,
   Wî dixast wan salêd hana

7. Têketa qilxê rebena,
   Lê unda bû rokê nişkê va
   Şeva payîzê. Mêşê te'rî
   Mezin bû çiyayê himberî.
   Wî digeriyan sê ro, sê şev.

8. Lê neheqî, tenê paşê
   Ew kewşen da nehiş dîtin,
   Û mizgevtê da warkirin:
   Ew sipîçolkî bû û jar,
   Tirê xebata ze'f bêkar,

9. Nexwaşî, xelayî lê bû kar,
   Wî nedida caba pirsa.
   Dilçimisî, dibû rusas:
   Nêzîk bû roja wî kutasiyê.
   Wî çaxî reben xwe kar kir.

10. Temî û lava li vî kir,
    Nexwaş guh dayê, qutam,
    Top kir qewata xwe tam
    Û qise dirêj gote pizmam:

Complete the following table with the right forms of the infinitive, the present stem, the explanation and translation of the verb:

Verb	Explanation of the form	Infinitive	Present Stem of Verb	Translation
diçû (ber bi ...)				
dibir				
nehiş bû				

Verb	Explanation of the form	Infinitive	Present Stem of Verb	Translation
te'mûl neda				
hebû				
dida ber				
diçilmisî				
dernediket				
înkar dikir				
dimir				
guh da				
bû				
xilaz kir				
direviya				
digeriya				
dikişand				
dima				
hînî ... bû				
fe'm dikir				
kirin				
dixast				
têketa				
unda bû				
digeriyan				
dîtin				
warkirin				
nedida caba				
dibû				
nêzîk bû				
xwe kar kir				
temî û lava (li vî kir)				
guh dayê				
top kir				
gote				

Part II

1. "Tu hatî vir, ku guh bidî
   Giliyê min, razî me, gidî.
   Diha rind e ber hineka
   Bi giliya dilê xwe vekim.
   Min xirabî benda nekir,

2. Lema şuxulê min, sifte.
   Hindik wê karê bide te,
   Lê gelo dikarî ruh şirokî.
   Hindik jîme, û ew jî dîl,
   Minê du 'emrê usa sêfîl,

3. Yekî ra, lê tijî heydade,
   Heger bikarbûya, biguhêriya.
   Min tenê zanibû hukmê fikra –
   Ê yekî – muhbeta alavî:
   Ew dijît min da, nolî kurma,

4. Wê ruhê min şewitand û kot.
   Ji 'ebabetiyê, mizgevtê te'rî
   Wê dibir xiyalê hizkirî
   Ber bi dinya heydada û ceng,
   Li ku zinar veşartiye nav çeng,

5. Li ku meriv aza ne, wek teyra.
   Min ew hizretî nav te'riya şevê
   Xay kiriye bi hêsir û heyrê,
   Ez tenê ber 'erd û 'erşa
   Îro nas dikim bi dilekî şa,
   Û ez tu kesî nakim reca".

Complete the following table with the right forms of the infinitive, the present stem, the explanation and translation of the verb:

Verb	Explanation of the form	Infinitive	Present Stem of Verb	Translation
hatî				
guh bidî				
(giliya dilê xwe) vekim				
xirabî nekir				
bide (te)				
dikarî				
şirokî				
jîme				
(heger) bikarbûya				
biguhêriya				
zanibû				
dijît				
şewitand				
kot				
dibir				
xay kiriye				
nas dikim				
nakim reca				

Part III

1. „Kalê, gelek cara, vê dinê
   Te ez xilaz kirim ji mirinê –
   Çima? Wehîd, me'dekirî,
   Belgê bi birûskê çirpandî
   Ez mezin bûm piş dîwarê fen

2. Ruh va tifal, bext va reben.
   Min tu kesî nikaribû bikira nav –
   Xeberêd tiberk: dê û bav,
   Hilbet te dixwest, kalê,
   Ku min li vira – mizgevtê

3. Bîr kira ew navê şîrîn.
   Neheq ... sewtê wan waldîn
   Min ra tevayî. Min didît li xelqê,
   Heye weten, qewn û hezal,
   Lê min ne ku qewmê xwe can

4. Nedît, lê hela mezelê wan!
   Diha deya hêsir nerêt 'erda,
   Min berk qesem kir dilê xwe da:
   Bira le'zekê, le'za kel,
   Ez sîngê xweyî alavî bedhal

5. Bidim ber sîngê yeke din,
   Bira nenas be, lê knêza min ...
   Heywax, niha ew xiyal
   Minabûn di qamê xweye tîtal,
   Û çawa jîme ez xerîbiyê,
   Bimirim qûl û êtîmê dinê.

Complete the following table with the right forms of the infinitive, the present stem, the explanation and translation of the verb:

Verb	Explanation of the form	Infinitive	Present Stem of Verb	Translation
(te ez) xilazkirim				
mezin bûm				
nikaribû				
bikira nav				
dixwest				
didît				
nedît				
qesem kir				
bidim ber				
be				
minabûn				
jîme				
bimirim				

Part IV

1. Mezel tu min natirsîne,
    Dibêjin, wir 'ezab dimîne,
    Di seqira sare heta-hetê,
    Lê ji 'emir heyfa min tê.
    Ez cahil im, cahil! ... Te zanibû dinê

2. Xiyalê zilamiyê ye şabûnê?
    Yan nizanibû, yan te bîr kir.
    Çawa te ad û hiz dikir:
    Çawa dilê te dibû kovan,
    Wexta te didît tev û kewşen

3. Ji min ra bilinde qurna,
    Li ku hewa xweş e û carna
    Zara welatê te'va nenas,
    Nolî kewa cahile xas,
    Dikete qelîştoka dîwar,

4. Tirsiyayî ji birûska har?
    Bira niha ji dinya delal
    Tu eciz bûyî, tu sist î, tu kal,
    Te bîr kiriye hemû xastin.
    Çi cayîze? Te 'emir kir, kalê min!

5. Te dinê dît û nadî fikira,
    Min jî usa dikaribû 'emir bikira!"

Complete the following table with the right forms of the infinitive, the present stem, the explanation and translation of the verb:

Verb	Explanation of the form	Infinitive	Present Stem of Verb	Translation
natirsîne				
dibêjin				
dimîne				
ji 'emir heyfa min tê				

Verb	Explanation of the form	Infinitive	Present Stem of Verb	Translation
zanibû				
nizanibû				
bîr kir				
ad û hiz dikir				
dil(ê te) dibû kovan				
dikete				
eciz bûyî				
bîr kiriye				
ʾemir kir				
dît				
nadî fikira				
dikaribû				
ʾemir bikira				

Text 3

Kemal Mezher: *Şerefname di Kurdnasiya Sovyetê de*

1. Tu xwendevarekî Kurd an rojhilatnasek tune ku navê *Şerefnameyê* û Şeref Xanê Bedlîsî seh nekiribe. Heta niha bi gelek zimanan û bi dehan car kurt an dirêj di derheqê *Şerefnameyê* de hatiye nivîsandin.

2. Bi gelemperî rojhilatnasên Sovyetê û bi taybetî Kurdnasên Sovyetê, qîme-tek diyar û bihayek mezin bi herdu cildên *Şerefnameyê* û nivîskarê wê dane. Hejmarek gelek zêde ji rojhilatnasên Sovyetê, ji bo nivîsandinên xwe yên li ser lêkolîna dîroka Kurdistanê û çi jî yên li ser warên din ên Rojhilata Navîn, gelek ji *Şerefnameyê* wergirtine.

Proverbs

1. Serê çiyayê bilind timê dûman e.
2. Ew ne bavê min e, ne birê min e.
3. Teştêya xwe xwe xwe bixwe,
   firavîna xwe tev meriyên xwe bixwe,
   şîva xwe jî bide dujminê xwe.
4. Tu cara direwan neke, wekî direw jî zîv be, rastî almaz e.
5. Merî dimire, navê wî dimîne.

Kurdish – English Glossary

A

ad kirin	*v intr* swear; take one's oath (M-V)
agir	*m* fire, **agirê evînê** fire of love (P-III, SE-II)
ahî	*int* Ah! (AE)
al	*m, adj* red (EB)
alavî	*adj* flaming; ardent, **muhbeta alavî** ardent love (M-III, M-IV)
alî	*m* side, direction, **ji aliyê xwe ve** on one's part, from one's side (BŞB, ME, MP)
alîkarî	*f* help; assistance (HD-II)
almaz	*m* diamond, brilliant (P-VIII)
an	*conj* or (TKS). *Also* **yan, yanê, anê**
ancax	*adv* hardly; scarcely (KR)
anîn	*v tr* bring, **gava min kerî tanî mal** when I used to bring the flock of sheep back home (HC, ME, ŞK)
anîn der	(MP). *See* **deranîn**
ap	*m* paternal uncle (HC)
aqil	*m* intelligence, wisdom, mind (P-VII)
aso	*f* horizon, skyline (SE-I)
av	*f* water (KR)
avakirin	*f* establishment, development, foundation, building, **avakirina peywendiyan** establishment of the ties (MP, P-I)
avdan	*v tr* water, irrigate (SE-II)
avêtin	*v tr* throw; get rid of (ME)
awaz	*m* melody (HD-II)
ax!	*int* Ah! Alas! Ouf! (MP, SE-I)
axirî	*f, adj* end, result; final (KTB)
axiriyê	*adv* at long last, in the end, after all, finally (HC)
axîn	*f* sigh, whine (SE-II)
axîn kişandin	*v tr* sigh (MP)
axîn û nalîn	*f* lamentation (SE-II)
ay!	*int* Ouch! (AE)
aza	*adj* free; independent; brave; bold (KTB, M-III)

B

bab	(ME). *See* **bav**
babilîsk	*f* century (SE-I)
bahoz	*f* whirlwind, tempest; storm, snowstorm (EÇ)
bajar	*m* city, town (HD-I, SE-II)
bajêr	*Obl case of* **bajar** (HD-I)
bal	*f* 1. mind. 2. interest, attention, **di bala wan de ye** in their interest (MP)
bal hev bûn	*v intr* approach each other (KR)
balkêş	*adj* interesting; attractive (MP)
baran	*f* rain (EB, EÇ, P-II, S&H)
barandin	*v tr* rain, shower (smth) on, drop (smth) on (EÇ)
barîn	*v intr* rain, snow, hail; fall upon (N)
baş	*adj* 1. good, fine, well. 2. in good health (SE-I)
bav	*m* father, *Vocat* **bavo!** (HC, ME, M-IV, P-VIII, ŞK, TKE)
bawerî	*f* faith, trust, belief, **ez li wê baweriyê me** I think, I believe (MP)
bax	*m* vineyard (MZ)
baz	*m* falcon; sparrow hawk (KTB)
bazar	*f* market (HD-I)
bedbext	*adj* 1. unhappy, miserable. 2. unfortunate, unlucky (MP)
bedew	*adj* beautiful, handsome (EÇ)
bedhal	*adj* perturbed, miserable (M-IV)
behîv	*f* almond (HD-I)
bejn	*f* stature, height (HC)
bela	*f* misfortune, trouble (HD-II)
belê	*aff part* yes (KTB, MP, SE-II, TKE)
belg	*m* leaf (of a tree, flower) (M-IV)
bend	*n* 1. servant, 2. human being; person (M-III)
be'r	*f* sea (KTB). *Also* **behr**
ber1	*m* front (ME)
ber2	*prep* in front of; by, near; because of; through (HC, M-II, M-III, M-IV, P-II, P-III)
berbang	*f* dawn (ME)
ber bi ...	*prep* towards, to (HC, KR, M-I, M-II, M-III, SE-II)
ber bi ... çûn	*v intr* make one's way (to, towards), wend one's way (to) (M-I)
ber bi ... hatin	*v intr* to go to meet, to meet smb half-way (KR)
berê	*adv* 1. in the past. 2. at first (M-II)
berê xwe dan	*v tr* turn towards; look; make one's way (to, towards); go (ME, MP)

berê 'ewlin	*adv* at first; from the beginning (KR)
berf	*f* snow (EÇ)
berg	*f* cover, **cil û berg** clothes (HD-I)
berî	*adv* before (BŞB, M-II, SE-II)
berhev kirin	*v tr* gather, collect (HC)
berjêr kirin	*v tr* lower, bow (KR)
berk	*adj* strong; firm, solid (M-IV)
bersîv dan	*v tr* answer, reply (MP)
bexşandin	*v tr* forgive, excuse, pardon, **bibexşîne** I am sorry (MP). *Also* **bexşîn**
bext	*m* 1. fate; fortune. 2. luck (MZ, M-IV)
bextewarî	*f* happiness (KTB)
bê	*prep* without, **bêyî dilê xwe** without one's wish (AE, HC, M-II, MZ, N, P-III, ŞK)
bêaramî	*f* imatience, restlessness (MP)
bêçare	*adj* 1. incurable. 2. unhappy, misarable (MZ)
bêdengî	*f* quietness, silence (SE-I)
bê eman	*adv* ruthless, merciless (MZ)
bê hemta	*adj* unique (MZ)
bê his	*adj* insensible, insensitive (M-II)
bêhûde	*adj* in vain, to no purpose, all for nothing (MZ)
bêkar1	*adj* single; unmarried (TKS)
bêkar2	*adj* unemployed, idle (M-II)
bêkes	*adj, n* alone, lonely; without anybody, orphan (MZ)
bêkêmasî	*adj* perfect. **Tiştekî bêkêmasî nine.** Nothing is perfect. (MP)
bêrî kirin	*v tr* miss (HC)
bêrîkirin	*f* forgetness (MZ)
bêriya (kesekî) kirin	*v tr* miss (smb) (HC). *See* **bêrî kirin**
bêtaqet	*adj* impatient (KTB, M-II)
bi	*prep* with, by. **Me bi zimanê Ermenkî nizanibû.** We didn't speak Armenian. (BŞB, EB, EÇ, HC, HD-I, HD-II, KTB, MP, M-III, M-IV, SE-I, SE-II, SX, ŞK, T)
bi ... re	*prep* with, **bi min re** with me (BŞB, HC, T)
biçûk	*adj* small, little (HC, MP, P-III)
bidilînî	*adv* with pleasure (MP)
(bi) dûr ketin	*v intr* become distant (SE-II)
biedeb	*adv* politely (MP)
bi gav û saetê	*adv* every minute; continual; permanently (HC)
bihîstin	*v tr* 1. listen, hear. 2. know (EB, HC, KR, N). *Also* **bîstin**
bi hev ra	*adj* together (SX)
bijarte	*adj* selected, chosen; unique, outstanding (TKE)

bijîşk	*n* doctor (HC)
bila	*used with optative expressing desire or wish*, let (P-III)
bilbil	*f* nightingale (MZ)
bi lez	*adv* quickly (BŞB)
bilez	*adj* quick, hasty, fast (MP). *See also* **bi lez**
bilind	*adj* high; tall (KTB, M-V, P-V, P-VIII, ŞK)
bilûr	*f* flute (HD-II)
bi min xweş tê	I like (AE)
bin	*prep* under (P-II)
bin çe'va va nihêrîn	*v* look frowningly (KR)
binerd	*m* underground (MP)
bira1	*m* brother (HC, P-I, P-IV, P-VIII)
bira2	(M-IV, M-V, P-III). *See* **bila**
birang	(HC). *See* **bira**1
birin	*v tr* take, take away, carry off (AE, BŞB, HC, M-III, ŞK)
birûsk	*f* lighting (M-IV, M-V)
bistan	*f* garden (*usually vegetable garden*) (MZ)
bi paş de anîn	*v tr* return; give back; send back (HC)
bi ser xwe de hatin	*v intr* come to consciousness (HC)
bi ser hişê xwe de hatin	*v intr* come to consciousness (HC)
bi şev û roj	*adv* day and night, 24 hours; round the clock (HC)
bi tena xwe	*adj* alone (T)
bişkivîn	*v intr* blossom out, open (a flower) (MZ)
bitevdîr	*adj* strict (HD-I)
bi xwe	*adj* by itself, on its own, of itself; singly (BŞB)
bîn	*f* smell, scent, odour; breath (AE, EB, SX)
bîr kirin	(M-V). *See* **ji bîr kirin**
bîşmêt	*m* beshmet (*long waistcoat*) (KR)
bo çi	*adv* why (AE)
bona	*prep, conj* for (KTB, MP)
borî	*adj* past, last, **şeva borî** last night (N)
boz	*adj* gray, grey (ME)
brûsk	(S&H). *See* **birûsk**
bûn	*v intr* 1. be. 2. become. 3. happen (AE, BŞB, D-I, EB, HC, HD-II, KR, KTB, M-II, M-IV, M-V, MZ, N, P-I, P-III, P-IV, P-V, P-VI, P-VIII, ŞK, SE-II, T)

C

cab(a kesekî/tişteki) **dan**	*v tr* answer, reply (to smb/smth) (KTB, M-II)
cahil	*m* young, unexperienced boy (M-V)
camêr	*m* gentleman; brave man; noble man (BŞB)
can	*m* 1. soul. 2. body (M-IV, SE-II)

car	*f* time, occasion, **gelek caran** often, many times (KR, ŞK)
carek(ê)	*adv* once, one day (AE, HC, M-II)
carina(n)	*adv* sometimes (HD-I, SE-I)
carna	(M-V). *See* **carina(n)**
caw(a kesekî) **dan**	(EÇ). *See* **cab**(a kesekî/tişteki) **dan**
cayîz	*adj* religiously permissible; proper (M-V)
ceh	*m* barley (ME)
cejn	*f* feast; festival (HD-II)
cem	*prep* near; to (smb) (HC)
ceng	*f* war; battle (M-III)
cêb	*f* pocket (HC)
cêv	(KR). *See* **cêb**
cih	*m* place (P-VI)
cil	*f* clothes (BŞB, HD-I)
civîn	*v intr* gather (P-VII)
cî	*m* place, **cî da** on the same place (KR, KTB). *Also* **cih**
cîguhestî kirin	*v tr* move; change place (HC)
cînar	*n* neighbour (EÇ)
cînartî kirin	*v tr* be (good) neighbours (EÇ)
cuda bûn	*v intr* differ, become different, separate from (MP)

Ç

çar	*m, adj* four (ME)
çare	*f* way out, solution (MZ)
çarde(h)	*m, adj* fourteen, **xortekî çarde salî** fourteen years old youth (ME)
çarîn	*f* cry; scream, yell (ME)
çawa	*adj* how; like, as (KTB, ME, MP, MZ, M-IV, M-V, SX, T)
çax	*f* time; period; moment, **çaxî** when (M-II)
çav	*m* eye, **ser çeva** welcome (KTB, M-II, MP, P-II, P-III, P-V). *Also* **çev, çe'v**
çayîr	*f* meadow (SX)
çe'm	*m* river, stream (KTB)
çend	*adv, adj* how many; some, several (HC, N)
çeng	*f* arm; wing; claw (KR, M-III)
çente	*f* bag (BŞB)
çep	*adj* left (HC)
çetin bûn	*v intr* be difficult/hard, be complicated (HC)
çe'v kutan	*v tr* stare at, fix one's eyes, gaze on (KTB)
çe'vkanî	*f* 1. small fountain. 2. source, origin. 3. resource (KR)
çê bûn	*v intr* heal, recover; happen; be prepared (P-VI)
çêjik	*n* animal's young, **çêjika gura** wolf-cub (P-IV)

çêlek	*f* cow (HC)
çêrandin	*v tr* graze, pasture, put animals to graze (ŞK)
çêrîn	*v intr* graze, pasture (P-II)
çêtir	*adj* better, *comp of* **çê** 'good' (P-I, TKS). *Also* **baştir**
çi	*adj* what (BŞB, KTB, KR, MZ, M-V, N, P-III)
çilmisîn	*v intr* wither, fade; die/fade away (M-II)
çima	*adv* why (AE, MZ, M-IV, N)
çira	*f* lamp (BŞB)
çiqas	*adv* how much (HC, N, P-V)
çiqasî	(MP). *Also* **bi çiqasî**. *See* **çiqas**
çirpandî	*adj* torn away (M-IV)
çiya	*m* mountain, **çiyayê Şengalê** Shengal mountains (EÇ, HD-I, KTB, M-II, P-VIII)
çî	(KTB, MP). *See* **çi**
çol	*f* 1. desert. 2. countryside (HC)
çûn	*v intr* go, leave. *Imper* **here!** (EÇ, HC, KR, ME, M-II, TKE, T)

D	
da	*forming a part of prep* (KTB, KR, M-II, M-III, M-IV, P-IV)
de	(HD-II). *See* **da**
daçiviyan	*v intr* stoop; incline (KR)
dadan	*v tr* close; rush to, fall on, jump to, throw oneself on (KR)
dadê	*f* mother; mum (ŞK). *Also* **dê**
da ku	*adv* so that; to; in order that, in order to (HD-II, MZ)
dan	*v tr* give; make smb do smth (HC, HD-II, KR, M-III, M-IV, S&H, P-VIII)
danîn	*v tr* put; lay down (ME)
danîn ber (çavan)	*v tr* show, demonstrate (M-II)
dar	*f* tree, **dara sêvê** the apple-tree (MP)
dardakirin	*v tr* hang (up) (S&H, EÇ)
dawet	*f* wedding feast (HD-II)
dawî	*f* end, final, result (SE-II)
dawîxweş	*adj* lucky one (MZ)
de	*int making stress on the imper,* come on (HC)
def	*f* tambourine (P-VI)
delal	*adj* nice, pretty; beautiful; dear (M-V)
dem	*f* time, period, era (AE, BŞB)
dema (ku)	*adv* when, while (AE, MP)
dem-demî	*adj, adv* temporal, from time to time (EÇ)
deng	*m* voice; sound (ME, MP, P-VI, SE-I, S&H, ŞK)

deqe	*f* minute (KTB)
der1	*m* door **li ber derê** at the entry, at the point of entry (HC, ME, N, P-VII, TKE). *Also* **derî**
der2	*f* place, locality (SE-II)
deranîn	*v tr* take out, lead out, make go out (MZ)
derb	*f* 1. blow. 2. strike. 3. shot (HD-II)
derbas/derbaz bûn	*v intr* cross, go over; pass (by/through/over) (HC, ŞK, EÇ)
derd	*m* pain; sorrow (MZ, N)
dergehvan	*n* guard, watchman; door-keeper (HC)
derheqa/ê ... da	*prep* about (KR). *See* **di derheqa** (kesekî) **de**
derî	*m* door (BŞB)
derketin	*v intr* go out, come out, get out (MP, MZ, M-II, P-II)
ders û saz kirin	*v tr* organize (BŞB)
derxistin	*v tr* take out, bring out; extract (HC, KR)
derva	*m* outside (P-IV). *Also* **derve**
derve	(BŞB). *See* **derva**
dest	*m* hand (AE, HC, KR, P-V)
dest dan	*v tr* touch (HC)
dest pê kirin	*v tr* begin to, start (KR)
deşt	*f* plain; field (SE-I, SX)
deyamîşî ... bûn	*v intr* touch; lean on (KR)
dezmal	*f* handkerchief (KR). *Also* **destmal**
dev	*m* mouth (N, P-II)
deve	*f* camel (P-II)
dever	*m* place, region (HD-I)
dewar	*m* cattle (HC)
dewat	(ME). *See* **dawet**
dewêr	*Obl case of* **dewar** (HC)
dewlet	*f* state (ME)
dews	*f* trace, mark; place (SE-II)
dewsa ... girtin	*v tr* take the place of (SE-II)
dê	*f* mother, **diya min** my mother (HC, KR, M-IV, ŞK)
dêm	*f* cheek (EB)
dêm-dîndar	*f* appearance (EB)
dê û bav	*n* parents (HC, M-IV, ŞK)
di	*prep* in (BŞB, HD-II, ME, M-IV, M-V, SE-II)
di ... de/da	*prep* in; inside (BŞB, HC, MZ, N, P-VI, SE-I, T)
di derheqa (kesekî) de	*prep* about (smb) (MP)
dibe	*abj, adv* possible, maybe, probably, could be (MP)
diha	*adv* even; some more; still more; even greater (KR, M-II, M-III, M-IV)
digel	*prep* with (SE-II)

dijî	*adj, adv* against, opposing, contrary (SE-II)
dijmin	*n* enemy (P-I). *Also* **dujmin**
dil	*m* heart, *Vocat* **dilo!** oh heart! (AE, BŞB, KTB, MZ, ME, M-III, M-IV, M-V, P-I, P-II, SX, T)
dilbar	*adj, f* charming (M-II)
dilê xwe da	*adv* in one's mind; to (talk to) oneself; to oneself, privately, secretly (KTB, M-IV)
dilgîr	*adj* sad (MP)
dilkovan	*adj* sad; grieved (M-II)
dilsozî	*f* reluctance (SE-II)
dilteng	*adj* sad; bored (MP)
din	*n, adj, adv* other, else (BŞB, HD-I, MP, M-IV)
di nav ... de	*prep* in; inside (SE-I)
dinya	*f* 1. world. 2. weather, **dinê** in the world, **vê dinê** (in) this world (EB, HD-I, MP, ME, M-III, M-IV, M-V, N, P-V)
diran	*m* tooth (HC)
direw	*f* lie (P-VIII). *Also* **derew**
direw kirin	*v tr* lie (P-VIII). *Also* **derew kirin**
dirêj	*adj* long (EÇ, HD-I, M-II)
di vê demê de	*adv* at this time (BŞB)
di vê gavê de	*adv* at this moment (BŞB)
divêtin	*v tr* need (SE-II)
diyar bûn	*v intr* appear; be known (HD-I)
dizî va	*adv* secretly (SX). *Also* **dizîka (va)**
dîl	*adj, n* captive, prisoner (M-II, M-III)
dîltî	*f* captivity (M-II)
dîlan	*f* dance; wedding feast (HD-II)
dîn	*f* look; glance; gaze (AE)
dînî	*adj* religious (HD-II)
dîsa	*adv* again, anew, once again, once more (HC)
dîsan	(SE-II). *See* **dîsa**
dîtin	*v tr* 1. see. 2. find (BŞB, HC, KTB, KR, ME, MP, MZ, M-II, M-IV, M-V, N, P-V, SX)
dîwar	*m* wall (M-II, M-IV, M-V)
dor	*f* surroundings, are around or near (SE-II).
(li) dora xwe nihêrîn	*v tr* look round, have a look round (SE-II)
dor û berê xwe nihêrîn	(KR). *See* **(li) dora xwe nihêrîn**
dost	*n* friend (BŞB, P-I)
doşek	*f* mattress (ME)
doxtor	*n* doctor (HC)
du	*m, adj* two *with noun* (BŞB, HC, KTB, ME, M-III)
ducanbûn	(SE-II). *See* **dukesbûn**

dudu	*m, adj* two *without noun* (HC)
dujmin	(P-III, P-VIII). *See* **dijmin**
dukesbûn	*f* to be together in a pair (SE-II)
dûman	*f* mist, haze, fog (P-VIII)
dû	*m* smoke (P-III)
dûr	*adj* far (EB, M-II, P-II, P-V, P-VI, SE-I, T)
dûr ketin	*v intr* become distant (SE-II)
dûr va	*adv* from far away, from a distance (P-VI). *Also* **dûr ve, ji dûr ve**
dûr û dirêj	*adj* long (MP)

E, 'E

'ebabetî	*f* praying; prayer (M-III)
eciz bûn	*intr* be annoyed with; suffer (M-V). *Also* **aciz bûn**
eceb	(MZ). *See* **ecêb**
ecêb	*adj* strange, curious, astonishing (HC)
'ecêbmayî	*adj* astonished, amazed (MP)
'ecêbmayî man	*v intr* be astonished (MP)
eger	*conj* if, whether (MZ)
ehl	*m* people, **ehlê ...** inhabitant of ...; **ehlê misilman** Muslims (HD-I)
'elem	*f* world (M-II)
em	*pron* we; us (BŞB, EÇ, MP, MZ, P-VIII, TKE)
eman	*f* mercy; help (MZ)
'emir	*m* 1. age. 2. life (KTB, M-III, M-V)
'emir kirin	*v tr* live (KTB, M-V)
encam	*f* result, conclusion (MP)
erbane	*f* tambourine (HD-II)
erd	(BŞB, ME, MP, MZ). *See* **'erd**
'erd	*f* earth, land (EÇ, KTB, M-III, M-IV)
erebî	*adj* Arabic (SE-I). *Also* **'erebî**
erê	*part* yes (T)
erkê	*conj* if (ME)
Ermenî	*n, adj* Armenian (HC)
Ermenkî	*f* Armenian language (HC)
'ern	*m* disgust; anger, indignation (KTB)
'erş	*m* the vault of heaven (M-III)
eşq	*f* love (EB)
ez	*pron 1st pers sg.* I; me (AE, BŞB, EB, HC, HD-II, KTB, ME, MP, MZ, M-III, M-IV, M-V, P-II, SE-II, T, TKE)
'ezab	*m* torture; suffering; anguish (M-V)
ezîz	*n, adj* dear (EB)
'ezman	*m* sky; heaven(s) *Obl case* **'ezmên** (KTB, P-VII, S&H)

'ezmîn	(KTB). *See* **'ezman**
ev	*demonst pron* this, these (BŞB, EB, SE-I, SE-II)
evçend	*adv, adj* so much, as much (SE-II)
evîn	*f* love (N)
evîndar	*adj* in love (MZ)
ew	*pers, demonst pron* she, he, it, they; that, those (HC, HD-I, HD-II, KTB, KR, MP, M-II, M-III, M-IV, MZ, P-VI, SE-I, SE-II, TKE)
ewan	(ŞK). *See* **ew**
ewana	*pers pron* they (MP)
ewê	(KR). *See* **wê**
ewî	(KR). *See* **wî**
ewqas	*adv* so much, as much, that much (MP, P-V)
'ewir	*m* cloud (EÇ)
ey	*int* Hey! (MZ)
eywan	*f* dais, porch, veranda; terrace (MZ)
'eyan	*adj* clear, obvious (KTB)

Ê

êdî	*adv* already, any more (HC, SE-II)
êş	*f* pain, harm, ache; suffering (N)
êvar	*f* evening (SE-II, ŞK)
êtîm	*n, adj* orphan (M-IV)
êtîmxane	*f* orphanage (HC)
êy	(KTB). *See* **ey**
êzdî	*n, adj* Yezidi (HD-I)
êzidî	(HD-II). *See* **êzdî**

F

fahm bûn	*v intr* become clear (SE-I)
fahm kirin	*v tr* understand (MP)
Farisî	*adj, f* Farsi, Persian (SE-I)
fe'm kirin	(KTB, M-II). *See* **fahm kirin**
fen	*f* 1. trick. 2. science (M-IV)
feqîr	*adj, n* poor (M-II)
fermandar	*n* commander (TKE)
fersend	*f* opportunity, chance (MZ)
fesal	*adv* carefully (KR)
fikir	*f* idea, thought (MP, M-III)
fikir dan	*v tr* make (smb) think (M-V)
fikir kirin	*v intr* think (MP)
fikirîn	*v intr* think (KTB)
firavîn	*f* lunch (P-VIII)

firişte	*n* angel (MZ)
fire	*adj* wide, broad (P-I). *Also* **fireh**
firîn	*v intr* fly (KTB, P-V)
firotin	*v tr* sell; *f* selling, sale (HD-I)
fîşek	*f* cartridge (of a gun) (HC)

G

gamêş	*n* buffalo (P-III)
gav1	*f* step (MP)
gav2	*f* moment, instant, **gava (ku)** when, while (BŞB, HC, ŞK, TKE)
gazin	*m* complaint (M-II)
gazî kirin	*v tr* call; invite (ME, MP)
gelek	*adj, adv* much, many, a lot, **gelek cara(n)** many times (AE, HD-I, MP, MZ, M-IV, ŞK)
gelî	*m* mountain pass; canyon (SX)
gelo	*int in the beginning of questions,* I wonder (HC, M-III)
genim	*m* wheat (MP)
ger	*conj* if (MP, T). *Also* **heger**
ger ku	*conj* if (P-V)
gerîn	*v intr* 1. walk; go for a walk. 2. look for. **Ew çi ye, ku tu lê digerî?** What is it that you are looking for? (MP, M-II, N)
germ	*adj* hot, warm (KTB, P-IV)
gestin	*v tr* bite (N)
geş	*adj* 1. shining, shiny. 2. joyous, *comp* **geştir** (MZ)
geş kirin	*v tr* shine on, cheer (smb) up (MP)
gênim	*Obl case from* **genim** (MP). *See* **genim**
gênêral	*m* the General (M-II)
gidî	*int* Ah! You! O! (M-III)
gihandin	*v tr* get (smb/smth) to a place, make (smth) reach (BŞB, HD-II, P-VII)
gihiştin	*v intr* reach, rise, arrive at (SE-I, N)
gilî	*m* 1. word, remark. 2. complaint (M-III, P-II)
giran	*adj* heavy; difficult (HC, N)
girêdayî	*adj* 1. tied, bound. 2. dependent (on) (ME)
girtin	*v tr* hold; catch (KR)
giş	*f, adj* all, total, whole (HC)
gişk	(HC). *See* **giş**
gotin	*v tr* say, tell; *f* word; speech, **mi j' te r' nego na** I didn't tell you "No" (AE, BŞB, EÇ, HD-I, HD-II, HC, KR, ME, MP, MZ, M-II, M-V, P-V, ŞK, TKE)
guh	*m* ear (P-II)

guhastin	*v tr* 1. transport. 2. remove. 3. change (SX)
guh dan	*v tr* listen, pay attention to smth (BŞB, MP, M-II, M-III)
guhdarî kirin	*v tr* listen to (smb/smth) (MP)
guherîn1	*f* change; shift, displacement (SE-I)
guherîn2	*v intr/tr* change, vary (M-III, SE-I)
gul	*f* rose (EB, MZ, SX, S&H)
gulok	*f* ball (KTB). *Also* **gilok**
gulşen	*f* garden (MZ)
gune pê anîn	*v tr* pity; feel sorry for (M-II)
gund	*m* village (HC, ŞK)
gur	*m* wolf (ŞK, P-II, P-IV)
gura (kesekî) **kirin**	*v tr* obey; listen to (P-III)
gurçik	*f* kidney (ME)
gurîn kirin	*v tr* thunder; roar, rumble (KTB)
gwîz	*f* walnut (HD-I). *Also* **gûz**
H	
ha1	*int* yes! what? (KR)
ha2	*demonst pron* that, those (BŞB)
hal û wextê hev pirsîn	*v tr* ask after the welfare of each other (KR)
han	*demonst pron for far objects* that, those, **salêd hana** those years (M-II)
har	*adj* mad, wild (M-V)
hatin	*v intr* come; arrive, reach; suit. *Imper* **were!** (AE, BŞB, EB, EÇ, HC, HD-I, HD-II, KR, ME, MP, M-III, P-V, SE-I, SE-II, S&H, ŞK, TKE)
hatin dardakirin	*v intr* be hung, *pas form (hatin + Infinitive).* (S&H)
hatin serê (kesekî)	*v intr* happen, **ecêbek ê bê serê min** something strange will happen to me (HC)
hatin xarê	*v intr* come down; fall down (EB)
hawîrdor	*f, adv* surroundings; all around (SE-I). *Also* **hawirdor**
hebûn	*v intr* exist; be; have, there is (BŞB, HC, M-II, MZ, P-V)
heger	*conj* if (MP, M-III)
heft	*m, adj* seven (ME)
hejîr	*f* fig (HD-I)
hekîm	*m* healer (TKS)
hela	*adv* as yet; not for a while yet (M-IV)
hema	*adv* right away, just, exactly (HC)
hemî	(MZ). *See* **hemû**
hemû	*adv* all; the whole, **ji hemû yên din** from all others (HD-II, KTB, M-II, M-V, MP, P-VII)
hene	*present tense of* **hebûn** *for pl. objects* there are (MP)

heqaret li (kesekî) **kirin** *v tr* humiliate (smb) (HD-I)

her *adj, adv* each, every (AE, BŞB, MZ, SE-II, ŞK)

her dem *adv* always, everytime (AE)

herdu *adj, pron* both (BŞB)

here! Go! *Imper sg. from* **çûn/herîn** (HC, ME)

herîn *v intr* go, leave (HC, SE-II)

herî *adj* most (SE-I)

herî xweş *adj* the best, the most beautiful, the most pleasant (SE-I)

herke *conj* if (ME)

hertim *adv* always (HD-I, HD-II)

her û her *adv* always (HD-II)

hesar *f* planet (MP)

hesin *m* iron (P-IV)

hesp *n* horse (ME)

heta *prep* until; up to (a place) (HC)

heta-hetê *adv* eternally (M-V)

hev *adv* together; one another (MP, SE-I)

heval *n* friend, companion (MP, P-I)

hey *adv* frequent, **hey ji bîr dikir** he always used to forget (HC)

hey *int* Hey! (KTB)

heya *prep* until; up to (a place) (BŞB, ME, ŞK)

heyam *f* age; period (N)

heydade *f* noise, uproar; tumult, turmoil (M-III). *Also* **heydedan, heydede**

heyin *f* product (HD-I)

heyat *f* life (HD-II)

heye *3rd pers sg. from v intr* **hebûn** there is (MP, M-IV, P-II)

heyf(a kesekî ji tişteki) *v intr* feel sorry (for smth); regret (M-V)
  hatin

heyfa min tê I feel sorry (M-V)

heylo *int* Alas! (S&H)

heytehol *adj* noisy, loud (M-II)

heywax *int* Alas! (M-IV)

hezal *n* relative (M-IV)

hezar *m, adj* thousand (MP, MZ, P-I, P-II, S&H)

hew *adv* any more, no more (AE)

hewa *f* air; weather (KTB, M-V)

hewas *f* great interest, desire, **bi hewas** with great interest (EÇ)

hewaskar *adj* very interested; amateur (MP)

hewş	*f* court, yard (BŞB)
helm	*f* breath (EB)
heşt	*m, adj* eight (SE-II)
heyr	*adj* astonished (M-III)
hê	*adv* so far, yet, still (KR, P-IV). *Also* **hêj**
hêdî-hêdî	*adj, adv* slowly; slow (M-II, SE-II)
hêl	*f* side, direction, **ji hêla ku** from the side where (SE-I)
hêrs	*f* rage, anger (KTB)
hêrs ketin	*v intr* be (come) angry (with), be cross (with), get angry (HC)
hêsa bûn	*v intr* be/become easy; relax, have a rest (T)
hêsir	*n* slave, captive, prisoner of war (M-III, M-IV)
hêvî	*f* hope, expectation (SE-II)
li hêviya ... man	*v intr* wait for (SE-II)
hêz	*f* power; strength (HD-II)
hilbet	*adv* certainly; surely (M-IV)
hildan	*v tr* lift, raise; take (KR)
hilgirtin	*v tr* bear; carry, raise; lift up (HC)
hilm	*f* breath (AE)
himberî	*adj, adv* across, opposing, facing (M-II)
hin	*pron* some (BŞB)
hindikayî	*f* minority; scarcity (P-VI)
hingê	*adv* then (BŞB, MP)
hingiv	*f* honey (P-VII)
hindik	*adv* a little bit (P-I, M-III)
hinek	*adj, pron* some, *Obl case* **hineka(n)** some people (BŞB, M-III)
hinekî	*adj* a little bit (HC, KR, MP)
hirç	*n* bear (P-II)
hişk	*adj* hard; dry (KTB) **hejîrên hişk** dried figs (HD-I)
hiştin	*v tr* leave, let; allow (AE, HC, P-VII, SE-II)
hiz kirin	*v tr* love, like (M-V). *Also* **hez kirin**
hizkirî	*adj* beloved (M-III)
hizink rahiştin	*v tr* sigh (KTB)
hizir	*f* idea; thought (MP)
hizret	*f* object of wish; desire (M-III)
hîn bûn	*v intr* learn, study; get used to (M-II)
hîs	*f* feeling (SE-II). *Also* **hes**
hîviya (kesekî) **sekinîn**	*v intr* wait for (smb) (KR)
horî	*f* houri; beautiful woman (MZ)
hukm	*m* power (M-III). *Also* **hukim**
hunur	*m* art, mastery, skill; talent (for); courage (M-II)

hû kirin	*v tr* make a noise (about the wind) (KTB)
hûn	*pron 2nd pers pl.* you (EÇ)

Î

îdî	*adv* any more; no more (KR). *Also* **êdî**
înkar kirin	*v tr* refuse, deny; negate (M-II)
însan	*m* man, human being (HD-I, HD-II)
îro	*adv* today (AE, HC, ME, M-III, P-VII)
îsan	(ME). *See* **însan**
îşev	*adv* tonight (AE, ME)
îşq	*f* love (MZ)

J

jan	*f* suffering; pain (HD-II, N)
jar	*adj* weak; poor; thin (M-II)
jehr	*f* poison (N)
jê	*prep* from, off (it/him/her), *from* **ji** + **wî/wê** (ŞK, TKS)
jê ra	*prep* to him/her/it (M-II)
jêr	*prep* below, underneath, down, **jêrê, li jêr** below, at the bottom (KTB)
j'	(AE). *See* **ji**
ji	*prep* from, **ji wan** from them (AE, BŞB, EB, HC, HD-I, HD-II, KR, KTB, ME, MP, MZ, M-II, M-III, M-IV, M-V, N, SE-I, SE-II, ŞK, P-I, P-IV, P-VI)
ji aliyê xwe ve	*adj* on one's part, from one's side (MP)
ji bîr kirin	*v tr* forget (HC, M-IV)
ji ber ku	*prep* because (MZ)
ji bo	*prep* for (HD-I, HD-II, ŞK)
ji boy wê	*prep* because of that (EÇ)
ji ... de	*prep* from (HC)
ji dûr	*prep* from far away, from afar (SE-I)
jin	*f* woman; wife (ME, P-III, T)
ji nav	*prep* from inside (M-II)
ji nişka ve	*adv* suddenly, all of a sudden (BŞB)
ji ... re/ra	*prep* for, **ji me re** for us, **j' te r'** *i. e.* **ji te re** to you (AE, HC, ME, M-V, T)
ji ... ve	*prep* from (SE-I)
jiyan	*f* life; *v intr* live, **jîme** I lived (EÇ, HD-II, MP, M-III, M-IV, S&H, SE-II). *Also* **jîyan, jîyîn**
ji wir	*prep* from there (KTB)
jî	*adv* too, also, as well (BŞB, HC, KR, MP, M-III, M-V, P-V, P-VIII, SE-I, SE-II, TKS)

K

kah	*f* hay (ME)
ka	*adv* where (ME)
kal	*m* old man (M-IV, M-V)
kal-bav	*n* male ancestors (M-II)
kalik	*m* grandfather (HC)
kamîsiya	*f* commission (HC)
kar	*m* work (M-II, M-III, P-VII)
kar	*f* kid of a goat (M-II)
karîn	*v tr* be able, can (EÇ, HD-II, KTB, M-III, M-IV, M-V, ŞK)
kaxaz	*f* paper (ME). *Also* **kaxez**
keç	*f* girl; daughter (SE-II)
kedî kirin	*v tr* tame (MP)
kef	*f* foam (KTB)
kel	*f* boiling; *adj* hot (M-IV)
ken	*m* laughing, smile (M-II)
kengî	*adv* when (N, AE)
kenîn	*v intr* laugh, smile, **ser wî dikeniya** laughing at him (EB, KTB)
ker	*n* donkey (P-IV, P-V)
kerem	*f* bouny, generosity, **ji kerema xwe** please (MP)
kerî	*f* flock (of sheep) (ŞK)
kes	*n* person, individual; anybody, nobody (AE, MZ, M-III, P-IV, P-VII, SE-II)
keser	*f* sadness, sorrow (HD-II)
kesrî	*adj* sad (M-II)
keşîş	*m* monk (M-II)
ketin	*v intr* 1. fall; fall (into). 2. enter (HC, KTB, ME, M-V, N, P-II, P-III)
ketin hundir	*v intr* enter, go into (BŞB, TKE)
kevn	*adj* old; archaic (SE-II)
kevnare	*adj* antique, archaic (SE-II)
kevir	*m* stone (KTB, P-III)
kew	*f* partridge (M-V)
kewşen	*m* field for sowing (M-II, M-V)
kê	*Obl case of* **kî**, who (P-V)
kêf	*f* pleasure, delight, joy, **kêfa xwe me** I do what I like, I do my own way (EÇ, ME)
kêlm	*f* word; speech (EB)
kêm bûn	*v intr* decrease, to fall short (of), to be lacking (ŞK)
kêm kirin	*v tr* reduce; abate (pain); diminish (HD-II)
kêr	*f* knife, **kêra cêban** pocket knife (HC)

kêrî (kesekî) hatin	*v intr* be of use (to), be useful for. **Genim kêrî min nayê**. Wheat is of no use to me (MP)
kilam	*f* song (KTB)
kirin	*v tr* do (AE, KR, KTB, MP, MZ, M-II, P-V, SE-II, TKS)
kirîn	*v tr* buy; *f* buying; purchase (HD-I)
kişandin	*v tr* 1. pull. 2. drag. 3. draw. 4. last (ME, M-II, N)
kî	*pron* who (BŞB, MP, N)
kîjan	*adj, pron* which, which one (SE-I, TKS)
klasîk	*adj* classical (SE-I)
knêz	*f* relative; own (M-IV). *Also* **kinêz**
ko	(P-IV). *See* **ku1**
koç	*f* migration (HD-II)
kolan	*f* street (MZ, SE-II)
kom	*f* group; class (HC)
koşk	*f* palace (MZ)
kotin	*v tr* gnaw; nibble; masticate (M-III)
kovan	*adj* twisted, bent (M-V)
kovî	*adj* wild, ferocious (MZ)
ku1	*pron* who, which, that, where (BŞB, HC, HD-I, HD-II, KTB, MP, MZ, M-II, M-III, M-IV, SE-I, SE-II, ŞK)
ku2	*conj* if (EÇ)
kû	*pron* where (N). *See* **ku1**
kuçe	*f* street (MZ)
kul	*f* suffering, sorrow (SX)
kulav	*m* shepherd's felt cloak (ME)
kulî bûn	*v intr* to roll oneself into a ball, to roll up (KTB)
kulîlk	*f* flower; rose (MP, SX)
kul kirin	*v tr* inflame (AE)
kum	*m* cap (P-VI)
kur	*m* son; boy, **kurekî piçûk** small boy (HC, ME, MP, TKE)
Kurdî	*f, adj* Kurdish (SE-I)
kurkirî	*adj* shortened; cut (KR). *Also* **kurtkirî**
kurm	*m* worm (M-III)
Kurmancî	*f* Kurmanji (HD-I, HD-II)
kuştin	*v tr* kill (AE)
kutan	*v tr* hit, beat, knock (P-IV)
kutasî	*f* result, end (M-II)
kûr	*adj* deep; profound (HD-II, KTB)

L

lava	*f* begging, pleading (M-II)
lava ji (kesekî) **kirin**	*v tr* entreat, beg (smb) (MP, M-II)
law	*m* boy; son, *Vocat* **lawo!** (HC)
lema	*adv* therefore, and so; this is why (KR, MP, M-III)
leme-lem kirin	*v tr* purl, murmur; one can hear the noise of the sea (KTB)
le′z	*f* moment; instant, **le′zekê** in a moment (M-IV)
lê1	*conj* but (HC, KTB, KR, MP, MZ, M-II, M-III, M-IV, M-V, SE-I, P-II, SE-II)
lê2	*prep* to, onto, at, *from* **li** + *wê/wî* (HC, M-II)
lê belê	*conj* but, however (SE-II)
lêyî	*f* stream; flood (EÇ). *Also* **lêmîşt**, **lehî**
lê belê	*conj* but, however (HD-I, MP, SE-I)
lê lê	*int when calling a woman* (ME)
lêv	*f* lip (KR, M-II, N)
lê vegerandin	*v tr* 1. give back, return. 2. answer, reply (to smb) (TKE)
lêxistin	*v tr* 1. hit, beat. 2. play (instrument) (EÇ, ME)
li	*prep* in, inside, at, to (BŞB, HC, HD-I, HD-II, KTB, ME, MP, MZ, M-II, M-II, M-IV, N, SE-II, ŞK, T)
li bin	*prep* under, **li bin dara sêvê** under the apple-tree (AE, MP)
li ber	*prep* in front of (HC, ME, N, TKE)
li ber xwe ketin	*v intr* be worry, be upset; feel sorry for (HC).
Libnanî	*adj, n* Lebanese (BŞB)
li dora	*adv* around (SE-II)
li gor	*prep* according to; in accordance with (SE-I)
li gor hev bûn	*v intr* look like each other, resemble (SE-I)
li hev nihêrîn	*v tr* look to each other (KR)
li ku	*adv* where; in which (KTB, M-III, M-V)
li nav	*prep* among, inside (EÇ)
ling	*m* leg (BŞB)
li pey	*prep* after (SE-II)
li ser	*prep* on, at (HD-I, MP, SE-II, T)
li vir	*prep, adv* here (BŞB, MP, T)
li vira	(M-IV). *See* **li vir**
li wir	*prep, adv* there (HC)
li wê derê	*prep, adv* there (HC, MP)
lîstin	*v tr* 1. play. 2. dance, **tev min bilîze!** play with me! (HC, MP)
lo	*int when calling a man* (AE)

M

ma	*int in the beginning of questions,* really (AE, S&H)
mal	*f* home; house (HC, MZ, ME, P-IV, SE-II)
malbav	*m* father's house (T)
man	*v intr* stay; remain (BŞB, EÇ, KTB, MP, MZ, M-II, M-V, P-VIII, SE-I, SE-II, T, TKS)
manewî	*adj* spiritual (HD-II)
me	*pers pron in Obl case 1st pers pl.* our; ours; us; we (BŞB, HC)
me'dekirî	*adj* downcast; sorrowful (M-IV)
meh	*f* month (HC)
mehlûqat	*f* creature (HD-I)
me'ne	*f* meaning (MP). *Also* **mane**
merî	*Obl case Pl.* **meriyan** (MP, P-IV, P-VII, P-VIII). *See* **meriv**
meriv	*n* man; human being; person (ME, M-III)
meşîn	*v intr* walk (SE-II)
mezel	*m* grave (M-IV, M-V)
mezin	*adj* 1. big, large, great. 2. old, elder (MP, MZ, M-II, P-III, ŞK)
mezin bûn	*v intr* grow, grow up; increase (M-IV)
mewîj	*f* raisins (HD-I)
mêl	*f* slope, include; tendency (M-II)
mêr	*m* 1. man. 2. husband (HC, P-III, P-V)
mêranî	*f* bravery, courage (KTB, M-II)
mêş	*f* fly (P-III, P-VII)
mêşe	*m* forest; grove (M-II)
mêvan	*n* guest, visitor (ME, P-I)
mêvandar	*n* host (BŞB)
mêvanhiz	*adj* hospitable (P-VII)
mi	(AE). *See* **min**
mij	*m* mist, haze, fog (SX, SE-II)
min	*pron 1st pers sg. in Obl case* mine, my; I, **min ra** for me, to me (AE, BŞB, EB, EÇ, HC, KTB, KR, MP, MZ, ME, M-III, M-IV, M-V, N, P-VI, P-VIII, SE-II, S&H, T, TKE)
mina bûn	*v intr* disappear, vanish (M-IV)
miqatî (kesekî) **bûn**	*v intr* take care about, look after (smb) (HC)
miqatî (li kesekî) **kirin**	*v tr* take care of (smb), guard from (smb) (HC)
mirin	*v intr* die (KTB, MZ, M-II, M-IV, P-VIII, T)
mirin	*f* death (M-IV, P-V)
mirîşk	*f* hen, chicken (MP)
mirov	(MP, TKS). *See* **meriv**

mitale kirin	*v tr* consider, think, ruminate (on) (BŞB)
mizgevt	*f* mosque, *in some texts could also mean* church (M-II, M-III, M-IV)
mîna	*adv* like, alike; as (AE, EB, HD-I, MP, N)
mîr	*m* prince. **Mîrê Piçûk** Little Prince (ME, MP)
muhbet	*f* love (M-III)
muhtac(ê kesekî) **bûn**	*v intr* be in need of (smb). **Ez ne muhtacê te me.** I have no need of you. (MP)
mûm	*f* candle (MZ)
mûsîbet	*f* tragedy (HD-II)
mûzîk	*f* music (MP, SE-I)

N

na	*part* no (AE, MP)
nal	*f* moan (AE)
nalîn	*v intr* moan, groan, lament (SE-II)
nan	*m* bread; meal, *Obl. case* **nên** (ME, MP, M-II)
nasîn	*v tr* know, recognize; get to know (MP)
nas kirin	(BŞB, M-III, P-V). *See* **nasîn**
nav1	*m* name (HC, M-IV, P-VI, P-VIII)
nav2	*prep* inside; into; in the middle of (KTB, M-II, M-III, ŞK)
navçe	*f* region, zone (HD-I)
nav kirin	*v tr* call; name (M-IV)
nazdar	*adj* coquettish, coy (MZ)
naxêr	*part* no, not at all (SE-II)
ne	*adv* not (MP, MZ, M-IV, P-III, P-VI, P-VIII)
neçê	*adj* not good, bad (HD-I)
nefsbiçûk	*adj* modest; humble (HD-I)
nehiş	*adj* unconscious (M-II)
nehiş bûn	*v intr* lose one's senses/head, go mad (M-II)
neheq	*adj, adv* wrong, unjust; in vain; (it is) no use (M-IV)
neheqî	*f* injustice (M-II)
nehlet	*f* curse. **Nehlet!** Damn it! (ME)
ne'lîn	*v intr* moan, groan (M-II). *Also* **nalîn**
nem	*adj* damp; moist (KTB)
nemaze	*adv* espeacially, particularly (HD-I, ŞK)
nenas	*adj* foreign; unknown, unfamiliar, strange (M-II, M-IV, M-V)
nepak	*adj* unclean; bad (P-I)
nerm	*adj* soft; tender; mild (HD-I)
nexweş	*adj* ill; sick (M-II, TKE). *Also* **nexwaş**
nexweşî	*f* illness (M-II). *Also* **nexwaşî**

nexweş ketin	*v intr* fall sick, ill (HC)
nexweşxane	*f* hospital (HC)
nêçîr kirin	*v tr* hunt (MP)
nêçîrvan	*n* hunter (MP)
nên	*Obl. case from* **nan** (MP). *See* **nan**
nêr	*adj* male, masculine (P-V)
nêrîn	*f* look; glance; *intr* look, watch (HD-I)
nêzîk	*adj* near, close (BŞB, KTB, KR, M-II, ŞK)
nêzîkî (kesekî) bûn	*v intr* come near (to smb) (KTB)
nêzîkî hev bûn	*v intr* come close to one another (KR)
nifş	*m* generation (HD-II)
nig	*m* foot (P-III)
niha	*adv* now, at the moment (HC, M-IV, M-V, SE-II)
nihêrin	*v intr* look (HC, KTB, KR, ME, MP, SE-II)
nişkê va	*adv* suddenly (KTB, M-II). *Also* **ji nişkê ve**
nivîn	*f* bed; bedding (BŞB)
nivîsîn	*v tr* write (HC)
nîne	there is not (AE, MP, P-VII)
nîv	*m* half (BŞB)
nolî	*adv* like; as (M-III, M-V)
nû	*adj* new (HD-II)
nûbuhar	*f* early spring (MZ)

O

ode	*f* room (BŞB, ME)
orte	*f* middle; between (HC)
otombêl	*f* car, automobile (BŞB)

P

pa	*f* expectation (SE-II)
padişa	*m* king, padishah (ME)
pak	*adj* pure, clean; good (KTB, P-I)
paşil	*f* bosom (ME)
paşê	*adv* afterwards, later, then (HC, KR, M-II)
paşî	*adv* after (TKS)
paşopê	*adj* turned inside out; inside out; on the wrong side (KR)
parastin	*v tr* protect, save; take care (of), guard (from) (ŞK)
payin	*f* expectation (SE-II). *Also* **payîn**
payîz	*f* autumn, fall (ŞK, M-II)
perçiqandin	*v tr* knock down; crumple, crush (HD-II)
perde	*f* curtain (MZ)
perda keskesor	*n* rainbow curtain (EÇ)

per	*m* feather (KTB)
perîşanî	*f* wretchedness, misery (N)
perû kirin	*v tr* reward (SE-II)
perwane	*f* moth (MZ)
pev ketin	*v intr* reconcile with each other, agree with each other (AE, HC)
peya	*m* man (BŞB)
peya bûn	*v intr* dismount (a horse), get off (bus), get out of (a car) (ME)
peyivîn	*v intr* speak, talk (HD-I)
peyv	*f* word; speech (N)
peywendî	*f* connection, relation, tie (MP)
pez	*m* sheep; flock of sheep (ŞK)
pê	*prep* with (him/her/it), *from* **bi** + **wê/wî** (HC, KR, M-II)
pê hatin	*v intr* consist in (HD-II)
pêçî	*f* 1. toe. 2. finger (ME)
pêjn	*f* echo; sound (BŞB)
pêl	*f* wave, **pêlê avê** waves (of water) (KTB)
pê re	*adv* with (BŞB, HC). *Also* **pê ra**
pêşiya (kesekî)	*conj* in front of (smb), before, in the presence of (KTB)
pêşiya (kesekî) **da çûn**	*v intr* to go to meet (smb) (KR)
pêşniyaz kirin	*v tr* offer, propose, suggest (MP)
pêxistin	*v tr* set on (fire), kindle (BŞB)
pijqandin	*v tr* make (smth) gush or squirt (KTB)
pir	*adj* many, much; very, very much (HC, SE-I)
pirbûn	*v intr* increase (P-VI)
pirs	*f* question (M-II)
pirsîn	*v tr* ask (KR, N, TKS)
pirs kirin	(MP). *See* **pirsîn**
pişîk	*f* cat (P-IV). *Also* **pisîk**
piş	(M-II, M-IV). *See* **pişt**
pişt	*f* back (MZ)
piştî ku	*adv* after (MP)
piyano	*f* piano (SE-I)
pizmam	*m* cousin (son of paternal uncle) (M-II)
pîr	*adj, f* old; old woman **pîrê** (ME, P-I)
pîrbûn-kalbûn	*f* old age (P-V)
pîvan	*v tr* measure (HC)
por	*m* hair (*on a person's head*) (HD-I, MP, KR)
porê xwe kurkirê	*adj* with the cut hair (i. e. miserable one) (KR)

poşmanî	*f* regret (TKS)
puh	*int for disgusting* Fie! (ME)

Q

qam	*m* close person; relative (M-IV)
qawe	*f* coffee (ME). *Also* **qahwe**
qeder	*f* destiny, fate (SE-II)
qelaştin	*v tr* tear (to/in pieces), tear up; split (KTB)
qelîştok	*f* groove, cleft; split (M-V)
qerimî bûn	*v intr* to be cooled down, to be freezed; be rooted to the ground (KR)
qeseb xwarin	(M-IV). *See* **qesem kirin**
qesem kirin	*v tr* swear, vow; swear off (to do smth) (M-IV)
qet	*adv* not in the least, not at all, none at all; at all; any (BŞB, KR)
qet na hema	*adv* at all costs (KR)
qetiyan	*v intr* break in two, break, snap (P-VI)
qey	*adv* as if (MP)
qeyas	*m* comparison; consideration (M-II)
qewat	*f* power (KTB, ME, M-II)
Qewl	*m* Qewl, *a Yezidi religious hymn* (HD-II)
qewn	*m* family, kin, clan; relative (M-IV). *Also* **qewm**
qilx	*f* service (M-II). *Also* **qulix**
qinyat	*f* conviction; satisfaction (KR)
qiravî	*f* (light night) frost; hoar frost; rime (SX)
qirîn	*f* cry, shout; scream (ME, KR)
qîr	*f* cry (AE, HD-II)
qîz	*f* girl; daughter (KR)
qul	*f* hole; burrow (MP, M-IV)
qise	*f* story; conversation (M-II)
quling	*n* crane (P-VI)
qurn	*m* generation; century (M-V)
qurpîn	*f* knock (BŞB)
qûjîn	*f* scream; cry (KTB)

R

raberî (kesekî) **kirin**	*v tr* 1. hold out. 2. present. 3. show (KR)
rabûn	*v intr* stand up, get up, rise; be up, *Vocat sg.* **Rabe!** (AE, BŞB, MZ, ME)
rakirin	*v tr* pick up, lift, raise; lift up (BŞB, EÇ)
ramûsan/ramûsandin	*v tr* kiss (EB, N, KR)
rast	*adj, adv* right; true; directly (MZ)
rastî	*f* truth (P-VIII)

rastî (kesekî) hatin   *v intr* meet (smb) by chance (TKE)
rastî hev hatin   *v intr* meet each other by chance (TKE)
rawir   *m* wild animal (SE-I)
raxistin   *v tr* spread, lay; make (bed) (ME)
razan   *v intr* sleep (AE)
razî bûn   *v intr* be satisfied (M-III)
reben   *adj* 1. poor, miserable; captive. 2. monk (M-II, M-IV, SE-II)
reca kirin   *v tr* entreat, beg; ask for (M-III)
ref   *n* 1. flock (of birds). 2. line (P-VI)
rehet   *adj* 1. easy. 2. comfortable (P-I)
rehmetî   *adj, n* the late, **Hemîdê Husoyê rehmetî** the late Hemîdê Huso (HC)
reng   *m* colour (MP, SE-I)
reş   *adj, m* black, *comp* **reştir** more black, more unhappy (MZ)
revandin   *v tr* kidnap, abduct (HC)
revîn   *v intr* run (EB, HC, M-II, P-II, T)
rê   *m* way, path, road (M-II, N, SE-II)
rihan   *f* basil (SX)
rihetî   *f* rest; queit, calmness (HC)
rind   *adj* good, well; nice (M-III)
risas   *f* lead (M-II)
riştîn   *v tr* spin (AE)
rîh   *f* beard (HD-I). *Also* **rî**
ro   (M-II, SX). *See* **roj**
roj   *f* 1. day. 2. sun (HC, ME, MP, M-II, P-VII, ŞK, SE-II)
rojekê   *adv* once (HC)
rojî   *f* fast (HD-II)
rohilat   *f* East; orient (M-II). *Also* **rojhilat**
rokê   *adv from* **rojekê** one day; once (M-II)
rondik   *f* tear (N)
ruh   *m* soul (M-II, M-III, M-IV)
rû   *m* face (AE, HD-I)
rûniştin   *intr* sit down, sit (SX)
rovî   *m* fox (MP, P-III)
rûreş kirin   *v tr* disgrace (MZ)
rûsipî   *adj* acquitted (KTB)

S
sade   *adj* simple, plain (HD-II)
sa'et   *f* hour (HC). *Also* **se'et**

sal	*f* year, **sala bûyîna min** year of my birth (HC, ME, M-II, SE-II)
sar	*adj* cold (M-V)
saw	*f* fear (M-II)
sebeb	*f* reason; cause (MZ)
sebr kirin	*v tr* suffer, undergo, endure; be patient (MZ)
sed	*m, adj* hundread (EB, MP)
sefer	*f* journey, trip (HD-II)
sehrinc	*f* cistern (BŞB)
sekinîn	*v intr* stay, stand; await (HC)
selamet	*f* safety; salvation (ŞK). *Also* **silamet**
ser	*prep* on, over, at (BŞB, HC, KR, ME, MP, N, P-VII, P-VIII, SX)
sera	*f* palace (MZ)
ser(î)	*m* head; beginning (AE, KR, P-II, P-VI)
ser hev	*adj* one after another; one on the other (P-II, ŞK)
serokzindan	*m* leader of the prison (S&H)
serxweş	*adj, n* drunk; intoxicated (EB)
serxweş bûn	*v intr* be drunk; get intoxicated with (EB)
senfonî	*f* symphony (SE-I)
seqir	*f* queit, silence (M-V)
serdan	*f* visit (TKE)
serwext	*adj* informed; clever, smart (HC)
seyran	*f* outing, picnic (MZ)
seyrang	(ME). *See* **seyran**
sexîr	*n* poor felow (KTB)
sewt	*f* voice (M-IV)
sê	*m, adj* three (KTB, ME, M-II)
sêfîl	*adj, n* helpless, poor; thin; poor man (M-III)
sêlav	*f* heavy shower; whirlwind (EÇ)
sêwîxane	*f* orphanage (HC)
sêv	*f* apple (MP)
sibe	*f* morning. **Siba te bixêr!** Good morning! (ME, MP, P-VII)
sibeh	(HC). *See* **sibe**
sifte	*adv* at first; from the beginning (M-III)
silikîn	*v intr* step back; recede; go back; give up; move away (KR)
simbêl	*m* moustache (HD-I)
sisê	*m, adj* three *without noun* (HC)
sincirîn	*v intr* be heated (KTB)
sing	(ME, T). *See* **sîng**
Sîmurx	Simurgh, *is a name for a mythical flying creature* (MZ)

sîng	*m* chest (EÇ, KTB, M-IV)
sîngşikestî	*adj* with the broken chest (KTB)
sipartin	*v tr* entrust (with); **xwe sipartin** (kesekî) surrender oneself (to smb), commit (to smb) (BŞB)
sipî	*m, adj* white (KTB)
spî	(HD-I). *See* **sipî**
sipîçolkî	*adj* pale; pallid (M-II)
sipîde	*f* morning (AE)
sist	*adj* weak, loose, lax (M-V)
sistî	*f* weakness, looseness (P-VI)
sitran	*f* song, **strana gelêrî** folk song (HD-II, SE-I)
siyar	*n, adj* horseman, mounted (EÇ, ME). *Also* **siwar**
siyar bûn	*v intr* board, mount, ride, get on (ME). *Also* **siyar bûn**
sonet	*f* sonnet (SE-I)
soranî	*f* sword (ME)
soreme'r	*m* grass-snake (KTB)
sorgul	*f* red rose (MZ)
soro-moro bûn	*v intr from* **sor bûn** blush, turn red in the face (KR)
standin	*v tr* take; buy (KR)
sûret	*m* cheek; face (KR)
sûzenî	*adj* painful (HD-I)

Ş

şa	*adj* happy, glad, joyful (M-III)
şa bûn	*v intr* be glad/happy; gladden (HC)
şabûn	*f* happiness (M-V)
şabûna	*adv* from the happiness (KR)
şagirt	*n* student, pupil (TKS)
şandin	*v tr* send (HC)
şar	*m* city (MZ)
şayî	*f* joy, gladness (P-IV)
şehkirî	*adj* combed (HD-I)
şemal dan	*v tr* shine (KTB)
şer	*m* war, battle; fight (SE-II)
şer kirin	*v tr* wage war; fight (smb/smth) (KTB)
şev	*f* night (AE, BŞB, HC, M-II, M-III, N, P-VII, SX)
şewitandin	*v tr* set on the fire, set fire (to); burn (down) (M-III)
şêr	*m* lion (P-III, P-IV, P-V)
şêwra bijîşkan	doctors council (HC)
şib(ih)în	*v intr* be/look like, resemble (SE-I)
şiîr	*f* verse; poem (SE-I)
şik	*f* doubt, suspicion (HC, HD-I)

şikir ji Xwedê!	Thank God! (ŞK)
şil	*adj* wet; damp (SE-II)
şirokirin	*v tr* interpret; explain, elucidate (to) (M-III). *Also* **şirovekirin**
şiyar	*adj* wakeful (BŞB)
şîn1	*m, adj* 1. blue. 2. green (of nature) (SX, S&H)
şîn2	*f* sorrow, grief, mourning (HD-II, P-IV)
şîrîn	*adj* sweet (M-IV). *Also* **şêrîn**
şîv	*f* dinner (P-VIII)
şop	*f* trace, **şopên şik** traces of suspicion (HD-I)
şuxul	*m* work (M-III). *Also* **şixul**
şuret	*f* glory; fame (KTB)
şûlikîn	*v intr* creep, crawl (KTB)
şûr	*m* sword; sabre (EÇ)
şûştin	*tr* wash (EB, KR)

T

ta	*prep* to; until; as far as (AE)
tac	*f* crown (P-VII)
tahzî	*f* grief (HD-II)
tam	*adj* whole, entire all; wholly; fully (M-II)
tam kirin	*tr* taste (N)
taybetî	*f, adj* special; peculiarity (HD-I)
te	*Obl case of pron 2nd pers sg.* you; your (AE, BŞB, ME, MP, MZ, M-III, M-IV, M-V, N, P-VI, P-VII, T)
temam	*adj* complete, finished; all (KTB)
temam bûn	*v intr* be finished (ME)
temaşe kirin	*v tr* view, watch (MZ)
temî li (kesekî) kirin	*v tr* preach, advice (smb) to do (smth) (M-II)
te'mûl dan	*v tr* stand, bear, suffer; have patience (M-II)
tembûr	*f* tambur (*string instrument*) (HD-II)
tenê	*adv, adj* only, just; **bi tenê** alone (AE, HD-II, MP, M-II, M-III)
teptep	*f* tramp (BŞB)
teqîn	*f* explosion (HC)
te'rî	*adj* dark (KTB, M-II, M-III)
te'rî	*f* darkness, **nav te'riya şevê** in the darkness of night (M-III)
teselî kirin	*v tr* give (smb) consolation (HC)
te'ştê	*f* breakfast (P-VIII). *Also* **taştê**
tev	*adv* together, with; all; the whole of; as a whole; wholly; fully (AE, MP, M-V, P-VIII)
te'v	*f* sunlight; sun; the Sun (KTB, M-V). *Also* **tav**

tevayî	*f* entirely, whole (M-IV)
tevger	*f* movement (HD-I)
tevî	*adv* along with (HD-II)
tevî ku	*conj* though (HD-I, MP)
tevî vê yekê	*conj* taking into account (HD-I)
tew	*adv* ever, at all, any (AE)
tewle	*f* stable (ME)
texmîn	*f* offer; guess; opinion; estimate; suggestion, **bi wê texmînê** with that consideration (HC)
teyr	*m* bird (KTB, MZ, M-III, P-V)
teyrok	*f* hail (EÇ, P-II)
teze	*adj* new (KR)
tê de	*prep* in (AE, BŞB)
têgihîştin	*v intr* understand (HD-II)
têkel	*adj* mixed (SE-I)
tê ketin	*v intr* enter, go in(to); get in (KTB, ME, M-II)
têlî	*adj* beautiful (ME)
tiberk	*adj* holy; blessed (M-IV)
tifal	*n* 1. child. 2. young person (M-IV)
tifing	*f* rifle, gun (ME, MP). *Also* **tiving**
tijî	*adj* full, filled (M-III, SX)
tijî bûn	*v intr* be filled; be inflated (SX)
tilî	*f* finger (ME)
tim	*adv* always (M-II)
tima	*adj* selfish (M-II)
timê	*adv* always (P-VIII)
tirê	*adj* as if (M-II)
Tirk	*n* Turk (HC)
tirs	*f* fear, fright (BŞB, HD-I, P-VI, ŞK)
tirsandin	*tr* frighten, scare, terrify (M-V)
tirsîn	*v intr* be afraid of, fear (KTB, P-V, ŞK)
tirsyayî	*adj* afraid (M-V)
tişt	*m* thing, **tiştek** something (BŞB, MP, SE-I, SE-II)
tîtal	*adj* slender; polished (M-IV)
tov	*n* grain, seed (S&H)
top kirin	*v tr* gather (M-II)
toz	*f* dust (EB)
tu	*(t unaspir) pron 2nd pers sg.* you (AE, KTB, ME, MP, MZ, M-III, M-V, T, TKS)
tu	*(t aspir) adv* no, not any; none, **bêî ku tu pez jê kêm be** without losing any sheep. **Tu kesî nakim reca.** I do not beg anybody. (M-III, M-IV, ŞK)
tu cara	*adv* never (P-VIII)

tucarî	*adv* never (MZ)
tu kesî	*Obl case of* **tu kes** nobody (M-III, M-IV)
tunebûn	*past negative form of* **hebûn** (HC, P-V, P-VII)
turuş kirin	*v tr* dare, venture; take the liberty of (KR)
tû	*f* mulberry (HD-I)
tûşî (tiştekî) **bûn**	*v intr* meet, run into; be confronted (with smth) (N)

U

unda bûn	*v intr* disappear, be lost (M-II, P-VI). *Also* **wenda bûn**
usa	*adv* so; in this way; such (KTB, M-III, M-V). *Also* **wisa**

Û

û	*conj* and (AE, BŞB, EB, EÇ, HC, HD-I, HD-II, KTB, KR, ME, MZ, MP, M-II, M-III, M-IV, M-V, N, P-V, P-VII, SE-I, SE-II, SX, ŞK, T, TKE)
Ûris	*n* Russian (M-II)

V

vagon	*f* carriage; wagon (HC)
vala	*adj* 1. empty. 2. free (MZ, KTB, P-VII, SE-II)
van	*demonst adj* these (SE-II)
ve	*forming a part of prep* (MP). *Also* **va**
vebeşirîn	*v intr* be confused, be embarrassed (KR)
vebûn	*v intr* open, open up (BŞB)
veciniqandin	*v tr* frighten; startle, give (smb) a sudden fright (BŞB)
vegerandin	*v tr* bring back, send back, return (TKE)
vegeryan	*v intr* return, come back (HC, MP, SE-II)
vejandin	*v tr* break off; revive (EÇ)
vekirin	*v tr* open (HC, ME, M-III, SX)
vekirî	*adj* open; unfastened (P-VII)
velezîn	*v intr* lie on at full length, stretch out (KTB)
verê kirin	*v tr* send, dispatch; mail; post (HC)
veşartin	*v tr* hide, conceal (M-III)
vê	*demonst pron for feminine nouns in Obl case* (M-IV). *See* **ev**
vir	*n, adj* here (M-III)
vira	(KTB, M-II). *See* **vir**
vî	*demonst pron for masculine nouns in Obl case* (M-II). *See* **ev**

W

wa	*adv* in this way; so, like this (KTB, KR)
waldîn	*adj* born (M-IV)
wan	3rd pers pl., *demonst pron Obl case* those (BŞB, HC, HD-I, HD-II, KTB, MZ, M-II, M-IV, P-II, P-IV, ŞK)
wana	(KR). *See* **wan**
war	*m* 1. home. 2. place, field (M-II, SE-II)
war kirin	*v tr* shelter; give refuge (to) (M-II)
weha	*adv* so (SE-II, T)
wehîd	*adj* lonely, solitary; lone; only (M-IV)
wek	*adj* like, as (MP, MZ, M-II, M-III, ŞK)
weke	*adj* like. **Ew hebû weke şeşsalî.** He was around six years old. (M-II, SE-I)
wekî	*conj* if; as, since (HC, KR, P-VIII)
welat	*m* homeland (ME, M-V, SE-II, T)
wer	*adv* so (AE)
weranîn	*tr* bring, *Imper* **werîne!** (AE)
were!	*Imper sg.* Come! *Imper from* **hatin** (ME, MP). *See* **hatin**
wergirtin	*v tr* get, take (BŞB)
wext	*f* time (HC, SE-II)
wexta	*adv, conj* when (M-V, P-VII)
wexta ku	*adv, conj* when (HC)
weten	*m* homeland, fatherland (M-II, M-IV)
wey li min!	Woe is me! (KR)
wê1	*pers, demonst pron 3rd pers sg. in Obl case for feminine nouns* she, it (BŞB, EB, HC, KTB, KR, MP, N, SX)
wê2	*from* **ew** + **ê**, *used in future tense* she, he, it will (M-III)
wir	*pron, adv* there (KTB, MP, M-V)
wira	(KTB). *See* **wir**
wisa	*adv* so, in this way, like this; such, **wisa jî** also (MP)
wî	*pron 3rd pers Sg. in Obl case* he, it (AE, HC, KTB, MP, MZ, M-II, P-III, P-VII, P-VIII, TKE)
wî ra	to him, for him (M-II)

X

xaçparêz	*adj, n* Christian (M-II)
xalî	*adj* empty; lonely (MZ)
xanî	*m* house (AE, BŞB, MZ)
xaltî	*f* aunt from the mother's side (HC). *Also* **xatî**
xas	*adj* pure; of the best quality (M-V)
xastin	(M-II). *See* **xwestin**

xastin	*f* wish (M-V)
xatir xwastin / xastin	*v tr* take leave (of), say goodbye (to) (BŞB, ME)
xay kirin / xayî kirin	(M-III). *See* **xwedî kirin**
xebat	*f* work (M-II)
xeber	*f* news; word (M-IV)
xeber dan	*v tr* 1. speak, talk 2. let (smb) know (HC, KR)
xeberdan	*f* speech, talk (KR)
xedar	*adj* cruel (HD-II)
xeder	(M-II). *See* **xedar**
xelat	*f* present, gift (KR)
xelayî	*f* hunger (M-II)
xelq	*m* 1. people, folk. 2. strangers, foreigners, **kurê xelqê** son of the foreigners (ME, M-IV)
xelk	*m* **xelkê bajêr** townspeople; townsfolk (HD-I). *See* **xelq**
xem	*f* sadness; worry (EB)
xemilîn	*v intr* be adorned (SX)
xerîb	*adj, n* foreign, strange; stranger (HD-I, SE-II)
xerîbî	*f* strangeness; foreign land, place far from one's home (ME, T, M-IV, SE-II)
xew	*f* sleep (AE, BŞB)
xewn	*f* dream (ME)
xew re çûn	*v intr* fall asleep (BŞB)
xeyd	*f* offence, resentment (BŞB)
xeyîdîn	*v intr* be offended by, be hurt by (AE, P-IV)
xilaz kirin	*tr* 1. finish, complete. 2. save, rescue (M-II, M-IV). *Also* **xilas kirin**
xisar	*f* 1. damage, harm. 2. loss (ŞK)
xirabî kirin	*v tr* harm, do harm (to); to damage (M-III)
xirabkirin	*f* destruction, demolition; damage (P-I)
xirefe'şî	*f* nonsense, fantasies; ravings (KTB)
xistin	*v tr* 1. beat; hit. 2. put. 3. let fall (BŞB, KTB)
xiyal	*f* dream; imagination (EB, M-III, M-IV, M-V)
xoce	*m* teacher (MZ)
xopan	*adj* ruined, destroyed (SE-II)
xort	*m, adj* youth, young man (HD-I, KR, ME)
xubar	*f* 1. dust. 2. smoke. 3. darkness. 4. heat (EB)
xudî	*n* master, **xudiyê xênî** master of the house (BŞB)
xurek	*f* food (HC)
xuşîn	*f* rustle (KTB)
xûn	(KTB). *See* **xwîn**
xwarin	*v tr* eat (HC, MP, P-VIII)

xwe	*reflex pron* self, oneself (BŞB, EÇ, HC, HD-I, HD-II, KTB, KR, ME, MP, MZ, M-III, M-IV, N, P-VI, P-VIII, SE-II, TKE). *See also* **bi xwe, xwe xwe**
xwe avêtin	*v tr* rush to; throw oneself (on) (ŞK)
xwe (ji ...) **parastin**	*v tr* defend oneself (from, against) (ŞK)
xwe ra	to himself/herself/itself; by himself/herself/itself (M-II)
xwe rûreş kirin	*v tr* disgrace (oneself), shame (oneself) (MZ)
xwestin	*v tr* want, wish; ask for, **dil xwazê** heart wants (AE, EÇ, HC, KR, M-IV)
xwe xwe	*adv* by itself, on its own, of itself; singly (P-VIII)
xwe unda kirin	*v tr* became flustered, lose one's presence of mind (KR)
xwehr / xwar kirin	*v tr* 1. tilt. 2. bow, bend, curve (N)
Xwedê	*m* God (ME, P-I, SE-II, ŞK)
Xwedêyo!	*Vocat* Oh God! (SE-II)
xwedî / xweyî kirin	*v tr* 1. bring up. 2. feed (an animal) (MP, HC)
xwendin	*v tr* 1. read. 2. study, learn (HC)
xweş	*adj* 1. tasty. 2. good, *superl* **herî xweş** the best (BŞB, MP, M-V, P-VI, SE-I)
xweşik	*adj* nice; beautiful; pretty (HD-I, MP)
xwezî	*f* wish; *adv* I wish, if only (P-V)
xwîn	*f* blood (HC). Also **xûn**
xwîn kişîn	*v intr* bleed (HC)

Y	
yan	*conj* or (MZ, M-V)
yanê	*adv* that is; in other words, namely (KTB, SE-I, SE-II)
yar	*n* lover; friend (EB, MZ, N)
yek	*f, adj* one, **koma yekê** first class (BŞB, HC, MZ, M-III, M-IV, SE-I)
yekaheng	*adj* monotonous (MP)
yektayî	*adj* unique (MP)

Z	
zanîn	*v tr* know, **niza'm** *spoken reduced variant from* **niza-nim** I do not know (BŞB, HC, KTB, KR, MZ, M-III, M-V, ŞK)
zar	*n* child (M-II, M-V, SE-II)
zarok	(HC, HD-I, ŞK). *See* **zar**
zar û zêç	*n* household, wife and children (SE-II)
zax	*f* cave, grotto (KTB)

ze'f	(M-II, P-I). *See* **zehf**
zeft kirin	*v tr* 1. catch. 2. bring under control (HC)
zehf	*adj, adv* much, many, a lot; very (HC, MP). *Also* **ze'f**
zehmet	*adj* difficult; hard (P-I)
zelal	*adj* clear; pure; transparent (HD-I)
zelîqet	*f* hardship; miseries (M-II)
zeman	*f* time (MZ)
zend	*f* wrist (HC)
zevî	*n* field (MP)
zewac	*f* marriage (SE-II)
zewicîn	*v intr* get married (TKS)
zêd	*f* homeland, fatherland (M-II)
zêde	*adj, adv* more, too much (MP)
zêde kirin	*v tr* add; increase (MP)
zêr	*m* gold (MP)
zêrîn	*adj* golden (P-VII)
zilam	*m* man; husband (BŞB)
zilamî	*f* masculinity (M-V)
zilik	*f* reed (M-II)
ziman	*m* language; tounge (P-VII)
zinar	*n* rocks (M-III)
zindan	*f* prison (AE)
zivistan	*f* winter (SE-II)
zîv	*m* silver (P-VIII)
zozan	*m* mountain pasture (SX)
zû	*adj, adv* early; fast; quickly (AE, KTB, ME)
zûkîn	*v intr* howl; wail (KTB)

Names of People and Mythological Beings

Bekirê Şemo	*m* Bekirê Shemo (HC)
Entîgonas	*m* Antigonus (TKE)
Esed	*m* Esed (HC)
Eyşê	*f* Eyshê (ME)
Ferîha	*f* Ferîha (SE-II)
Hafiz	*m* Hafez (N)
Hemîdê Huso	*m* Hemîdê Huso (HC)
Hesen	*m* Hesen (BŞB)
Hesen Dêrkî	*m* Hesen Dêrkî (BŞB)
Îzet axa	*m* Îzet agha (BŞB)
Îzet Dêrkî	*m* Îzet Dêrkî (BŞB)
Kerem	*m* Kerem (KR)
Kida	*f* Kida (HC)

Mirê Piçûk	*m* the Little Prince (MP)
Memduh Selîm Beg	*m* Memduh Selîm Beg (SE-II)
Memê	*m* Memê (ME)
Memo	*m* Memo (MZ)
Perîşan	*f* Perîshan (KR)
Sîmurx	*f* Simurgh (MZ)
Skender	*m* Alexandir (TKE)
Sokrat	*m* Socrates (TKS)
Têlî	*m* Têlî (HC)
Xaço	*m* Khacho (HC)
Xaçîk	*m* Khachik (HC)
Xecê	*f* Khejê (SX)
Xezal	*f* Khezal (SE-II)
Xizir	*m* Khizir (MZ)
Zeytûn	*f* Zeytûn (KR)
Zîn	*f* Zîn (MZ)

Place Names

Antaqiye	Antakya[1] (SE-II)
Bedir	Bedir[2] (HD-I)
Bêrût	Beirut (BŞB)
Emerîka	America (HC)
Dîlîcan	Dilijan (HC)
Gumrî	Gumri (HC)
Laliş	Lalish, *the sacred valley of Yezidis* (HD-I)
Libnan	Libanon (BŞB)
Mûsil	Mosul (HD-I)
Qers	Kars (HC)
Şam	Damascus (BŞB)
Şengal	Shingal, i. e. Sinjar (HD-I)
Tiflîs	Tbilisi (M-II)

---

1   All place names are feminine.
2   Probably, Ba'edrê is meant in the text.

Part Two

ORAL TEXTS IN KURMANJI

Written down from the Kurds
from Turkey, Armenia, Russia, Syria, Iraqi Kurdistan,
Azerbaijan, Turkmenia and Khorasan

I Text in Kurmanji written down from the Kurd from Turkey

Text 1

Jiyana min li Sêrtê û Batmanê

Cewzetê Xelîl,[1] 1963, Sêrt
23.01.2011, Nordstemmen

1. Ez xelqê Sêrtê me, eslê xwe ji Misêrçê me. Tiştê ku tê bîra min, em li gund dijiyan, li gundekî Misêrçê. Piştî wê yekê, em hatine Batmanê, li Batmanê em mezin bûne.

2. Batman bajarekî kurda ye, ez wisa dibêjim. Ewil girêdayî yê Sêrtê bû, wê paşiyê ew jî jê qetiya bû, bajar e bi serê xwe vêga. Nifûsê wî teqrîben, ez texmîn dikim, dora pênsed hezarî ye. Pênsed hezar însan lê dijîn. Bajarekî pirî xweş e.

3. Em li wura mezin bûne. Piştî wê yekê, ew panzdeh sal e em hatine Almaniya. Vêga jî di Almaniya dijîn. Pênc heb zarokên min hene; ê mezin zewicî ye, çar zarokên din jî li ûnîvêrsîtêtê dixwînin.

4. Li herêma me Sêrtê jî eşîrên mezin in tev. Herî bi nav û deng, mesele, li mintîqa me xelqê Misêrçê, *Mala Cemîlê Çeto* digotin. Pêncnarî dêjin[2] wan ra. Wê paşiyê wî daleqandin, yenî xeniqandin. Di mintîqa me de, ez ji te ra bêjim, Siloqî hene, Pêncnarî hene, mintîqa Batmanê jî Elikî hene, Reşkotî hene, Rema hene. Wana jî sê eşîrê mezin in.

5. Mintîqa Batmanê, aliyê Bişêriyê, bi Kurmancî jê re dibêjin Qubîn, dora deh diwanzdeh gundên êzdiya ne, belkî zêde bin jî. Têkiltiya me bi hev re baş bû.

6. Kurmanciya esas ya ku kêfa me jê re tê ya Bota ye. Botan jî dikeve mintîqa Cizîrê, Şirnax, Hekkarî, ewana jî girêdayî yê sinorê Îran, Îraq û Sûriyê. Zehfê wana koçer in.

---

1 Jewzetê Khelîl was born in 1963 in Siirt, Misêrch (Qurtela), Turkey.
2 Dibêjin.

II Texts in Kurmanji written down in Armenia and Russia

Text 1

Jiyana Koçberiyê

Qanatê Kakê,[3] 1940, Engeserk
02.08.2005, Khimki, Moscow oblast

1. Em hatine vira ji Ermenîstanê, lê kal-bavê min hatine ji welatê Romê, qeza Wanê, nehiya Bêrgiriyê, gundê Utê. Bavê min mi ra gotiye, wekî wê derê, qeza Wanê êzdî gele diman. Êla Zuqiriya temam wê qezê da bûne. Sala 1915 ber zulma Roma Reş revîn teva ermeniya hatine welatê Ermenîstanê.

2. Wêxtê hatine welatê Ermenîstanê, bê mal, bê hal, geleka zarê xwe, mal-halê xwe hîştine, nîvî da hatin, serê xwe xilas kirin. Bona çi? Wekî millet nehele, bimînin êzdî, destê Roma Reş revîn, ber tirka revîn, hatin welatê Ermeniya. Ermeniya baş qebûl kir û usa hêdî-hêdî cim'eta me bûye xayê mal, bûye xayê xebat.

3. Temam dîsa êl serhev bû, temam dîsa 'erf-'edetê kurmancî êzdikî xayî kirin, nehelyan heta roja îro. Ez dikarim bêjim, heta sala 1990–91ê, paşê hilşandina welatê Sovêtyê gelek gelek êzdiyê Ermenîstanê usa jî yê Gurcistanê hatin derketin welatê Ûrisêtê, Avropayê. Her kes kê ra ça dest da, çûn wê derê dijîn.

4. Ermenîstanê cim'eta me gelek pêşdaçûyîn hebû. Cim'eta me Ermenîstanê gelek cihalê wana ketine xwendinê, geleka xwendina bilind standin. Kê çi dikarî ew dixebitî: înjênêr înjênêr dixebitî, êkonomîst êkonomîst dixe-bitî, yê pale paletî dikir. Usa wekî xebat hebû, çim'et dixebitî û pê keda xwe helal jî dijî, rind jî dijî, zef baş dijî.

5. Paşê hilşandina welatê Sovêtyê kê xwe ra ça rê dît, belayî dinê bûn, Avropayî girtî, Urisêtê. Û vira, ez dikarim bêjim, usa derbaz nakin ça Ermenîstanê derbaz dikirin. Dibe halê wan xweş be, dibe dewletî bûne pê xebata xwe, pê keda xwe dewletî bûne, lê rihê wan êdî ne rihê êzdikî pê va bere-bere dihele.

---

3   Qanatê Kakê was born in 1940, Engeserk, Armenia and passed away in 2008, Moscow.

Text 2

Êzdî û File

Rizayê Kakê,[4] 1949, Engeserk
10.10.2005, Saint Petersburg

1. Têkeliya êzidiya û fila li Serhedê da û wisa jî hêna Sovêtê li Ermenîstanê
   da hetanî salêd 1970î pir baş bû. Wan sala da fila tu carî zor me nekirine,
   di sala 1971 heta 1987 dîsa baş bû, lê pey salên 1988 da hevekî xirav bû.

2. Nava qurna da em pir cara çûne pişta hev du, rojê giran da alîkarî dane
   hev du. Mesele, şerê deşta Redewanê da, şerê êzidiya û sirmaniyê, fileh bi
   serkariya keşîş Polo[5] hatine pişta êzidiya.

3. Lê wextê dewleta Osmaniyê, tirka miletê file qir dikir salên 1915, êzidiya
   gelek kal-pîr û zarokêd fila xilas kirin û ber Roma Reş[6] şer dikirin.

4. Dema şerê Sardarapatê[7] da sala 1918, şerê tirka û fila, alîkarîke zef pir
   mezin fila stand ji eskerê Cangîr Axayê Xetîb Axê Mendikî (tev 1500 si-
   yarê êzidiya), axayê êla Zuquriya. Xêncî van hemû tişta, pirsa asîmîlasi-
   yayê bona êzidiya nava miletê ermenî da tunebûye.

---

4 Rizayê Kakê (Usoyan) was born in 1949, Engeserk, Armenia.
5 I. e. Pogos.
6 Yezidi Kurds from Turkey who now live in Armenia and Georgia refer to Turkey as
   Roma Resh, i. e. 'Black Rome'.
7 The city Armavir was called Sardarabad before 1932, during the Soviet period till 1992
   it was named Oktemberyan. The Battle of Sardarabad was a battle of the Caucasus
   Campaign of World War I.

Text 3

Dewat

Nara Kerem,[8] *1970, Develî*
13.07.2005, Saint Petersburg

1. Tê bîra min, wekî dewata apê min çi cûreyî bû. Zeva nediçûne pey bûkê,
    îzin tinebû. Zeva mal da diman. Berbû diçûn pey bûkê.

2. Pêşiyê wekî xort qîz dixast, diçû, mal da digot wekî ez qîza filan kesî
    dixwezim. Dê û bavê wî, apê wî, mezintayê mala wana top dibûn, diçûne
    mala wî merivî, xwazgêniyê qîzê. Yan mêrik bixasta, dida, nexasta, digot:
    "Qîza mine dayînê mêra tine". Wisa jî dibû, wekî sê, çar cara diçûn, wekî
    qîzê bide. Hebû merî dida, hebû merî nedida. Wexta nedidan, diçûn cîkî
    dinê qîzê bixastana. Usa jî dibû.

3. Wexta sozdayînê, digotin: "Here, emê dişirmîş bin, we ra cawekî bişînin".
    Ewana dihatin, bavê qîzê caw dişand wan ra, wekî em didin qîzê. Ewana
    jî top dibûn, diçûn, nîşanîk pê va dikirin û dihatin. "Îdî bûka me ye",
    digotin.

4. Paşê jî diçûn sozê xwe dibirîn, şîranî dikirin. Şîraniya xwe jî çiqa cim'eta
    xwe, merivtaya xwe hebû: xûşk, birayê xwe, xal, xatiyê xwe, apê xwe gazî
    gişka dikirin, top dibûn. Def, zirne lê dixistin, textê nan datinîn, dixwa-
    rin û diçûn mala xinamî. Wê derê jî bûk tanîn, şe'ra xêliyê davîtine ser
    sêrî û nîşan dikirin. Gişka jî ji aliyê xwe da pêşkêş didayê da. Govend
    digirtin, dilîstin, heta êvarê, paşê dihatin belayî malê xwe dibûn. Dima
    heta paîzê.

5. Hebû jî bûk wekî sê meha dima, hebû salekî dima. Paşê jî dihatin sozê de-
    wata xwe dibirîn û dewata xwe dikirin. Dîsa jî gazî cim'eta xwe dikirin,
    êzdîxana xwe dikirin. Diçûne pey bûkê, bûka xwe siyar dikirin, tanîn
    peya dikirin.

6. Pîrka min digot, wekî berê pê hespa me ra dewat kirine. Me jî digot: "Inê,
    ûn çawa hespê siyar dibûn dewata da?" Digot, wekî mêr pêşiyê diçûn,
    berbûk jî rûdinişt ser hespê û bûk jî dida terkiya xwe, bûk parava rûdinişt.

---

8   Nara Kerem was born in 1970 in the Develî village, Ararat province, Armenia.

7. Xêlî davîtine ser serê bûkê, kincê êzdikî, çarex, gorê sipî, bûk tanîn peya
    dikirin. Def, zirne lê dixistin, qîz, bûk dilîstin. Hebû car, wekî çiya da
    dikirin dewat. Pîrka min digot, agir vêdixistin, dora agir qîz, bûk, gişka
    dilîst, xaş, rind derbaz dibû.

8. Lê yê niha, yê berê ne yek e. Niha hê diha qewî biye, dewatê niha diha
    rind in. "Yê berê sivkayî biye", pîrka min divêje. Yê niha hemû tişt diha
    rind e. Wisa jî derbaz dikirin.

Text 4

Şîn

Rizayê Kakê, 1949, Engeserk
10.10.2005, Saint Petersburg

1. Me şîna xwe jî dikir wek qirara êzdiyatiyê. Wextê mirov diçû remê, gundî, pizmamê xûnê û ne xûnê, êzîdixane, kê mirî û xweyê wî zanibûn, gişk dihatine hewariyê. Ber bi komê hewariya ku der da dihatin, diçûn çend mirov ji mala mirî pê beyraqa sor, beyraqa Êzîd. Wextê hewarî der da dihatin, dikirine gazî: "Birayo, Birayo!"

2. Xûşk, birê axretê û Pîrê wî dihatine ser mirî. Hewariyê ku dimane cî da, yê ku derê dûr hatibûn, gundiya nava hev da bela dikirin û dibirine malê xwe û cî dikirin, ça hewariyê mêvan.

3. Xweyê mirî, pizmamê mirî û hewariyê hatî şîna xwe dikirin ça lazim bû: kilamê ser miriya digotin, ser mirî Şêx û Pîr Qewl digotin. Xweyê mirî çend cahila dişandin nav mezela ku tirbê vedin. Nanê tevirkola wê rojê didin.

4. Roja dinê xûşk, birê axretê û Pîrê mirî bi qirara dînê êzdiyatiyê meytê mirî dişûştin, kefen û kirasê qiyametê lê dikirin, birê axretê girya serî girêdida û datinîne ser çarberê yan jî tabutê da. Dîsa ser mirî şîn û girî tê kirinê, Qewl tê gotinê.

5. Paşê meytê mirî hiltînin û diçine ber bi mezela. Pêşiya meytê mirî Şêx û Pîr Qewla dibêjin heta ser mezela. Mirî bi qirara dînê êzdiyatiyê heq dikirin û tesmîlî Dewrêşî 'Erd dikirin. Tirbê da ber serê mirî da datînin kevirê Selîmê. Ser tirbê eseyî kevirê Kêlikê datînin tanga serî û niga da.

6. Berê mirî didanê rojhilatê. Ser mezela, xweyê mirî nanê şîvxelîlkê dide hewariya. Helbet, xweyê mirî xêra miriyê xwe dide xûşk, birê axretê, Şêx û Pîrê mirî. Êvara çelkirinê agir tê vêxistinê ser mezelê mirî.

7. Heft roja paşî mirinê xweyê mirî bi haziriya Şêx û Pîr va xêra wî dide. Paşê xêra salê tê dayînê. Paşwextiyê me mezelê xwe çê dikir. Ser mezel datînin kevirê çêkirî mînanî berana, yanê jî qubê çê dikirin. Van paşwextiya jî datînin kevirê mermer bi sifetê miriya va.

Text 5

Rev

Rihana Minet,[9] *1932, Ecrebad*
04.08.2005, Semenovka, Tula oblast

Part I

1. Dê, bavê me destê zorê hatine. Em jî rayona Talînê gundê Ecrebadê di-
   man. Dê, bavê me jî ji Romê hatine, ber Girî Daxê.[10] Diya min, bavê min
   gilî dikirin, em hê tinebûn.

2. Diya min qîz biye hela. Diya min digo, halê me zef xaş bû û em dewletî
   bûn, çi bêjî hebû. Go, Wanê du *kirîvê* me hebûn, ew jî, go, maline dewletî
   bûn. Go, dihatine malê me, me ra tişt wana çi tanî, me jî wan wisa verê
   dikirin. Go, em çend sala îdî wisa man, man.

3. Wextekî ravûne me, wekî bive şe'r. Go, hatin, dizî va gotine me: "Kirîv,
   me nanê we gele xariye, em naxwazin xiravî çê be. Werin, riya xa bivînin,
   herin". Go, me go: "Na, emê malê xa, gundê xa emê ça bihêlin, herin?!"

4. Du kalkê min, ez qîza vê malê xa xa me, du kalkê min Pêşîmam bûne;
   navê yekî Şêx Hesen biye, navê yekî Şêx Bekir biye. Evana kalkê min bûn;
   yek bavê diya min biye, yek jî bavê bavê min biye. Kalkê min sivê radive,
   gazî Şêşims dike. Kalkê min ... pijîşk navê wan da tine ... Kalkê min, birîn
   çi hebiye pê tûka xwe qenc dikir. Heft gund bin destê kalkê min da bû.
   Kalkê min diçe derdikeve, ser gund da girtin.

5. Kalkê min divê: "Wekî wisa ne, werin, me ra pakî bêjin, rê nîşa me kin".
   Navê wî ewî biye, Cangîr biye. Cangîr tê, divê: "Şêx, me gelek nanê destê
   dayê û we xariye, em naha çi cûreyî bikin? Werin, me dikûjin seva we, he-
   bûna we zef e, werin bivin, tesmîl kin, bira her bivin û hûn ji vira herin".
   Me go: "Cangîr, emê ça keda xa bihêlin?"

---

9 Rihana Minet was born in 1932 in Ejrebad village, Armenia.
10 Turkish: *Ağrı Dağı*, i. e. mount Ararat.

Text 6

Rev

Rihana Minet, 1932, Ecrebad
04.08.2005, Semenovka, Tula oblast

Part II

1. Go, çaxê ketine nav me, kulfetê[11] me dibirin. Kulfetê me xwe ra dibi-
rin ... Go, kulfet hebû, xwe tenî dikir, qirêj dikir, dikete ciyê tendûrê, xwe
vedişart. Go, kulfeta dilê wan lê bixwasta, dibir. Go, kulfetek, guliyê wê
poça hespê va girêdabûn, kişandin; ew kulfet nediçû. Go, navê wê Zozan
bû, 'erdê va porê wê kişandin, birin.

2. Ya birin, go biribûne ser hêwiyê, nehe meha ma. Go, sê kur, du qîzê wê
hêwiyê hebûn. Go, jinikê şev roj digirya, çare nebû. Kete meha deha, ba-
har lê hat. Ewê got qîza wî: "Em herine devê çiyê Miseygîno, ewê Eres".
Eres tenik biye. Hate devê Eres, go: "Ez van moriyê xwe bidime te, evê
gustîla xwe bidime te, tu xwe ra vira be heta êvarê, neçe mal, ezê herim,
birevim. Ez çûm, ez girtim, ez navêjim, tu cem min bûyî, ez negirtim jî,
here, Xwedê mirazê te bike!" Keçik qayîl bû, keçik bext bû.

3. Ew keçik xwe ra êdî devê çêm ma, go: "Here!" Go, navê wê jî Qerqaş bû.
Go, ez pir çûm, hindik çûm, go, wextekî terî kete 'erdê, siyara va, meriya
va min digerin. Go, bê menî, çe'lek hebû, kûr. Go, ez tê da rûniştibûm,
giya jî ser xwe da aha avît, wekî min nevîne. Go: "Heta milê min negirin,
ez tu wextê Xwedê ranevim!"

4. Go, kete berbangê, go guyê xa da ser kesek tune. Go, ez çelepiya heta
gundê xa çûm. Heqa 'erd ser çoka. Go, ez çûm, min xa giyande aliyê me,
em bêjin, mal hebû hinek talan nekirin. Çûm, milê çiyayê Girî Daxê, dîna
xa dayê da, go, du gede ber bexa ne. Go: „Law, bextê we me, eva mala kê
ye? Here, bêje, xûşka xa, diya xa, pîrka xa, kê mal e bira bê. Gedek çû, dîna
xa dayê da, du kulfet tên. Go, avîte destê wana, go: "Dêrekî bidine min,
kincê êzdikî bidine min".

---

11 In the meaning 'woman'.

5. Kinc mi kirin, go ez hildam, birim, çûm. Go, kofî-mofî[12] girtin, avîtine
    serê min. Go, bûka mala filan kesê yî, jina filan kesê xaya sê zara yî, çaxê
    destê zorê wê hespê girêdan, birin, mala Şêx Hesenê, rind dizane, mala
    kalkê min, mala Şêx Bekirê rind dizane, em cînarê hev bûn. Go, hildan.
    Navê mêrê xa got, navê şêxa got. Go: "De emê wê bidine van şêxan". Go:
    "Here!" Go, gazî kirine, hatin, çûn, go, keçik birin. Go: "Law, me dît çi
    cûreyî birin. Porê te poça hespê va girêdan birin". Go, keçik carke dinê
    hildan.

---

12 It is an idiomatic word formation, like *kofî-mofî* (Kurdish women's headdress), *hûr-mûr*
   ('some small things'), *tişt-mişt* ('things'), etc.

III Texts in Kurmanji written down from the Kurd from Syria

Text 1

Jiyana me li Sûriyê

Diya Hejar,[13] 1956, Cim'ayê
16.01.2011, Hannover

Part I

Gundê me

1. Eslê min ji Sêrtê ye. Bes bavê min û diya min hatin Sûrî, ez Sûrî çê bûme. Diya mi û bavê min wextê daketin Sûrî, pêşî çûn Qetraniyê, ew jî gundê Mala Haco bû, têla Tirba Sipî ye.

2. Çend heyvekî li wur man. Vêca li Cim'ayê ê hemê ê Batmanê bûn, ê Mêrdînê bûn, ê rihê Sêrtê wa bûn, yenî hemê ê zimanê diya mi û bavê min bûn.

3. Te dî, jinbava mi jî hebû, go me herdûka hildan, go, sebra min vê derê nayê û ev ne zimanê me ye, yenî lehce, û em di nav wan de em ji hev fêm nakin; go, ne ûn ê me fêm dikin ne em ê we fêm dikin. Em dixwazin herin Cim'ayê, ev welatliyê me ne, yenî ê cihê me ne, bîna me jî bi wan derdikevê û em dizanin zimanê hev jî.

4. Êdî hatin Cim'ayê, li Cim'ayê jî ez û birakê xwe li wur çê bûn, û pişt re em çûne gundekî dî. Vêca em çûn Mala Batê. Mala Batê jî dîsa kuramê Mala Haco bûn. Em li Mala Batê man heta em zewicîn û zarokê me jî çê bûn. Du zarokên me jî çê bûn pişt re me mala xwe anî bajêr.

5. Xwedê, me wulo dawem kir li bajêr heta nesîbê me anî vir û berê me kete vê derê.

---

13 Diya Hezhar (she preferred to be called so) born in 1956 in the village Jim'ayê, near Qamishlu, Syria.

Text 2

Jiyana me li Sûriyê

Diya Hejar, 1956, Cim'ayê
16.01.2011, Hannover

Part II

Emrê min

1. Şanzdeh, hevdeh sala min mekîne şuxulandiye, mekîna dirûnê. Heta min belkî cihêzê deh bûka bi destê xwe çê kiriye. Min neqş jî çê dikir.

2. Şeş zarokê mi bûn, ya bi çûçik hê destê mi bû, pênc heyv bû wextê zilamê min çû Lîviya. Hate malê, ew çû medresê sefê yekê; hewqas sal nehate malê, çû dewleteke 'erebî.

3. Xwedê, min bi şev jî dişuxulî, min bi roj jî dişuxulî. Şeş zarok jî bûn, şuxulê malê jî hebû. Şuxulê malê min bi rojê xilaskiriba, dîsa min dest bi mekînê dikir. Heyeta min tev bi şuxul bû. Ji keçkaniyê jî.

4. Bavê min rehma Xwedê kir, ez heft salî bûm. Çi tê bîra me, wextê gava cinazê bavê min birin, ez pişta diya xwe bûm, wulo tê bîra min. Vêca birayên min tev ji min çûçiktir bûn, keçik jî nebû, çar bira bûn, her çar birayê min ji min çûçiktir bûn.

5. Emrê min bû dehe diwanzdeh sal, ez bi xelqê ra bûm, ê bi mezin ra, ê ku bi şeş, heft sala, deh sala ji min meztir. Ez çûm pembûya bi war, çûm dendika bi war, yenî çi şuxul dikir, ez bi wan mezina ra diçûm, ji ber ku 'eyla me hûr bûn, û diya mi tenê bû, min alî diya xwe dikir.

IV Texts in Kurmanji written down in Iraqi Kurdistan
The Shingal (Sinjar) region

Text 1

Rê û Rismê Dewatê li Şingalê

Seydo Çeto Heso,[14] *1969, Xana Sor*
17.12.2010, Duhok

1. Berî, xwestin heye. Mala kurik wê çe xwestina keçekê hindek mirovêt bernas û qedir û qîmetê wan heyî wê bi xwe re bin mala keçkê. Piştî her dû alî radî dibin û bûkê dixwazin, şirîniyê qut dikin. Berê jî çiklêt û tişt nebûn, belkî hêjîrên çiyayê Şingalê bûn. Wextê şirînî bela dikirin, bî me'na, 'eqîd zewac li nava wan de çê bû û ev keçik hate xwestin ji vî kurî re.

2. Piştî xwestinê dawet e. Li berê diçûn bi hespekê keçik ji mal babê vedigu-hastin mala kurik; çê nedibû zava çe bûkê, belku zava diço ser girekî bilind. Û roja bûk vediguhastin dibirne nik zava û nû dibirne mala zava û xweşî dikirin, wê rojê digotine zava *paşa*.

3. Berî gehiştina bûk û zava li şeva dawetê, bûk û zava diçon li xasekî zi-yaretî dibûn û perokek didanîne ser serê zavê. Roja dîtir heke kurekî û heke keçekê ew perok ji ser serê zava revandiba û biriba, daba bûkê, bûkê ew kes xelat dikir û digotinê *perê zavê*.

4. Zava dû birazava hebûn û dibûne birayên wî ên axretê. Ji bûkê re jî her wisa xuşk hebû.
   Her li roja dawetê dan dikutan, mecmue'ka keçka û xorta dirûniştin û bi mîkuta dan dikutan û li dawetê ew dane dixwarin.
   Roja sisiyê digotinê *sebahî*, dîsan zebîhek bi xêra navê Xwedê çê dikirin.

5. Her rê û rismekê durkeke xwe hebû, meselen, anîna bûkê, wextê bûk ji mal babê radikirin, keçka durkek bi rabûna bûkê digotin, wextê dianîne mala zavê dîsa durkek digotin ib[15] wêkê ve ye girêdayî bû. Wextê dianîne mala zava durkeke din digotin, li wextê dankutanê êk digotin û wisa, yanî her tiştî durka xwe ya taybet hebû.

---

14 Seydo Cheto Heso was born in 1969 and lives in Khana Sor village, Shingal, Iraq.
15 I. e. *bi*.

Text 2

Êzdiyên Şingalê

Isma'îl Hecî Nîsko Reşkî,[16] *1956, Guhbel*
15.04.2008, Lalish

Part I

1. Bê medih, em nikarin bêjin li tarîxa hinde em li filan derê bûn, ji Zozanê em hewilîn, em hatine Qerewile.[17] Qerewile ciyê me jî bû, em hatine çiyayê Şingalê, vê Mîrgeha Şerfedîn. Sikna me bû Mîrgeha Şerfedîn.

2. Em dibêjine *babo, bavo, xuşkê, xweyîngê.* Tarîxa me Reşka hîçka me xwe fêmandî, ev loxa meyî eslî ye. Însanekî ji min mezintir bê, ihtiramen, ezê bêjimê *xalo, mamo, keko, bira*; ev rêz û teqalîdê meyî li nêv Reşka.

3. Em miletê Malbatê ne, şêxê me şêxê Sicadîn e, pîrê me pîrê Mehma Reşan e, lê sedê sala me ûnda kiriye, niha em risma pîr didine pîrê Bûb, ji ber ku pîrên Bûb mirîşoyê me bûn û li fermana bi me re man.

---

16 Isma'îl Hejî Nîsko Reshkî, born in 1956, lives in Guhbel, Şingal, Iraq.
17 Qerewile is a village near Zakho, Iraqi Kurdistan.

Text 3

Êzdiyên Şingalê

Gîrto Silo Temer Reşkî,[18] 1955, Guhbel
15.04.2008, Lalish

Part II

1. Reşka çend babik in: Malbat, Hevinda, Mam Reşa, Qadîne, Hesina û
    Bazilî her ew jî babekî Reşka ye, her ew jî Reşka ne.
2. Eger tu bêjî em li peyva Reşka ye eslî bigerine kêm e, eger bêne Zeyniya,
    bêjin, sawîn, em dibêjin, sabûn. Loxa me ixtîlaf tê de çê bûye.
3. Ewil em ji Serhedê hatin, mihafiza a Hekarê. Ferman rabû û ji ber fer-
    mana em êzdî bela bûn, hing li Tirkiya man, hing li Suriya, qismê bitir
    hatine 'Îraqê.

---

18 Gîrto Silo Temer Reshkî, born in 1955, lives in Guhbel, Şingal, Iraq.

The Til Kêf (Tel Keppe) region

Text 4

Gundê Xetarê û Mîrê Kor

Elyas Ne'mo Elyas,[19] 1973, Xetarî
09.04.2008, Khetarî

1. Gundê Xetarê diête nas kirin gundekî dêrîne ji kevin de hebûye, vê gafkê mezintirîn gund e li 'Êraqê û pitir iş[20] 1000 mal e û teqrîben 1200 malî tê heye. Dikefte devera Bin Kendî, devera Bin Kendîşik pêk diêt iş gundêt Sirêçka û Doxata û Nifêriyê û Xewşaba û Babîrê (Babîra Kevin kefte bin avê demê eskî Musil li sala 1985 çê kirîn). Weke dîkeş gundêt Berbinîşik, Nisêriyê û Bêbanê û Şêxka û wan dera.

2. Em li hêre dê behsê rûdanekê kin ku bo me hatiye gotine ji devê bab û kala. Weke dibêjin demê Mîrê Kore gehiştiye Xetarê bo rakirina firmanê li ser êzdiya li sala 1832ê, digotin Xetar ye boş bû û li wê rojê heft dawet li gundî bûn û Mîrê Koreşik bi wê dilreşiyê hatibû û ew xoşiye hemû kire qêrîn û şîn û vê gafkêşik li bin hinek qesrêt kevnêt li Xetarê dibêjin hêre meqbere ye wek çawayîkê dibêjin meqbere cema'î ye.

3. Wextê em di kiçkok jî demê ku em di wê rê ra dihatin û çon me dikire xar û eger bûba êvar me dikire xar û me digot: "Êre mirî wê di bin da ne û dê êne me". Weke dibêjin Mîrê Kore hemû di wê der de xirvekirin wekî axura bûn û bi dîkolê be'candin. Û bi tinê ew verisîn êt çoyîne çandinê û cotyariyê û newala û li aqarêt xwe.

4. Wek bo me hatiye diyarkirin risqê xelkê Xetarê li ser çandiniyê bû ji geni-mî û cihî û naka û gindora û heta niho gindorêt Xetarê bi nav û deng in. Û ava Xetarê ji newala bîra dihat ku deh bîr lê hebûn ku xelkê bi dest kola bûn.

---

19 Elyas Ne'mo Elyas, born in 1973, Khetarî, Iraq.
20 I. e. ji.

Text 5

Ruh û Qalibê Adem

Merwanê Xelîl,[21] *1981, Babîra*
03.03.2008, Nienhagen

1. Dîsa viya ruhî ber qelbî biken, dîsa ewî ruhî daxwazêt xo kirin. Go:
    "Wextê ez bikevime ber vî qelbî da, wextê eva bite beşer, ev beşer dê xêrê
    pê hebin, dê şerê pê hebin". Go: "Hingî kê tehemila wê xeletiyê diket?"
    Go: "Wextê bite beşer û nefsa wî hebit, ew nefs her tiştî dixwazit. Hingî
    ew însan dê gelek sûc û gunehkariya jî biket. Wextê ew însan bimirit,
    hisab ya axretê ser ruhê ye yanê ser qelbî ye?"

2. Melayêka gotê: "Na, qalib pêş axê çêbûye, dê çite nav axê, dê bite ax. Bes
    hesab dimînite ser rûhî. Ruh namrit!" Go: "Ez nekevime ber!" Go: "Ez
    bikevime ber vî qelbî da, min daxwazêt xo yêt heyn". Gotin: "Daxwazêt
    te çî ne?"

3. Go: "Min divêt şaz û qudûm[22] hebin û pêşiya ruhî da biçin". Gotine:
    "Erê". Go: "Min divêt Xerqe hebit, min Xerqe ken!" Gotine: "Erê!" Go:
    "Min divêt Heft Melayêka xo berdene ber qelbî berê min! Û min divêt ez
    biçime behiştê. Êk ji Melayêka bo min bibe îman, li behiştê gerêt ..."

4. Hingî daxwazêt wî Melayêka qebûl kirin. Heft Melayêka berê ruhê xo
    berdane ber qelbî. Melayêka bi rengê Surê derkeftin êd çava ra, êd devî
    ra, êd guha ra, ... Wextê ruh kefte berê, ew qalib li erdî ax bû û bû xûn û
    goşt, bû xûn û goşt, hijiya, hingî Adem rûnişt.

---

21 This myth was narrated by Merwanê Khelîl born in 1981 in Babîra, Iraq.
22 In the religious hymns and some myths the words *şaz û qudûm* instead of *def û şibab*
    ('tambourine and flute') are used.

The Zakho district

Text 6

Bajêrê me Zaxo

Ebdul Ezîz Silêman,[23] 1946, Zaxo
20.04.2008, Zakho

1. Bajêrê me Zaxo bajêrekî gelekî kevnar e. Bajêrê me gelekî ciwan e û avek
    tê de ya heyî dibêjinê Ava Xabîrî, heku Ava Xabîrî têtin digehte def pira
    Delalê.

2. Hindek kevirên li wêrê heyn em dibêjinê Tehtoka, li wêrê dibite du par-
    çe; parçek diçit alê rastê, êk diçît alê çepê. Di navbeyna herdû parçan da
    Zaxoya me ya kevn a hey em dibêjin mehla Cuhya, mehla Qesabî, mehla
    Riwîta û her wesa mehla Qereça, ev Zaxoka me ya kevn e.

3. Me gelek cih û şînwarên heyîn. Em xelkê Zaxo wekî dibî behar li Newroza
    em diçoyîne wan ciha seyranê Newrozê, wek *Gera Mîrî, Aşê Çemî* ev cihêt
    henê li Zaxo navdar in, ji ber wê çendê em xelkê Zaxo hej bajarê xo dikîn
    û şarekî gelek paqij e û yê nêzîkî hidîdî ye alê Tirkiya.

4. Bajêrê me Zaxo dikefte pişta çiyayê Bêxêrî. Her wesa min divêt bo we
    bêjim jî ku pira Delalê êk ji şînwarên here girîng e, mezin e di Zaxo da.
    Ew jî hatiye avakirinê pitir ji sê hizar sala. Cihekî gelekî taze ye.

---

23 Ebdul Ezîz Silêman was born in 1946, Zakho, Iraqi Kurdistan.

Duhok

Text 7

Bajêrê Dihokê

Ehmed Elî Ebbas,[24] *1965, Dihok*
17.12.2010, Duhok

1. Bajêrê Dihûkê bajêrekê xoş û can e. Dikevîte binê çiyayî û sirûştekê xoş
    yê hey. Ta vê gafkê jî xelik dibêjîte Dihûkê *Dihûka Dasiniya*, anku Dihûka
    Êzdiya. Vê gafkê bisirman, êzidî û mesîhî pêkve tê de dijîn.

2. Jiyana xelkê wê pitir li ser ticaretê ye û yên li dewrûberê bajêrî jî li ser
    zîra'etî dijîn. Pitiriya xelkê wê ye zengîn e, û di 'eynî demî de jî malên
    gelek feqîr jî yêt heyn.

3. Her wesa gelek xelik jî xudan şehade ne û li dam û dezgehê mîrî kar di-
    ken. Çend cihê şînwarî jî li nav bajêrê me yêt heyn, wek şikefta *Çar Sitîn*[25],
    şikefta *Hilameta* û *Girê Maltayê*.

---

24 Ehmed Elî Ebbas was born in 1965, Duhok, Iraqi Kurdistan.
25 *Çar Sitûn.*

V Texts in Kurmanji written down in Azerbaijan

The Kalbajar region

Text 1

Lawkêne min

Zehra Mustafayêva,[26] *1911, Kelbacar*

1. Navê min Zehra ye. Navê bavê min Mistafa ye. Emî le Kewlecarê demînin, je bîst sala pirtir e. Em je Axcekendê hatine Kewlecarê. Du lawkêne min hene, yekî doxtir e, yê dînê le Bakûyê dexûne, ew bîstsisêsalî ye.
2. Ez duha çûme qiştaxê rev qohimne xwe. Ewne le wê derê demînin. Halê wan çe ye.
3. Kurmancî me weqas gep nekiriye, loman je bîrê me çûye. Zaro kurmancî dezanin, emma nikarin gep kin. Merîne mezin kurmancî çe dezanin.

---

26 Zehra Mustafayeva was born in 1911. She lived in Kalbajar region.

Text 2

Qiştaxa me

Selîm Mamêdov,[27] *1896, Axcakend*

1. Le nêzîkya qiştaxa me qiştaxekî dîn heye. Nawî wî qiştaxî Orûclî ye. Le wê savkê Kurmanc in.
2. Ewne zimanî dakkê xwe çe dezanin. Le wê du bîst malne hene. Je qiştaxa me parekî dûr qiştaxekî dînê heye, nawê wî Xallan e.
3. Ez ku zaro bûm, bavê min kasib bû, loman ez çûme bûme noker. Min nan hilgirt, em de re çûn. Paşê je wê em mezin bûn. Me pez hilgirt.
4. Paşe lawekî min bû. Ew mezin bû, çû xwend. Wî dehesali le qiştaxê me xilas kir (filitand), paşê çû le Kîrovabadê[28] xwend. Wî ew derê xilas kir, je wê hat vira. Ew tadim naha le Kewlecarê deşixuli. Naha em çe de re deçin.

---

27 Selîm Mamedov was born in 1896 and lived in Aghjakend region.
28 The name of Ganja city located in Azerbaijan was changed into Kirovabad in the USSR period, from 1935 to 1991.

The Lachin region

Text 3

Tiye me

Qereqiz Xudoyêva,[29] 1884, Mînkend

1. Bave min gep dekir, ku ew tew du, tew se sali bû, ku ew je Derelegeze hatine vira. Le vira tu kes tunne bû, le vira mêşe bû.
2. Paşe kêşîşekî fila tey vira. Ew le vira kilîse debîni, ew debê: "Va kilîsa bave min e, eze şûne bave xwe avad kim." Mûsûrmanan be wî debên: "Me'e vira." Ewekî debê: "Va kilîsa bavî min e, bapîrî min e." Jin zaroye xwe ew le vira dehêle, teriye dîwanxane hukûmete le Gorîse. Je Gorîse meriye hukûmete tey vira, debê: "Bila Fileyê le vira peve we nolê biran yaşemîş bin".
3. Tay hukûmetê Şura hat, File le vira Mînkende[30] bûn. Nîviye tî File bûn, nîviyek Kurmanc bûn. Paşe ku Şûre hat, File çûne Gorîsê, le vira man Kurmanc. Paşe tirk hatine şuna filan. Tay naha Tirk le peve Kurmancan yaşemîş debin. Em pir çe yaşemîş debin.
4. Dakkê Rûman keçka min e, navî xwe Selwî ye. Dakkê Musêîb Axûndov Kurmanc bû, emma bave xwe tirk bû. Kalikî Musêîb je Îrane hatiye vira, ew tirk bûye, nave wî Niftali bûye. Wî le vira keçika Kurmancan hil-girtiye. Navî keçikî Kurmancan, ku wî hilgirtiye, Şanîse bûye.

---

29 Qereqiz Khudoyeva was born in 1884 and lived in Minkand.
30 Minkend is a Kurdish village in Lachin district of Azerbaijan.

Text 4

Jinîde me

Qizbest Şaurdiyêva,[31] *1911, Zertî*

1. Bere, tay îngîlabe, mêran nedehîştin, ku jin, keçik herine tu deran. Ew le adem hêsab nedekirin. Tu îxtiyare wan tunnebû dera ku dile xwe dexwesti herin, bigerin. Jin-i keçikîde me her vede de nava çar dîfaran, pin çarşeva reş da dehatine be xwedîkirine. Ew je tu derani, tu tebayi xeberede xwe nedebûn.

2. Dakk-i bavîde me em dedani mer ademîde ku me nedexwast. Le rev meran îxtiyare me tunnibû ku em gepkin. Îxtiyare jinan tunnibû pevi mêran nan bixun.

3. De paş îngîlabe, hukimete Şûraye jin je tariye vederxistin işixe. Hukimete Şûraye îxtiyar da jinan. Naha jinîde olkeyi me safk azad in. Dilîde xwe ku dere dexwazin, îde terin. Keçikêne me le mekteban hu debin. Je keçikîde Kurmancan doxtir heni. Emîde êvaran deçin klûbe, kîno meze dekin, radyo depîzin. Naha çarşeve me tunini. Emî safk le kalxoze[32] deşixulin.

4. Mere min tunni, ew miriye. Du lakke min-i du keçikêne min heni. Keçike min gir çûye mer. Keçike min biçûk hu debi, ewê çe hu debî. Lakkene min deşixulin. Lakke min gir lakkî xwe heyi. Ewne le rev min demînin. Lakke min biçûk hisal teri ordiye Şûraye. Ewe be min xet binuvîsi.

---

31 Qizbest Shaurdiyeva was born in 1911 and lived in Zerti.

32 A *kolkhoz* (Russian: колхоз) was a form of collective farming (Russian: коллективное хозяйство) in the Soviet Union. Kolkhozs existed along with state farms *sovkhoz* (Russian: совхоз). Kolkhoz and sovkhoz were the two components of the *socialized farm sector* that began to emerge in Soviet agriculture after the October Revolution that took place in 1917.

VI Texts in Kurmanji written down in Turkmenia

The Ashghabat region

Text 1

Umrî min

Yaxşîmûrad Farxadov,[33] *1909, Eşqebad*

1. Ez lawê şivanek bêçare bûm. Le salê hezar û nehsed û şanzdeh diya min
   mir. Hînga ez xizan bûm. Bedez mirinê diyê min nîv sal nekişand bavê
   min jî mir we ez mam yetîm. Ez wê wextê çardesali bûm. Le kelê me
   Mextimqulî bayek[34] hewû. Ez le cem wî bûme şivan.

2. Wexta ki ez cem wî bûme şivan wî we min ra got: "Tu quse meke, ez te
   ðekime lawi xᵒe, sa te ra jin hildegirim." Min jî qewûl kir. Sal we pêy salan
   ra çûn, emma bay sa mi ra donek teze jî hilnegirt. We vî tora ta salê hezar
   û nehsed û bît[35] û duda. Salê 1922 Tûrkmênistan bû Sovêt Rêspûblîk. Bay
   kulli girtin.

3. Rûyêkê min bîst, ki bayê min jî girtine. Ez je çolê vegeryame kelê. Le kelê
   Sovêta kelê bane min kir we got: "Memo, le Eşqebatê mekteba batrakan
   heye, dexᵒazî em te bişînine wê bixᵒünî?" Min got: "Elbeten terim". Wê
   şevê tay siwê ez je ze'qan raneketim.

4. We siwê da em sê heval çûne şer. Le şer me mekteb peyda kir, em çûne
   cem midîrî mektebê, me kaxezê xᵒe nişand. Ew le kaxezê fikirî, got: "Ez
   we qewûl dekim". Je wê rûyê me xᵒand. Le salê hezar û nehsed û bîst neh
   min mekteb xilas kir. Paşê ez şandime şehrî Daşkend, ki dîsa bixᵒünim.
   Min vira ta salî 1933 xᵒand, emma salê 1933 çavê min êşyan, mi weşe
   nekir mektewê xilas kim. Ez werketim. Je wê ez vegeryame kela xᵒe. Ta
   salî hezar û nehsed û çil û yek min le kelê melûmî kir.

5. Wexta ki daw daket ez hilanîme xeterê Qûşînî Sür. Em şaninê şehrê
   Stalîngradê.[36] Le wê hende ez bûme mergan.

---

33 Yakhshîmûrad Farkhadov was born in 1909, lived in Ashkhabat.
34 A rich landowner in Central Asia was called *bey*.
35 Bîst.
36 Volgograd, formerly called Tsaritsyn and in 1925–1961 Stalingrad.

Text 2

Ez we xᵒe

Bîvî Mamî,[37] *1881, Bagir*

1. Navî min Bîvî ye, navî bavî min Memî ye. Ez heyştêsalî me. Ez qiçik wûme hatime vira je Îranê. Panzde, şanzdesalî wûme hatime vira. Bavê min Kurmanc wûye, le min ew nediye. Mêrî min tirk bû, ew bîst sal e ki miriye.

2. Ez je hereketê ketime, xizanê mi tunîne. Ne qîzê min heye, ne birê min heye, ne lawê min heye, ez tenê me. Ne diyê min, ne bavê min, neên bîrê min.

3. Ez heriyê derêsim ðekime kurik seva lingê xᵒe, seva le zivistanê lingê min neqerisin. Zivistanê le vira pir berf debare, her barînê bustek debare. Baran jî pir debare.

4. Va bûka cînarê min e, ew şorwe ðeke, dede min, dexum ...

---

37 Bîvî Mamî was born in 1881. She lived in Bagir village in the Ashgabat region.

VII Texts in Kurmanji written down in Khorasan

Text 1

Kormanc we mektew

1. Le zemanê hokûmetê padişatiyê kormancan mektewi xe tonnewûn. Wa ne feqet mektewi xe tonnewûn, ca wan alefbayi xe we kitawi xe tonnewûn.
2. Xizanê de kormînc nêdêliştine mektewan. Ew hemîşe bê sewad deman. Henekan jî ki dexand, dorost fam nadekirin, çima ki we zimanê kormancî newû.
3. Emma nika le zemanê hokûmetê şowrê sewa kormancê de ki le itifaxê cemhûriyetê sûsîalîstyê şowran (ICSŞ) zindegani dekin, mektew we zimanê kormancî vewûne. Xizanê de kormînc nika le mektewan we zimanê xe ders dexwînin. Wan nika hem alêfbayi xe hene we hem jî kitawi xe.

Text 2

Ezê dax im, daxê te me

Ezê dax im, daxê te me,
Ez bilbilê baxê te me,
Ez aşiqê çavê te me.

Text 3

Gulgerdîno

Gulgerdîno, gulgerdîno,
Serê le min megerîno,
Degerînî – birevîno!

Text 4

Ez ki terem, tu demînî

Ez ki terem, tu demînî,
Le sar û germê delerzînî,
Herdem yarê we bîr tînî.

Text 5

Xewa min tê, radekevim

Xewa min tê, radekevim,
We hemîzî yare kevim,
Min bikujin, vernakevim!

Kurdish – English Glossary

A

Adem	*m* Adam, first man (RQA)
adem	*m* person, a human being (JM)
agir	*m* fire (D, Ş)
agir vêxistin	*v tr* set fire; kindle (D)
aha	*int* Look! in this way (R-II)
alêfba	*f* alphabet (KM)
alîkarî dan	*v tr* help; assist (ÊF)
alî	*m* side, direction, **ji aliyê xwe da** from one's side (BZ, D, JMSB, RRD, R-II)
alî kirin	*v tr* help (JMS-II)
alîkarî standin	*v tr* get help (ÊF)
anîn	*v tr* bring (D, JMS-I, RRD, R-I)
anku	*adv* that is to say, in other words (BD)
ap	*m* paternal uncle (D)
aqar	*f* desert; area, open field (GXMK)
asîmîlasiya	*f* assimilation (ÊF)
aş	*m* mill (BZ)
aşiq	*n* lover (ED)
Aşê Çemî	Ashe Chemî, *the name of a place in Zakho* (BZ)
av	*f* water, **bin avê** under the water (BZ, GXMK)
avad kirin	*tr* establish, develop, build (TM)
avakirin	(BZ). *See* **avad kirin**
avêtin	*v tr* throw; get rid of (D)
avêtine ser	*v tr* raid on / upon (a place); throw (D)
avîtin	(R-II). *See* **avêtin**
ax	*f* earth, soil (RQA)
axa	*m* agha, chief of a tribe or confederation of tribes (ÊF)
axiret	*f* the next world, the hereafter (RRD, Ş)
axur	*f* the place, where usually animals are kept (GXMK)
azad	*adj* free, independent (JM)

B

bab	*m* father; sub-clan (ÊŞ-II, GXMK, RRD)
babik	*m* generation; father; sub-clan (ÊŞ-II)

babo	*Vocat* father! (ÊŞ-I)
bahar	*f* spring (R-II)
bajar	*m* city, town (JMSB)
bajêr	(BD, BZ, JMS-I). *See* **bajar**
ban kirin	*v tr* call (UM)
bapîr	*m* grandfather (TM)
baran	*f* rain (EWX)
barîn	*v intr* rain, snow, hail; fall upon, **berf debare** it is snowing (EWX)
barîn	*f* raining; sediment (EWX)
baş	*adj* 1. good, fine, well. 2. in good health (ÊF, JK, JMSB)
batrak	*n* farm labourer (UM)
bav	*m* father (D, EWX, JK, JMS-I, JMS-II, LM, QM, R-I, TM, UM)
bavo	*Vocat* father! (ÊŞ-I). *Also* **babo**
bax	*m* vineyard; garden (ED)
bay	*m* bey, *a rich landowner in Central Asia* (UM).
be	*prep* with, by, **be wî debên** they tell him (TM, JM)
be'candin	*v tr* strangle, choke (GXMK)
bedez	*prep* after (UM)
behar	*f* spring (BZ)
behişt	*f* paradise, heaven (RQA)
behsê ... kirin	*v tr* discuss (smth) (GXMK)
bela kirin	*v tr* scatter, distribute, spread (RRD, Ş)
bela bûn	*v intr* scatter, be scattered, be spread (ÊŞ-II, D, JK)
belkî	*adv* probably; but (JMS-II, JMSB, RRD)
belku	(RRD). *See* **belkî**
ber1	*m* front; direction, **berê xwe dan** *v tr* turn towards, direct towards (JMS-I, Ş)
ber2	*prep* in front of; by, near; because of; through (D, ÊF, JK, R-I, R-II)
beran	*m* ram (Ş)
berbang	*f* dawn (R-II)
ber bi	*prep* towards, to, **ber bi ... çûn** *v intr* make one's way (to, towards), wend one's way (to) (Ş)
berbû	*f* woman sent to bring the bride (D). *Also* **berbûk**
berdan ber	*v tr* go towards (RQA)
bere	(JM). *See* **berê**
bere-bere	*adv* gradually, step by step (JK)
berê	*adv* in the past, formerly; at first; before, ago (D, RQA)
berî	(RRD). *See* **berê**

berf	*f* snow (EWX)
bernas	*adj* well-known; famous (RRD)
bes	*adv* but; except; only; just (JMS-I, RQA)
beşer	*n* human being (RQA)
bex	*n* lamb (R-II). *Also* **berx**
bext	*m adj* fate; fortune; luck; honour; faithful, true; **bextê we me** I beg you (pl.) (R-II)
beyraq	*f* flag (Ş)
bê	*prep* without (ÊŞ-I, JK, KM, R-II)
bêçare	*adj* 1. incurable. 2. unhappy, miserable. 3. poor (UM)
bêhal	*adj* destitute, exhausted, weak (JK)
bêmal	*adj* homeless (JK)
bê medih	*adv* without exaggeration (ÊŞ-I)
bê menî	*adv* as if, as though; that is to say (R-II)
bê sewad	*adj* illiterate (KM)
bi	*prep* with, by (ÊF, GXMK, JMSB, JMS-I, JMS-II, RRD, Ş, UM)
biçûk	*adj* small, little (JM)
bi hev re	*adv* together (JMSB)
bihîstin	*v tr* listen, hear (JM, JMS-I)
bila	*used with optative expressing desire or wish,* let (TM).
bilbil	*f* nightingale (ED)
bilind	*adj* high; tall (RRD)
bi ... re	with, **bi me re** with us (ÊŞ-I, RRD)
bi ... ra	(JMS-II). *See* **bi ... re**
bin	*prep* under (BD, R-I)
bi nav û deng	*adj* famous, well-known (GXMK, JMSB)
bira1	*m* brother (D, EWX, ÊŞ-I, JMS-I, JMS-II, RRD, Ş, TM).
bira2	(R-I, R-II). *See* **bila**
Birayo!	*Vocat* Oh brother! *(expression of condolence)* (Ş)
birazava	*m* bridegroom's best man (RRD)
birê axretê	*m* brother of hereafter (Ş)
birin	*v tr* take, take away, carry off (D, JMS-II, RRD, R-I, R-II, Ş). *Imper pl.* **bibin!/bivin!**, *sg.* **bibe!/bive!**
birîn	*f* wound, injury (R-I)
bi roj	*adv* daytime, during the day (JMS-II)
bisirman	*n* Muslim (BD)
bi şev	*adv, adj* by night, at night (JMS-II)
bi tinê	*adj, adv* alone, only (GXMK)
bitir	*adj* more (ÊŞ-II)
bi war	i. e. **bi wan re** with them (JMS-II)
bî me'na	(RRD). *See* **bê menî**

bîn	*f* smell, scent, odour. 2. breath (JMS-I)
bîr1	*f* 1. memory. 2. mind, **tê bîra min** I remember (EWX, JMS-II, JMSB)
bîr2	*f* well, pit (GXMK)
bîr anîn	*v tr* remind, recall, remember (EKT)
bîst	*m, adj* twenty (EWX, LM, QM)
bîstin	(UM). *See* **bihîstin**
bîstsisêsalî	*adj* twenty three years old (LM)
bo	(BZ, GXMK). *See* **bona**
bona	*prep, conj* for (ÊF, JK)
bona çi?	*adv* why? (JK)
boş	*adj* plentiful, abundant (GXMK)
bust	*f* maximum distance between tips of thumb and little finger, handspan (EWX)
bûk	*f* bride, daughter in law (D, EWX, JMS-II, RRD, R-II)
bûn	*v intr* 1. be. 2. become. 3. happen (D, BZ, ED, ÊF, ÊŞ-I, ÊŞ-II, EWX, GXMK, JMSB, JMS-I, JMS-II, JK, JM, LM, QM, RQA, RRD, R-I, R-II, Ş, TM, UM)

C

cahil	*n* young, inexperienced people (Ş)
can	*adj* beautiful (BD)
car	*f* time, occasion, **gelek caran** often, many times, **carke dinê** again, next time; once more (D, ÊF, R-II)
caw	*f* answer, reply (D). *Also* **cab**, **cav**
cem	*prep* near, with; to (smb) (R-II, UM)
cih	(BD, BZ, GXMK, JMS-I). *See* **cî**
cihal	(JK). *See* **cahil**
cihêz	*m* dowry; trousseau (JMS-II)
cim'et	*f* gathering of people, group of people (D, JK)
cinaze	*m* dead body; corpse (JMS-II)
ciwan	*adj* beautiful, handsome (BZ)
cî	*m* place, location, **cîkî** somewhere (D, ÊŞ-I, R-II, Ş). *Also* **cih**
cî kirin	*v tr* place, situate (Ş)
cînar	*n* neighbour (EWX, R-II). *Also* **cîran**
cotyarî	*f* farming (GXMK)
cure	*m* kind, sort, style. **Çi cûreyî?** How? (D, R-I, R-II)

Ç

ça	*adj* how; like, as (JK, R-I, Ş)
çandin	*f* sowing; agriculture (GXMK)
çar	*m, adj* four (D, JM, JMS-II, JMSB)

çarber	*f* stretcher (Ş)
çardesalî	*adj* fourteen years old (UM)
çare	*f* way out, solution (UM)
çarex	*f* rawhide sandal (D)
Çar Sitîn	(BD). *See* **şikefta Çar Sitîn**
çarşev	*f* a garment covering a woman from head to foot (JM)
çav	*m* eye (ED, RQA, UM). *Also* **çev**, **çe'v**
çawa	*adj* how; like, as (D, GXMK)
çax	*f* time; period; moment (R-II)
çaxê	*adv, conj* when (R-II)
çe1	*adj* 1. good, fine, well. 2. in good health (JM, LM, QM, TM). *Also* **çê**
çe2	*form of* **biçit** (RRD). *See* **çûn**
çe'l	*f* pit, well, ditch (R-II). *Also* **çal**
çelepiya	*adv* on all fours (R-II)
çel kirin	*v tr* bury (Ş)
çem	*m* river, stream (BZ, R-II)
çend	*adv, adj* how many; some, several (BD, ÊŞ-II, JMS-I, Ş, R-I)
çep	*adj* left (BZ)
çê bûn	*v intr* heal, recover; happen; be prepared; be born, **çê nedibû** one could not, it was impossible (ÊŞ-II, JMS-I, RQA, RRD, R-I)
çê kirin	*v tr* repair; make, produce (GXMK, JMS-II, RRD, Ş)
çêm	*Obl case from* **çem** (R-II). *See* **çem**
çi	*int adv* what (JMS-II, JK, R-I)
çiklêt	*f* chocolate (RRD)
çil	*m, adj* forty (UM)
çima	*adv* why (KM)
çiqa	*adv* how much (D). *Also* **çiqas**
çiya	*m* mountain (BD, BZ, D, ÊŞ-I, RRD, R-II)
çiyayê Şingalê	Shingal mountains (ÊŞ-I, RRD)
çî	*adv* what (RQA)
çok	*f* knee (R-II)
çol	*f* 1. desert. 2. countryside; field (UM)
çon	(GXMK, RRD). *See* **çûn**
çûçik	*adj* small (JMS-II)
çûn	*v intr* go, leave. *Imper* **here!** go! **Dê çite** It, s/he will go (BZ, D, ÊF, JM, JMS-I, JMS-II, JK, LM, QM, RQA, RRD, R-I, R-II, Ş, TM, UM)
çûn mer	*v intr* marry (for a woman) (JM)
çûn pişta hev du	*v intr* support each other (ÊF)
çûn remê	*v intr* die, pass away (Ş). *Also* **çûn rehmetê**

D

da	*forming a part of prep* (D, ÊF, JK, JM, Ş)
daketin	*v intr* come/go down; descend (JMS-I)
dak	*f* mother (JM, QM, TM). *Also* **dê, dayîk**
dakk-i bav	(JM). *See* **dê û bav**
daleqandin	*v tr* hang up; hang (a person) (JMSB)
dam û dezgeh	*m* workbench; loom; administration (BD)
dan1	*v tr* give; make smb do smth (D, EWX, ÊŞ-I, JM, R-II, Ş)
dan2	*m* boiled and pounded wheat, dehusked wheat (RRD)
danîn	*v tr* put; lay down (D, RRD, Ş)
daw	*f* argument, quarrel (UM)
dawem kirin	*v tr* continue, go on, last (JMS-I). *Also* **dom kirin**
dawet	(GXMK, RRD). *See* **dewat**
dax	*f* brand (ED)
dax bûn	*v intr* be branded (ED)
daxwaz	*f* wish, request (RQA)
dayê	*Vocat* Mother! *It is also a form of address to a Yezidi woman or a girl from a priestly caste* (R-I)
dayîn	(D, Ş). *See* **dan1**
de1	(JM, KM). *See* **da**
de2	*int* making stress on the imperative (JM)
de3	*prep* inside (JM)
dehesali	*adj* ten years old (QM)
deh	*m, adj* ten (GXMK, JMSB, JMS-II, R-II)
dehe	(JMS-II). *See* **deh**
def1	*f* tambourine (D)
def2	*adv, prep* near, next to (BZ)
dem	*f* time, period, era, **di 'eynî demî de** at the same time, while (BD, ÊF, GXMK)
dema	*adv* when, while (ÊF)
demê	(GXMK). *See* **dema**
de nava	(JM). *See* **di**
dendik	*f* stone (of a fruit), pip, seed (JMS-II)
deng	*m* voice; sound (GXMK)
der	*f* place, locality (ÊŞ-I, GXMK, JM, JMS-I, Ş)
derbaz kirin	*v intr* cross, go over; pass (by/through/over) (D, JK)
der da hatin	*v intr* come from outside (Ş)
de re çûn	*v intr* keep going, get by (QM)
derkeftin	(RQA). *See* **derketin**
derketin	*v intr* go out, come out, get out (JK, JMS-I, R-I)

ders	*f* lesson (KM)
ders xwandin	*v tr* study (KM)
dest	*m* hand (JK, JMS-II, GXMK, R-I, R-II)
dest pê kirin	*v tr* begin to, start (JMS-II)
destê	*prep* because of (JK, R-I)
deşt	*f* plain; field (ÊF)
dev	*m* mouth, bank, foot, bottom (GXMK, RQA, R-II)
dever	*m* place, region (GXMK)
dewat	*f* wedding feast (D)
dewlet	*f* state (ÊF, JMS-II)
dewleta Osmaniyê	the Ottoman Empire (ÊF)
dewletî	*adj* rich (JK, R-I)
dewrûberê	*prep* round, around (BD)
dê	*f* mother, **diya min** my mother (EWX, JMS-I, JMS-II, R-I, R-II, UM)
dêre	*m* dress (R-II)
dêrîne	*adj* old; archaic (GXMK)
dê û bav	*n* parents (D)
di	*prep* in, inside (GXMK, JMS-I)
dibe	*abj, adv* possible, maybe, probably, could be (JK)
di bin da	*prep, adv* under (GXMK)
di ... de	*prep* in; inside (JMSB)
diha	*adv* even; some more; still more; even greater (D)
dil	*m* heart (JM, R-II)
dilreşî	*f* vindictiveness, rancour (GXMK)
din	*adj, adv* other, else (JMSB, RRD)
di nav ... de	*prep* among, between: inside (JMS-I)
dişirmîş bûn	*v intr* think (D)
divêtin	*v tr* need, **min divêt** I want (RQA, BZ)
diyar kirin	*v tr* disclose, reveal, make public (GXMK)
diwanzdeh	*m, adj* twelve (JMS-II, JMSB)
di wê der de	*adv* there (GXMK)
dizî va	*adv* secretly (R-I)
dî	(RRD, JMS-I). *See* **din**
dîfar	*m* wall (JM). *Also* **dîvar**
dîkol	*f* smoke (GXMK)
dîn1	*m* religion (Ş)
dîn2	*f* look; glance; gaze; opinion, view (R-II)
dîn3	(LM, QM). *See* **din**
dîna xa dan (kesekî)	*v tr* look at (smb) (R-II)
dîsa	*adv* again, anew, once again, once more (JMS-I, JMS-II, RQA, RRD, UM)
dîsan	(RRD). *See* **dîsa**

dîtin	*v tr* 1. see. 2. find (EWX, JMS-I, R-I, R-II, TM)
dîwanxane	*f* public sitting (TM)
don	*f* oriental robe (UM)
dora	*adv* around (D, JMSB)
dorost	*adj, adv* right, true (KM)
doxtir	*n* doctor (JM, LM)
du	*m, adj* two *with noun* (BZ, JM, JMS-I, LM, QM, R-I, R-II, TM)
du bîst	*m, adj* twenty (QM)
dudu	*m, adj* two *without noun* (UM)
duha	*adv* yesterday (LM)
durik	*f* song (RRD)
dû1	(RRD). *See* **du**
dû2	*m* smoke (D)
dûr	*adj* far, distant, remote (QM, Ş)

E, 'E

eger	*conj* if, whether (ÊŞ-II, GXMK)
elbeten	*adv* certainly; surely (UM)
em	*pron* we; us (BZ, D, ÊF, ÊŞ-I, ÊŞ-II, GXMK, JK, JM, JMS-I, JMSB, LM, QM, R-I, R-II, TM, UM)
emir	*m* 1. age. 2. life (JMS-II)
emî	(LM, JM). *See* **em**
emîde	(JM). *See* **em**
emma	*conj* but (KM, LM, TM, UM)
'erd	*m* earth, land, territory (RQA, R-II)
'erebî	*adj* Arabic (JMS-II)
erê	*aff part* yes (RQA)
'erf-'edet	*f* tradition (JK)
Ermenî	*n, adj* Armenian (JK)
'eqîd	*adv* surely; precisely; indeed (RRD)
esas	*m, adj* basis; basic (JMSB)
eseyî	*adv* certainly (Ş)
esil	*m* the origin (JMS-I, JMSB)
esker	*n, m* soldier; army (ÊF)
eskî	*f* dam (GXMK)
eslî	*adj* original, initial (ÊŞ-I, ÊŞ-II)
eşîr	*f* tribe (JMSB)
ev	*demonst pron* this, these (BZ, ÊŞ-I, JMS-I, RQA, RRD, R-II)
eva	*demonst pron* this (GXMK, RQA)

ew	*pers, demonst pron* she, he, it, they; that, those (BZ, D, ÊŞ-II, JK, JM, JMSB, JMS-I, JMS-II, KM, LM, QM, TM, EWX, RQA, RRD, R-I, R-II)
ewana	*pers, demonst pron* those, they (D, JMSB, R-I)
ew derê	*adv* there (QM). *Also* **wê derê**
ewekî	(TM). *See* **ewî**
ewil	*adv* first, at first (ÊŞ-II, JMSB)
ewê	(JM). *See* **wê**
ewî	(RQA, R-I). *See* **wî**
ewne	*pers pron* they (JM, LM, QM).
'eyle	*f* family (JMS-II)
ez	*pers pron* I; me (ED, EKT, EWX, ÊŞ-I, JK, JMS-I, JMS-II, JMSB, LM, QM, RQA, R-I, R-II, TM, UM)

Ê

êdî	*adv* already, any more (D, JK, JMS-I, R-I, R-II)
êk	*m, adj* one (BZ, RQA, RRD)
êkonomîst	*n* economist (JK)
êl	*f* tribe, **êla Zuqiriya** Zuqiri tribe (ÊF, JK)
êre	*adv* here (GXMK)
êşiyan	*v intr* suffer, hurt (UM). *Also* **êşîn**
êvar	*f* evening (D, GXMK, JM, R-II, Ş)
êzdî	*n* Yezidi (BD, ÊF, ÊŞ-II, JK, JMSB, GXMK)
êzdikî	*adj* Yezidi (D, JK, R-II)
êzîdixane	(Ş). *See* **êzdîxane**
êzdiyatî	*f* Yezidism (Ş)
êzdîxane	*f* all Yezidi community (D)
Êzîd	*m* Ezid (Ş)

F

fam kirin	*v tr* understand (KM)
ferman	*f* order, command; decree, *in the historical context, usually negative* (ÊŞ-I, ÊŞ-II)
feqet	*adv* just, only (KM)
feqîr	*n, adj* poor; poor person (BD)
fêm kirin	(JMS-I). *See* **fam kirin**
fikirîn	*v intr* think (UM)
filan	*adv* so and so, such and such (D, ÊŞ-I, R-II)
filan kes	*n* so and so (D, R-II)
File	*n* 1. Armenian. 2. Christian (ÊF, R-II, TM)
Fileh	(ÊF). *See* **File**
filitandin	*v tr* rid of, rescue (QM)
firman	(GXMK). *See* **ferman**

G

gazî kirin	*v tr* call; invite (D, R-I, R-II, Ş)
gaf	(GXMK). *See* **gav**
gav	*f* moment, instant, **gava (ku)** when, while (JMS-II).
gede	*n* child; boy (R-II)
gehiştin	*v intr* arrive, reach; grow up (BZ, GXMK, RRD).
gele	(JK). *See* **gelek**
gelek	*adj, adv* much, many, a lot (BD, BZ, ÊF, JK, RQA, R-I)
gelekî	(BZ). *See* **gelek**
genim	*m* wheat (GXMK)
gep kirin	*v tr* speak, talk (JM, LM, TM)
ger	*f* travel, trip; tour (BZ)
Gera Maltayê	Gera Maltayê, *the name of a place in Duhok* (BD)
Gera Mîrî	Gera Mîrî, *the name of a place in Zakho* (BZ)
gerîn	*v intr* 1. walk; go for a walk. 2. look for (ÊŞ-II, G, JM, RQA, R-II)
germ	*adj* hot, warm (EKT)
gilî kirin	*v tr* talk about, mention (R-I)
gindor	*m* pumpkin (GXMK)
gir1	*adj* 1. big, large, great. 2. old, elder (JM)
gir2	*m* hill (BD, RRD)
giran	*adj* heavy; difficult (ÊF)
girêdan	*v tr* tie, fasten, attach to (Ş, R-II)
girêdayî	*adj* 1. tied, bound. 2. dependent (on) (RRD)
girêdayî bûn	*v intr* be dependent on, be connected with (JMSB, RRD)
girîng	*adj* important (BZ)
girî	*f* tumour (Ş)
girtin	*v tr* hold; catch; arrest (UM, R-I, R-II)
gişk	*f, adj* all, total, whole (Ş)
giyandin	*v tr* get to a place, make (smth) reach (sw) (R-II)
giya	*f* grass, herb (R-II)
gore	*f* socks (D)
gotin	*v tr* say, tell; *f* word; speech, **debê, divê** s/he says (BD, BZ, D, ÊŞ-I, ÊŞ-II, JK, JMS-I, JMSB, GXMK, RQA, RRD, R-I, R-II, Ş, TM, UM)
goşt	*m* meat (RQA)
govend	*f* Kurdish dance (D)
guh	*m* ear (RQA)
gulî	*m* braid, plait (R-II)
gulgerdîn	*f* sunflower (G)
gund	*m* village (GXMK, JK, JMS-I, JMSB, R-I, R-II)

gundî	*n* peasant, villager (Ş)
gunehkarî	*f* sin (RQA)
gustîl	*f* ring (R-II)
guh dan	*v tr* listen, pay attention to (R-II).
guyê xa dan	(R-II). *See* **guh dan**

H

hal	*m* state, condition, situation (LM, JK, R-I)
hatin	*v intr* come; arrive, reach. *Imper* **were!** (BZ, D, EWX, ÊF, ÊŞ-I, ÊŞ-II, JK, JM, JMSB, JMS-I, JMS-II, LM, QM, RRD, R-I, R-II, Ş, TM, XMT)
hatin bîra (kesekî)	*v intr* remember (D)
hatine ser	*v intr* happen (to); visit (smb) (Ş)
heb	*f* a single thing, item, piece (JMSB)
hebûn	*v intr* exist; be; have, there is (BD, BZ, D, GXMK, JMSB, JMS-I, JMS-II, JR-I, K, RQA, RRD, R-II)
hebûn	*f* wealth; existence; property (R-I)
heft	*m, adj* seven (GXMK, JMS-II, RQA, R-I, Ş)
hej ... kirin	*v tr* love, like (BZ)
heke	*conj* if (RRD)
heku	*pron* that (BZ)
hela	*adv* as yet; not for a while yet (R-I)
helal	*adj* permissible (JK)
helbet	*adv* surely, of course (Ş)
heliyan	*v intr* melt down (JK)
hemîz	*f* embrace, lap (XMT)
hem ... hem	*adv* both ... and (KM). *Also* **him ... him**
hemê	(JMS-I). *See* **hemû**
hemîşe	*adv* always (KM)
hemû	*adv* all; the whole (D, ÊF, GXMK)
hend	*f* place, **le wê hende** there, at that place (UM)
hene	*present tense of* **hebûn** *for pl. objects*, there are. **Du lawkêne min hene**. I have two sons. (KM, LM, QM)
henek	*adj, pron* some (KM). *Also* **hinek**
heni	(JM). *See* **hene**
heqa	*adv* that much, as much, so much (R-II). *Also* **heqas**
heq kirin	*v tr* bury (Ş)
her	*adj, adv* each, every (EWX, ÊŞ-II, JK, JM, JMS-II, RQA, RRD, R-I)
herdem	*adv* always (EKT)
herdû	*adj, pron* both (BZ)
herdûka	(JMS-I). *See* **herdû**

here girîng   *adj superl* the most important (BZ)

here!   go! *Imper sg. from* **çûn** (D). *See* **çûn**

hereket   *f* movement; behaviour (EWX)

herêm   *f* province; region (JMSB)

herkes   *pron* everyone, everybody (JK)

herî   *f* wool (EWX). *Also* **hirî**

herî   *adj* most (JMSB)

herîn   *v intr* go (D, EKT, JM, R-I, R-II, TM, UM)

hertişt   *pron* everything (RQA, RRD)

her wesa   (BD, BZ). *See* **her wisa**

her wisa   *adv* at the same time, nevertheless (RRD)

hesab   *m* account (RQA)

hesp   *n* horse (D, RRD, R-II)

heta   *prep, adv* until; up to (a place); as far as (D, ÊF, GXMK, JK, JMS-I, JMS-II, R-II, Ş)

hetanî   (ÊF). *See* **heta**

hev   *adv* together; one another (JMS-I, R-II)

heval   *n* friend, companion (UM)

hezar   *m, adj* thousand (JMSB, UM)

hevekî   *adj* a little bit, some (ÊF)

hevdeh   *m, adj* seventeen (JMS-II)

hevdu   *adv* each other, one another (ÊF)

hewarî   *f* people who come to present their condolences to smb (Ş)

hewilîn   *v intr* move, migrate (ÊŞ-I)

hewqas   *adv* so much, as much, so many (JMS-II)

hewûn   *v intr* exist; be; have, there is (UM)

heye   *present tense of* **hebûn** *for pl. objects,* there is (EWX, QM, UM)

heyet   *f* life (JMS-II)

heyi   (JM). *See* **heye**

heyîn   (BZ). *See* **hene**

heyn   **Min daxwazêt xo yêt heyn.** I have my wants. (RQA). *See* **hene**

heyştêsalî   *adj* eighty years old (EWX)

heyv   *f* moon; month (JMS-I, JMS-II)

hê   *adv* so far, yet, still (D, JMS-II, R-I). *Also* **hêj**

hêdî-hêdî   *adj, adv* slow; slowly (JK)

hêjîr   *f* fig (RRD)

hên   *f* time, period, **hêna Sovêtê** in the Soviet era (ÊF)

hêre   *adv* here (GXMK)

hêsab kirin   *v tr* calculate (JM)

hêwî   *f* fellow wife (R-II). *Also* **hewî**

hidîd	*f* border (BZ)
hijiyan	*v intr* tremble, be shaken (RQA). *Also* **hejîn**
Hilamet	Hilamet, *cave in Duhok* (BD)
hilandin	*v tr* take (JMS-I)
hilanîn	*v tr* remove, take away; raise (Ş, UM)
hildan	*v tr* lift, raise; take (JMS-I, R-II)
hilgirtin	*v tr* bear; carry, raise; lift up (QM, TM, UM)
hilşandin	*v tr* destroy, demolish, **hilşandina welatê Sovêtyê** the collapse of the Soviet Union (JK)
hinde	*adj* some (ÊŞ-I)
hindek	*adj, pron* some (BZ, RRD)
hindik	*adv* a little bit (R-II)
hinek	*adj, pron* some, *Obl case* **hineka(n)** some people (GXMK, R-II)
hing	*adj, pron* some (ÊŞ-II)
hingî	*adv* then (RQA)
hisab	(RQA). *See* **hesab**
hisal	*adv* this year (JM). *Also* **îsal**
hizar	(BZ). *See* **hezar**
hîçka	(ÊŞ-I). *See* **hînga**
hînga	*adv* at that time, then; so (UM). *Also* **hingî**, **hingê**
hîştin	*v tr* leave, let; allow (JM, JK, KM, R-I, TM)
hokûmet	(KM). *See* **hukûmet**
hokûmetê şowrê	(KM). *See* **hukûmeta Şûra**
hu bûn	*v intr* learn, study (JM)
hukûmet	*f* state (JM, TM)
hukûmeta Şûra	the Soviet State (JM, TM)
hûn	*pron* you (pl) (R-I)
hûr	*adj* small; little, tiny (JMS-II)

I

-i	*conj* and (JM)
ib … ve	*prep* with (RRD). *Also* **bi … ve**
ihtiramen	*adv* respectfully (ÊŞ-I)
ilm	*m* science (JMS-I)
inê	*f* mummy; mum (D)
iş	*prep* from (GXMK)
işix	*f* light (JM)
itifax	*f* union (KM)
itifaxê cemhûriyetê sûsîalîstyê şowran	the Union of Soviet Socialist Republics (KM)
ixtîlaf	*f* divergence, discrepancy (ÊŞ-II)

Î

ICSŞ	the USSR (KM). *See* **itifaxê cemhûriyetê sûsîalîstyê şowran**
îde	(JM). *See* **îdî**
îdî	*adv* any more, from now on, no more; already (KR). *Also* **êdî**
îman	*f* faith (RQA)
îngîlab	*f* revolution (JM
înjênêr	*n* engineer (JK)
însan	*m* man, human being (ÊŞ-I, JMSB, RQA)
îro	*adv* today (JK)
îxtiyar	*f* permission, leave (JM)
îzin	*f* permission, leave (D)

J

je	*prep* from, off (EWX, JM, LM, QM, TM, UM)
je bîr ... çûn	*v intr* forget (LM)
jê	*prep, cont from* **ji wê/wî** from, off (JMSB)
ji	*prep* from (BZ, D, ÊF, ÊŞ-I, ÊŞ-II, GXMK, JK, JMSB, JMS-I, JMS-II, RRD, R-I, Ş)
ji ber	*prep* because of; through (ÊŞ-II)
ji ber ku	*prep* because (ÊŞ-I, JMS-II)
ji ber vê çendê	*adv* therefore, for that reason (BZ)
ji bo	*adv* for (RQA)
jin	*f* woman; wife (D, JM, TM, UM, R-II)
jinbav	*f* step-mother (JMS-I)
jinik	*f* woman (R-II)
ji ... re	*prep* for (JMSB, RRD)
jiyan	*v intr* live; *f* life (BD, JMSB)
jî	*adv* too, also, as well (BD, BZ, D, EWX, ÊF, ÊŞ-I, ÊŞ-II, GXMK, JK, JMSB, JMS-I, JMS-II, KM, RQA, RRD, R-I, R-II, Ş, UM)
jîn	*v intr* live (JK)

K

kal	*adv, m* old; old man (ÊF, GXMK, JK)
kal-bav	*n* male ancestors, forefathers (JK)
kalik	*m* grandfather (R-I, R-II, TM)
kal-pîr	*n* old people (ÊF)
kalxoz	*f* kolkhoz, collective farm in the Soviet Union (JM).
karîn	*v tr* be able, can (ÊŞ-I, JK, LM)
kar kirin	*v tr* work (BD)
kasib	*adj* poor (QM)

kaxez	*f* paper (UM)
keçik	*f* girl; daughter, **keçike biçûk** young daughter (JM, JMS-II, RRD, R-II, TM)
keçkanî	*f* girlhood (JMS-II)
ked	*f* work, labour (JK, R-I)
kefen	*m* shroud (Ş)
keftin	(BZ). *See* **ketin**
keko	*Vocat* elder brother; *also form of address to a father* (ÊŞ-I)
kele	*f* village (UM)
kes	*n* person (D, JK, RRD, R-II)
ketin	*v intr* 1. fall; fall (into). 2. enter (BD, EWX, JK, JMSB, GXMK, RQA, R-II).
ketin ber	*v intr* enter. **Ez nekevime ber!** I shall not enter! (RQA)
kevn	*adj* old; archaic (BZ, GXMK)
kevnar	*adj* old; archaic (BZ)
kevir	*m* stone (BZ, Ş)
kevirê Kêlikê	Kêlik stone, *used during a funeral* (Ş)
kevirê Selîmê	Selîm stone, *used during a funeral* (Ş)
kê	*Obl case of* **kî** who (JK, RQA, R-II, Ş)
kêf	*f* pleasure, delight, joy, **kêfa me jê re tê** we like it (JMSB)
kêm	*adj, adv* little, less; rarely (ÊŞ-II)
kêşîş	*m* Christian priest (TM)
ki	(EKT, KM, UM). *See* **ku**
kiçkok	*adj* small (GXMK)
kilam	*f* song (Ş)
kilîse	*f* church (TM)
kinc	*m* dress, clothes (D, R-II)
kiras	*m* dress; shirt (Ş)
kirin	*v tr* do; put into; dress (smb). **Xerqe min ken!** Put *Kherqe* on me! (D, EWX, ÊF, RQA, GXMK, R-I, R-II, Ş)
kirine ber	*tr* put into (RQA)
kirîv	*m* man who acts as a kind of God father to a boy at his circumcision ceremony (R-I)
kişandin	*v tr* 1. pull. 2. drag. 3. draw. 4. last (R-II, UM)
kitaw	*f* book (KM)
kîno	*f* cinema (JM)
klûb	*f* club (JM)
koçer	*n, adj* nomad; nomadic (JMSB)
kofî	*f* Kurdish women's headdress (R-II)
kolan	*f* street (GXMK)

kom	*f* group; croud; class (Ş)
Kormanc	(KM). *See* **Kurmanc**
Kormancî	(JMSB, KM). *See* **Kurmancî**
Kormînc	(KM). *See* **Kurmanc**
ku	*pron* who, which; that, where (BZ, GXMK, JM, JMSB, JMS-II, QM, Ş, TM)
kulfet	*f* woman; wife (R-II)
kulli	*f, adv* all; the whole (UM)
kur	*m* son; boy (RRD, R-II)
kuram	*m* cousin, son of father's brother (JMS-I)
Kurd	*n* Kurd (JMSB)
kurik1	woollen stockings (EWX)
kurik2	(RRD). *See* **kur**
Kurmanc	*f* Kurmanj; Kurd (EWX, JM, QM, TM)
Kurmancî	*f, adj* Kurmanji; Kurdish (JK, LM)
kuştin	*v tr* kill (R-I, XMT)
kutan	*v tr* break/smash to pieces; splinter; *f* split (RRD)
kûr	*adj* deep; profound (R-II)
L	
lak	*m* boy; son, **lakke gir** older son (JM)
law	*m* boy; son (EWX, QM, R-II, UM)
lawik	*m* young boy, young son (LM)
lazim	*adj* necessary, required (Ş)
le	*prep* in, inside; at, to (EKT, EWX, G, JM, KM, LM, QM, TM, UM)
le cem	*prep* near, with (UM)
lehce	*f* dialect (JMS-I)
le rev	*prep* in the presence; at, by (JM)
lerizîn	*v intr* tremble, shiver, shake (EKT)
le vira	*prep, adv* here (TM)
lê1	*conj* but (D, ÊF, ÊŞ-I, JK)
lê2	*prep* to, onto, at, *from li +wê/wî* (JMSB)
lê kirin	*v tr* dress (smb) (Ş)
lêxistin	*v tr* 1. hit, beat. 2. play (a musical instrument) (D)
li	*prep* in, inside, at, to (BD, BZ, ÊF, ÊŞ-I, ÊŞ-II, JMS-I, JMSB, GXMK, RQA, RRD)
li bin	*prep* under (GXMK)
li hêre	*prep, adv* here (GXMK)
li nav	*prep* in, inside, **li nava wan de** among them (BD, ÊŞ-I, RRD)
li nêv	(ÊŞ-I). *See* **li nav**
ling	*m* foot, leg (EWX)

li ser	*prep* on, over, at (BD, GXMK)
li wur	*prep, adv* there (JMS-I)
li wura	(JMSB). *See* **li wur**
lîstin	*v tr* 1. play. 2. dance (D)
loman	*adv* this is why (LM, QM). *Also* **loma, lema**
lox	*f* language (ÊŞ-I, ÊŞ-II)

M

mal	*f* home; house (BD, D, GXMK, JK, JMSB, JMS-I, JMS-II, RRD, R-I, R-II, QM, Ş)
mal-hal	*m* property (JK)
mamo	*Vocat* uncle (ÊŞ-I)
man	*v intr* stay; remain (D, EKT, ÊŞ-I, ÊŞ-II, JK, JM, JMS-I, KM, LM, RQA, RRD, R-I, R-II, Ş, TM, UM).
me	*pron in Obl case 1st pers pl.* our; ours; us; we (BD, BZ, D, ÊF, ÊŞ-I, ÊŞ-II, GXMK, JK, JM, JMSB, JMS-I, LM, QM, R-I, R-II, Ş, UM)
mecmu'e	*f* group (RRD)
medrese	*f* school (JMS-II)
me'e	*Imper from v intr* **hatin**. **Me'e vira!** Do not come here! (TM). *See* **hatin**
meh	*f* month (D, R-II)
mehel	*f* place; district, quarter (in a town) (BZ)
mehla Cuhya	Jewish district (BZ)
mehla Qesabî	Butcher's district (BZ)
mehla Qereça	Gypsy's district (BZ)
mehla Riwîta	Poor's district (BZ)
mekîne	*f* machine; tool (JMS-II)
mekîna dirûnê	*n* sewing machine (JMS-II)
mekteb	*f* school (JM, UM)
mektew	(KM). *See* **mekteb**
melek	*m* angel (RQA)
melûmî kirin	*v tr* teach (UM)
mer	(JM). *See* **mêr**
meriv	(D). *See* **merî**
merivtayî	*f* humanity, mankind; relatives (D)
merî	*n* man; human being; person (D, LM, R-II, TM)
mergan	*n* sniper, sharpshooter (UM)
mermer	*m* marble (Ş)
meqbere	*f* cemetery, graveyard (GXMK)
mesele	*adv* for example (ÊF, JMSB)
meselen	(RRD). *See* **mesele**
mesîhî	*m* Christian (BD)

mezel	*m* grave (Ş)
mezin	*adj* 1. big, large, great. 2. old, elder. 3. adult, **mezintirîn** the biggest (BZ, ÊF, ÊŞ-I, GXMK, JMSB, JMS-II, LM, QM)
mezin bûn	*v intr* grow, grow up; increase (JMSB, QM)
mezintayî	*f* old people (D)
meze kirin	*v tr* look; watch (JM)
meyt	*f* corpse (Ş)
mêr	*m* man; husband (EWX, D, JM, R-II)
mêrik	*m* man (D)
mêşe	*m* forest; grove (TM)
mêvan	*n* guest, visitor (Ş)
mi	(EWX, JK, JMS-I, JMS-II, R-II, UM). *See* **min**
midîr	*n* director, head, **midîrî mektebê** director of the school (UM)
mihafize	*f* governorship (ÊŞ-II)
mil	*m* shoulder, upper arm; side (R-II)
milet	*m* people, nation (ÊF, ÊŞ-I)
millet	(JK). *See* **milet**
min	*pron 1st pers sg. in Obl case* mine, my; I, **mi ra** for me, to me (BZ, D, EWX, ÊŞ-I, G, JK, JM, JMS-I, JMS-II, JMSB, LM, QM, RQA, R-I, R-II, TM, UM, XMT)
mintîq	*f* region (JMSB)
miraz	*m* aim; wish, desire (R-II)
mirin	*v intr* die (EWX, JM, RQA, UM)
mirin	*f* death (UM)
mirov	(RRD, Ş). *See* **meriv**
mirî	*adj* dead (GXMK, Ş)
mirîşo	*n* someone who washes the dead (ÊŞ-I)
mîkut	*f* sharp splinter from a stalk of wheat (RRD)
mînanî	*adv* like, as (Ş)
mîrgeha Şerfedîn	the sacred place of Sherfedîn (ÊŞ-I)
mîrî	*adj* state (employee); of emirs (BD, BZ)
morî	*f* bead (R-II)
mûsûrman	*n, adj* Muslim (TM).

N	
na	*part* no (RQA, R-I)
naha	(D, JM, QM, R-I, TM). *See* **niha**
nak	*f* chickpea (GXMK). *Also* **nok**
nan	*m* bread; meal (D, QM, R-I, Ş)
nanê tevirkola	the food prepared by Yezidis during the funeral and given in the cemetery (Ş)

nanê şîvxelîlkê	the food prepared by Yezidis during the first day after a death (Ş)
nan xwarin	*v tr* eat; have a meal (JM, R-I)
nas kirin	*v tr* know, recognize; get to know (GXMK)
naw	(QM). *See* **nav**
nav	*m* name (EWX, GXMK, LM, R-I, R-II, TM)
nav(a)	*prep* inside; into; in the middle of (ÊF, JM, RRD, R-I, R-II, Ş)
nava hev da	among each other (Ş)
nava qurna da	in the course of centuries (ÊF)
navbeyn	*f* middle, space (between); relation (between people) (BZ)
di navbeyna ... da	*prep* between, among (BZ)
navdar	*adj* famous, well-known (BZ)
ne	*adv* not (D, JK, JMS-I, KM, Ş)
ne ... ne	*adv, conj* neither ... nor (EWX)
nefs	*f* Nafs, Ego-soul (RQA)
neh	*m, adj* nine (JM)
nehe	(R-II). *See* **neh**
nehiya Bêrgirî	Bergiri region (JK)
nehsed	*m, adj* nine hundred (UM)
neqş	*f* embroidery, needle work (JMS-II)
nesîb	*m* destiny (JMS-I)
newal	*f* valley (GXMK)
Newroz	*f* Newroz, New Year (BZ)
nêzîk	*adj* near, close (BZ, QM)
nifûs	*m, f* population (JMSB)
nig	*m* foot (Ş)
niha	*adv* now, at the moment (D, ÊŞ-I)
niho	(GXMK). *See* **niha**
nik	*prep, adv* by; next to, near (RRD)
nika	(KM). *See* **niha**
nişandin	*v tr* show; mark (UM)
nîşa kirin	*v tr* show; draw, mark; aim at (R-I). *Also* **nîşan kirin**
nivîsîn	*v tr* write (JM)
nîşanî	*f* engagement (ceremony) (D)
nîv	*m* half (JK, TM, UM)
noker	*m* servant (QM)
nolê	*adj* like, as, similar to, **nolê biran** like brothers (TM)
nû	*adj* new (RRD)

O

olke	*f* country (JM)
ordî	*f* army (JM)
ordiye Şûraye	the Soviet Army (JM)

P

padişatî	*f* governing of a king, a tsar, or a padishah (KM)
paîz	*f* autumn (D)
pakî	*f* cleanliness, pureness (R-I)
pale	*n* day labourer, harvester (JK)
paletî kirin	*v tr* reap, harvest (JK)
panzde(h)	*m, adj* fifteen (EWX, JMSB)
paqij	*adj* clean (BZ)
par	*f* part, piece (QM)
para va	*adv* from behind, behind (D)
parçe	*m* part, piece (BZ). *Also* **perçe**
paş	*prep* at the back, behind (JM)
paşa	*m* padishah (RRD)
paşê	*adv* afterwards, later, then (D, JK, QM, Ş, UM)
paşe	(QM, TM). *See* **paşê**
paşî	(JMSB, RRD, Ş). *See* **paşê**
paşwextî	*adv* recently (Ş)
pembû	*m* cotton (JMS-II)
perî	*f* present, gift; a piece of a colored fabric (RRD)
perok	*from* **periyek** (RRD). *See* **perî**
pez	*m* sheep or goat; flock (QM)
pey	*adv, prep* after (D, ÊF)
peya kirin	*v tr* let (smb) get off/out, make (smb) dismount (smth) (D)
peyda kirin	*v tr* find, discover (UM)
peyv	*f* word (ÊŞ-II)
peve	*adj* together (TM)
pevi	(JM). *See* **peve**
pê	*prep* with (him/her/it), *from* **bi** + **wê/wî** (JK, RQA, R-I, Ş)
pêk hatin	*v intr* come into being, be formed, be completed (GXMK)
pêkve	*adv* together (BD)
pênc	*m, adj* five (JMSB, JMS-II)
pênsed	*m, adj* five hundred (JMSB)
pêş	*prep* in front of; in the presence of (RQA)
pêşdaçûyîn	*f* progress, development (JK)

pêşiya	*prep* in front of (smb), before, in the presence of (RQA, Ş)
pêşiyê	*adv* at first, firstly; at the beginning (D)
pêşî	(JMS-I). *See* **pêşiyê**
pêşîmam	*m* Peshimam (R-I)
pêşkêş	*f* present (D)
pê va	*prep* with, together (JK)
pêva kirin	*v tr* fasten on, pin on; switch on (D)
pêy	(UM). *See* **pey**
pijîşk	*n* doctor (R-I)
pin	*prep, adv* under (JM)
pir	*adj* many, much; very, very much (EWX, ÊF, JMSB, LM, R-II, TM)
pir	*f* bridge (BZ)
pir cara	*adj* frequent, many times (ÊF)
pirs	*f* question (ÊF)
pişt	*f* back (BZ, ÊF, JMS-II)
piştî	*adv* after, **piştî wê yekê** after that (JMSB, RRD)
pişt re	*adv* later, then (JMS-I)
pitir	(BD, BZ, GXMK). *See* **bitir**
pitirî	*f* majority (BD)
pizmam	*m* cousin (son of paternal uncle); relative (Ş).
pîr	*adj, f* old (Ş)
pîr	*n* Pîr, *representative of a Yezidi priestly caste of Pîr* (ÊŞ-I)
pîrik	*f* grandmother (D, R-II)
pîztin	(JM). *See* **bihîstin**
por	*m* hair (R-II)
poç	*f* tail (R-II).
Q	
qalib	*m* form (RQA)
qayîl	*adj* ready, willing, satisfied (R-II)
qebûl kirin	*v tr* accept, admit (JK, RQA)
qedir	*m* worth, dignity; respect (RRD)
qelb	(RQA). *See* **qalib**
qenc kirin	*v tr* cure (R-I)
qerisîn	*intr* freeze, become very cold (EWX)
qesir	*f* palace (GXMK)
qetiyan	*v intr* come off, tear off; lose touch (with) (JMSB)
qeze	*f* region; subdivision of a province (JK)
qeza Wanê	Van region (JK)
qewî	*adj* strong (D)

Qewl	*m* Qewl, *a Yezidi religious hymn* (Ş)
qewûl kirin	(UM). *See* **qebûl kirin**
qêrîn	*f* scream (GXMK)
qiçik	*adj* small (EWX)
qirar	*f* decision, **bi qirara dînê êzdiyatiyê** according to the Yezidi religion (Ş)
qirêj kirin	*v tr* dirty (R-II)
qir kirin	*v tr* massacre, slaughter (ÊF)
qism	*m* part (ÊŞ-II)
qiştax	*f* village (LM, QM)
qiyamet	*f* doomsday (Ş)
qîmet	*f* value (RRD)
qîz	*f* girl; daughter (D, EWX, R-I, R-II)
qohim	*n* relative; tribe (LM)
qub	*f, adj* dome, dome-shaped (Ş)
qudûm	*f* flute (RQA)
quse kirin	*v tr* be sad; worry. **Quse meke!** Don't be sad! (UM).
qut kirin	*v tr* break, cut, make shorter (RRD)
Qûşînî Sür	the Red Army (UM)

R	
rabûn	*v intr* rise; stand up; wake up, get up (ÊŞ-II)
rabûn	*f* raising, rise (RRD)
radî	*adj* satisfied, pleased; agreed (RRD)
radyo	*f* radio (JM)
raketin	*v intr* sleep (UM, XMT)
rakirin	*v tr* pick up, lift, raise; lift up (GXMK, RRD)
rast	*adj, adv* 1. right; true. 2. directly (BZ)
ravûn	(R-I, R-II). *See* **rabûn**
rayon	*f* region (R-I)
rehma Xwedê kirin	*v tr* pass away, die (JMS-II)
reng	*m* 1. colour. 2. way, manner, **bi rengê...** in the form of ... (RQA)
reş	*adj, m* black (JM)
rev1	*prep* near; to (smb) (JM, LM)
rev2	*f* flight, escape (R-I, R-II)
revandin	*v tr* abduct, kidnap (RRD)
revîn	*v intr* run (G, JK, R-II)
rê	*m* way, path, road (GXMK, R-I)
rê dîtin	*v tr* find a way (JK)
rêstin	*v tr* spin (EWX)
rê û rism	*n* tradition; rites (RRD)
rêz	*f* line, row; class (ÊŞ-I)

rêz û teqalîd	*f* tradition (ÊŞ-I)
rih1	(JK). *See* **ruh**
rih2	*m* way, road; route (JMS-I)
rind	*adj* good, well; nice (D, JK, R-II)
risma pîr	the religious fee given to a Yezidi Pîr (ÊŞ-I)
risq	*m* one's daily bread food (GXMK)
roj	*f* day; sun (ÊF, GXMK, JK, RRD, R-II, Ş)
roja îro	*adv* today (JK)
roja dinê	*adv* the other day (Ş)
rojhilat	*f* East; orient (Ş)
ruh	*m* spirit, soul (RQA)
rû	*f* day (UM)
rûdan	*f* happening, occurrence (GXMK)
rûniştin	*v intr* sit down, sit (RQA, RRD, R-II)
rûyêkê	*adv* one day (UM)
S	
sa	*prep* for, for the sake of, **sa te ra** for you (UM)
sabûn	*f* soap (ÊŞ-II)
sal	*f* year (BZ, D, EWX, ÊF, ÊŞ-I, GXMK, JK, JMSB, JMS-II, LM, R-I, Ş, TM, UM)
safk	*pron* all. **Emî safk le kalxoze deşixulin**. We all work in the kolkhoz. (JM).
sar	*adj* cold (EKT)
sawîn	(ÊŞ-II). *See* **sabûn**
savk	(QM). *See* **safk**
se	(TM). *See* **sê**
sebahî	*f* the first morning after the wedding (RRD)
sebr	*f* patience (JMS-I)
sed	*m, adj* hundred (ÊŞ-I)
sef	*f* rank, line; class, **sefa yekê** first class (JMS-II)
ser	*prep* on, over, at (D, RQA, RRD, R-II, Ş)
ser (gund) girtin	*v tr* unexpected attack (of the village) (R-I)
serî	*m* head; beginning (D, G, JK, JMSB, RRD, Ş)
serê xwe xilas kirin	*v tr* save, rescue oneself (JK)
ser hev	*adj* one after another; one on the other (JK)
serhev bûn	*v intr* gather together, get together (JK)
serkarî	*f* leadership (ÊF)
seyran	*f* outing, picnic (BZ)
seva	*conj* because of, for (EWX, R-I)
sewa	(KM). *See* **seva**
sê	*m, adj* three (BZ, D, JMSB, R-II, UM)
sêrî	*Obl case from* **serî** (D). *See* **serî**

sifet	*f* image; photography (Ş)
sikin	*f* place of residence (ÊŞ-I)
sipî	*m, adj* white (D)
sirman	*n, adj* Muslim (ÊF)
sirûşt	*m* nature (BD)
sisê	*m, adj* three (RRD)
sive	*f* morning (R-I)
sivkayî	*f* lightness; ease (D)
siwe	(UM). *See* **sive**
siyar	*n, adj* horseman, mounted (ÊF, R-II)
siyar bûn	*v intr* board, mount, ride, get on (D)
siyar kirin	*v tr* make (smb) mount (D)
sînor	*m* border, frontier (JMSB)
sor	*m, adj* red (Ş)
soz birîn	*v tr* take a promise (D)
sozdayîn	*f* giving a promise (for marriage) (D)
Sovêt	*f* Soviet (ÊF, UM)
standin	*v tr* take, get, receive; buy (JK)
sur	*f* mystery; secret (RQA)
sûc	*m* fault, guilt (RQA)

Ş

şandin	*v tr* send (D, Ş, UM)
şanzdeh	*m, adj* sixteen (JMS-II, UM)
şanzdesalî	*adj* sixteen years old (EWX)
şar	(BZ). *See* **şeh(e)r**
şaz	*f* tambourine (RQA)
şehade	*f* certificate (BD)
şeh(e)r	*m* city (UM)
şer	*m* war, battle; fight (ÊF, RQA)
şe'r1	*f* shawl (D)
şe'r2	(R-I). *See* **şer**
şeş	*m, adj* six (JMS-II)
şev	*f* night, **şeva dawetê** wedding night (RRD, R-II, UM)
şêr	*Obl case from* **şer** *m* city (UM). *See* **şeh(e)r**
şêx	*n* Sheikh, *representative of a Yezidi Sheikh caste* (ÊŞ-I, R-I, R-II, Ş)
şikeft	*f* cave (BD)
şikefta Çar Sitîn	Çar Sitûn ('Four Pillars') cave (BD)
şirînî	*f* engagement (RRD)
şivan	*n* shepherd (UM)
şixulîn	*v intr* work (QM, JM)

şîn	*f* sorrow, grief, mourning (GXMK, Ş)
şîn kirin	*v tr* grieve; mourn (Ş)
şînwar	*n* old, antique place (BD, BZ)
şîranî kirin	*v tr* celebrate (one's) engagement (D)
şorwe	*f* soup (EWX)
şûn	*f* trace, mark; place, **şûna** in the place of (TM)
şûştin	*v tr* wash (Ş)
şuxul	*m* work (JMS-II)
şuxulandin	*v tr* use, operate (JMS-II)
şuxulîn	*v intr* work (JMS-II)
T	
ta	*prep* to; until; as far as (BD, UM)
tabût	*f* coffin (Ş)
tadim	(QM). *See* **ta**
talan kirin	*v tr* loot, plunder, pillage (R-II)
tanga	*adv, prep* near (Ş)
tarî	*f, adj* the dark, darkness (JM)
tarîx	*f* history; date (ÊŞ-I)
tay	(JM, TM, UM). *See* **ta**
taybet	*adv* special, particular (RRD)
taze	*adj* fresh; green; new (BZ)
te	*pers pron in Obl case* you, your, **te ra** to you, for you (ED, RQA, R-II, UM)
teba	*m* thing (JM)
te dî	*paren* you see; do you see? (JMS-I)
tehemil	*f* patience (RQA)
temam	*adj* complete, finished; all (JK)
tendûr	*f* oven made in the earth (R-II)
tenê	*adv, adj* only, just, alone (EWX, JMS-II)
tenik	*adj* thin; fine (R-II)
tenî	*f* soot (R-II)
teriye	s/he goes (TM). *See* **herîn**
terî	(R-II). *See* **tarî**
teqrîben	*adv* approximately (GXMK, JMSB)
tesmîl kirin	*v tr* deliver (R-I, Ş)
tew	*m, adj* ten (TM)
tew du	*m, adj* twelve (TM)
tew se	*m, adj* thirteen (TM)
tev	*adv* together, with; all; the whole of; as a whole; wholly; fully (ÊF, JK, JMSB, JMS-II)
tevirkol	*m* grave-digger (Ş)
teze	*adj* new (UM)

texmîn kirin	*v tr* suppose, presume (JMSB)
text(e)	*m* table, **textê nan** dinner-table (D)
tê	(GXMK). *See* **tê da**
tê da	*prep* in (it) (ÊŞ-II, R-II)
tê de	(BD, BZ). *See* **tê da**
têkelî	*f* relation, contact (ÊF)
têkiltî	*f* relationship (JMSB)
têl	*f* wire; string (JMS-I)
ticaret	*f* trade, commerce (BD)
tine	(D). *See* **tune**
tinebûn	(D, R-I). *See* **tunebûn**
tirb	*f* grave, tomb (Ş)
Tirk	*n* Turk (EWX, ÊF, JK,TM)
tişt	*m* thing, **tiştek** something (D, ÊF, JMSB, RQA, RRD, R-I)
tonnewûn	(KM). *See* **tunebûn**
top bûn	*v intr* gather (D)
tu	*(t is unaspir) pers pron 2 sg.* you (EKT, ÊŞ-II, R-II)
tu	*(t is aspir) adv* no, not any; none (ÊF, JM, UM).
tu carî	*adv* never (ÊF)
tu deran	*adv* nowhere (JM)
tukes	*pron* nobody (TM)
tune	*negative form of* **hebûn,** have/has not; there is/are not (R-II)
tunebûn	*past negative form of* **hebûn** (ÊF)
tunnebûn	(JM, TM). *See* **tunebûn**
tu teban	*pron* nothing (JM)
tûk	*f* spit, spittle (R-I)
U	
usa	*adv* so; in this way; such (JK, D). *Also* **wisa**
usa jî	(JK, D). *See* **wisa jî**
Û	
û	*conj* and (BD, BZ, D, EKT, ÊF, ÊŞ-I, ÊŞ-II, GXMK, JK, JMS-I, RQA, RRD, R-I, Ş, UM)
ûn	*pron 2nd pers pl.* you (D, JMS-I)
ûnda kirin	*v tr* lose (ÊŞ-I)
ûnîvêrsîtêt	*f* university (JMSB)
V	
va	*demonst adj* this (EWX, TM)
van	*demonst adj* these (ÊF, R-II, Ş)

vedan	*v tr* 1. dig up. 2. remove (stones, etc) from (a field), clean (out) (Ş)
vede	*m* time (JM)
vederxistin	*v tr* take out, bring out (JM)
vegeryan	*v intr* return, come back (UM)
veguhastin	*v intr, tr* be exchanged; exchange (RRD)
verê kirin	*v tr* send, dispatch; mail; post (R-I)
verisîn	*v intr* become free; free oneself (GXMK)
verketin	*v intr* go out; go away (XMT)
veşartin	*v tr* hide, conceal (R-II)
vewûn	*v intr* be opened, open (KM)
vê	*demonst adj/pron for feminine nouns in Obl case* this (ÊŞ-I, GXMK, JMSB, JMS-I, R-I)
vêca	*adv* this time, now; if so; then (JMS-I, JMS-II)
vêga	*adv* at this moment (JMSB)
vê gafkê	(BD, GXMK). *See* **vêga**
vêxistin	*v tr* light (fire, light, etc) (Ş)
vir	*n, adj* here (JMS-I)
vira	*n, adj* here (EWX, JK, QM, R-I, R-II, TM, UM)
viyan	*v tr* want (RQA)
vî	*demonst adj/pron for masculine nouns in Obl case* this (RQA, RRD)
vî tora	*adv* in this way (UM)
W	
wa	*adv* in this way; so, like this (JMS-I, KM)
wan	*demonst adj/pron Obl. case 3rd pers pl.* those, **wan dera** there (BZ, D, ÊF, GXMK, JK, JM, JMSB, JMS-I, KM, LM, RRD, R-I, R-II)
wana	(D, JK, JMSB, R-I, R-II). *See* **wan**
we1	*conj* and (UM, XMT)
we2	(UM). *See* **wa**
we3	*pers/poss pron* you; your; yours (BZ, D, EKT, JMS-I, KM, R-I, R-II, TM, UM)
wek	*adj* like, as (BD, BZ, Ş)
weke	*adj* like, as, **weke dîkeş** also (GXMK)
wekî	*conj* if; as, since; that (BZ, D, JK, R-I, R-II)
welat	*m* homeland (JK)
welatê Sovêtyê	the Soviet Union (JK)
welatlî	*n* compatriot (JMS-I)
werketin	*v intr* go out (UM)
weqas	*pron* so much (LM)
wexta	(D). *See* **wextê**

wexta ki	*adv, conj* when, in case (UM)
wextekî	*adv* at one time, once upon a time (R-I, R-II)
wextê	*adv, conj* when (ÊF, GXMK, JK, JMS-I, JMS-II, RQA, RRD, R-II, Ş)
weşe kirin	*v tr* can, be able to (UM)
wê1	*pers, demonst pron 3rd pers sg. in Obl case for feminine nouns* she, it; her, its; hers, its (BD, RRD, R-II)
wê2	*demonst pron for feminine nouns* that (GXMK, JK, JMSB, QM, RQA, R-II, Ş, UM)
wê derê	*adv* there (D, JK, LM)
wêkê	**ib wêkê ve** with that, with it (RRD)
wê rûyê	*adv* (from) this day (UM)
wê wextê	*adv* at that time (UM)
wisa	*adv* so, in this way, like this; such (ÊF, JMSB, RRD, R-I)
wisa jî	*adv* also (D, ÊF)
wî	*pron 3rd pers sg. in Obl case* he, it (D, JMSB, QM, RQA, RRD, R-I, R-II, TM, UM, Ş)
wulo	(JMS-I, JMS-II). *See* **wisa**
wûn	*v intr* 1. be. 2. become. 3. happen (EWX)

X

xa	(R-I, R-II). *See* **xwe**
xal	*m* maternal uncle (D)
xalo	*Vocat* uncle (ÊŞ-I)
xandin	*v tr* 1. read. 2. study, learn (KM)
xarin	*v tr* eat (R-I)
xar kirin	*v tr* tip, tilt; bow, bend; run (GXMK)
xas	*n* Holy Man; patron, protector (RRD)
xastin	*v tr* want, wish; ask for (D). *See* **xwestin**
xaş	*adj* 1. tasty. 2. good (D, R-I)
xatî	*f* aunt from the mother's side (D)
xa xa	*adv* by oneself, on its own, of itself; singly (R-I)
xayî	*n* owner, possessor (JK, R-II)
xayî mal	*adj* a married, having a home (person) (JK)
xayî kirin	*v tr* 1. bring up. 2. feed, fatten (an animal) (JK)
xe	(KM). *See* **xwe**
xebat	*f* work (JK)
xeber	*f* news; word (JM)
xebitîn	*v intr* work (JK)
xelat kirin	*v tr* award a prize; give a reward (RRD)
xeletî	*f* fault, mistake (RQA)
xelik	(BD). *See* **xelk**

xelk	*m* 1. people, folk. 2. strangers, foreigners (BZ, GXMK)
xelq	(JMS-II, JMSB). *See* **xelk**
xelqê ... bûn	*v intr* to be from ..., native of ... (JMSB)
xeniqandin	*v tr* strangle, choke (JMSB)
Xerqe	*m* kherqe (hair-shirt) (RQA)
xet	*f* line; letter (JM)
xeter	*f* rank (UM)
xew	*f* sleep (XMT)
xewa (yekî) hatin	*v intr* be/feel sleepy. **Xewa min tê**. I feel sleepy. (XMT)
xêlî	*f* silken scarf, veil (usually red) worn by the bride (D)
xêncî	*adv* besides, in spite of; except, apart from, **xêncî van hemû tişta** besides all these things (ÊF)
xêr	*f* goodness; favour; alms (RQA, RRD, Ş)
xêra mirî	the food given in the name of a dead person (Ş)
xilas kirin	*v tr* 1. finish, complete. 2. save, rescue (ÊF, QM, JK, JMS-II, UM)
xinamî	*m* relative by marriage (D)
xirav bûn	*v intr* be broken, be out of order; go bad (ÊF)
xiravî	*f* badness, wickedness (R-I)
xirvekirin	*v tr* spoil, make bad; break (GXMK)
xizan	*n* child (EWX, KM, UM)
xo	(BZ, RQA). *See* **xwe**
xort	*m, adj* youth, young man (D, RRD)
xoş	(BD). *See* **xweş**
xoşî	*f* pleasure; health (GXMK)
xudan	*n* owner; master (BD)
xûn	*f* blood (RQA, Ş)
xûşk	*f* sister (D, RRD, R-II, Ş)
xûşka axretê	sister of hereafter (among Yezidis) (Ş)
xûşkê	*Vocat* sister (ÊŞ-I)
xwandin	(JMSB). *See* **xwendin**
xwarin	*v tr* eat, **dexu** s/he eats (RRD, EWX, D)
xwastin	*v tr* want, wish; ask for (D, JM, JMS-I, RQA, R-I, R-II)
xwazgênî	*f* (people) asking a family to give their daughter as a bride (D)
xwe	*reflex pron* self, oneself (ÊŞ-I, D, GXMK, JK, JM, JMSB, JMS-I, JMS-II, LM, QM, RRD, R-I, R-II, Ş, TM, UM)
Xwedê	*m* God (JMS-I, JMS-II, RRD, R-II)

xwedî kirin	*v tr* 1. bring up. 2. feed, fatten (an animal) (JM)
xwe fêmandin	(ÊŞ-I). *See* **fam kirin**
xwendin	*v tr* 1. read. 2. study, learn, **xwendina bilind** higher education (JK, JMSB, LM, QM)
xwestin1	(RRD). *See* **xwastin**
xwestin2	*f* wish, desire (RRD)
xweş	*adj* 1. tasty. 2. good (JK, JMSB)
xweyî	(Ş). *See* **xayî**
xweyîngê	(ÊŞ-I). See **xûşkê**
x°astin	*v tr* want, wish; ask for (UM). *Also* **xwastin**
x°e	(EWX, UM). *See* **xwe**
x°andin	(UM). *See* **xwendin**

Y	
ya axretê	*adj* of hereafter (RQA)
yan	*conj* or (D, Ş)
yanê	*adv* that is; in other words, namely (RQA, Ş)
yanî	(RRD). *See* **yanê**
yar	*n* friend; lover (EKT, XMT)
yaşemîş bûn	*v intr* live (TM)
yek	*f, adj* one (D, JMS-II, R-I, UM)
yekî	(LM, R-I). *See* **yek**
yenî	(JMSB, JMS-I, JMS-II). *See* **yanê**
yetîm	*n* orphan (UM)

Z	
zanîn	*v tr* know (JMS-I, LM, QM, R-II, Ş)
zar	*n* child (JK, R-II)
zaro	(LM, QM, TM). *See* **zar**
zarok	(ÊF, JMSB, JMS-I, JMS-II). *See* **zar**
zava	*m* bridegroom; son in law (RRD)
zebîhe	*f* sacrifice (RRD)
zef	(ÊF, JK, R-I). *See* **zehf**
zehf	*adj, adv* much, many, a lot; very (JMSB)
zeman	*f* time (KM)
zengîn	*adj* rich (BD)
ze'q	*f* gladness, **je ze'qan** with joy, because of joy (UM)
zewac	*f* marriage (RRD)
zewicî	*adj* married (JMSB)
zewicîn	*v intr* get married (JMS-I)
zeva	*m* bridegroom; son in law, brother in law (D). *Also* **zava**
zêde	*adj, adv* too much, too many; more (JMSB)

zilam	*m* man; husband (JMS-II)
ziman	*m* language; tounge, **zimanî dakkê** mother tounge (JMS-I, KM, QM)
zindegani kirin	*v tr* live (KM)
zirne	*f* zurne (*a reed instrument*) (D)
zivistan	*f* winter (EWX)
ziyaretî bûn	*v intr* bow to (the sacred place, object) (RRD)
zîrae'tî	*f* agriculture, farming (BD)
zor	*f* force, violence (ÊF, R-I)
zorê	*adv* by force, by pressure (R-II)
zulm	*f* injustice, oppression (JK)

Names of People

Bîvî	*f* Bîvî (EWX)
Cangîr	*m* Jangîr (R-I)
Cangîr Axayê Xetîb Axê Mendikî	*m* Jangîr agha, son of Khetîb agha, from the Mendikî clan (ÊF)
Cemîlê Çeto	*m* Jamîlê Cheto (JMSB)
Haco	*m* Hajo (JMS-I)
Keşîş Polo	*m* Priest Pogos (he was an Armenien priest) (ÊF)
Memo	*m* Memo (UM)
Mextimqulî bay	*m* Mekhtimqulî bey (UM)
Mistafa	*m* Mistafa (LM)
Memî	*m* Memî (EWX)
Mîrê Kor	*m* Mîrê Kor, i. e. 'Blind Emir' (GXMK)
Musêîb Axûndov	*m* Musêîb Akhûndov (TM)
Niftali	*m* Niftali (TM)
Qerqaş	*f* Qerqash (R-II)
Rûman	*m* Rûman (TM)
Selwî	*f* Selwî (TM)
Şêx Hesen	*m* Sheikh Hesen (R-I, R-II)
Şêx Bekir	*m* Sheikh Bekir (R-I, R-II)
Şanîse	*f* Shanîse (TM)
Xetîb	*m* Khetîb (ÊF)
Zehra	*f* Zehra (LM)
Zozan	*f* Zozan (R-II)

Names of Divine and Mythological Beings

Adem	*m* Adam (RQA)
Dewrêşî 'Erd	*m* Dewresh 'Erd (Ş)
Êzîd	*m* Êzîd (Ş)

Şerfedîn	*m* Sherfedîn (ÊŞ-I)
Şêşims	*m* Sheikh Shems (R-I)

Names of Tribes and Clans

Bazilî	Bazilî, *a sub-clan from the Reshka clan of Mirîds* (ÊŞ-II)
Bûb	Bûb, *a Yezidi clan of Pîrs* (ÊŞ-I)
Dasinî	Dasinî, *a tribe of Yezidis* (BD)
Elikî	Elikî, *a Kurdish tribe in Batman* (JMSB)
Hesina	Hesina, *a sub-clan from the Reshka clan of Mirîds* (ÊŞ-II)
Hevinda	Hevinda, *a sub-clan from the Reshka clan of Mirîds* (ÊŞ-II)
Mam Reşa	Mam Resha(n), *a sub-clan from the Reshka clan of Mirîds* (ÊŞ-II)
Mehma Reşan	Mehmed Reshan, *a Yezidi clan of Pîrs* (ÊŞ-I)
Malbat	Malbat, *a sub-clan from the Reshka clan of Mirîds* (ÊŞ-I, ÊŞ-II)
Mendikî	Mendikî, *a clan of Yezidi Mirîds* (ÊF)
Pêncnarî	Pênjarî, *a Kurdish tribe, mentioned in Siirt* (JMSB)
Reşkotî	Reshkotî, *a Kurdish tribe, mentioned in Batman* (JMSB)
Rema	Rema, *a Kurdish tribe, mentioned in Batman* (JMSB)
Reşka	Reshka, *a clan of Yezidi Mirîds* (ÊŞ-I, ÊŞ-II)
Qadîne	Qadîne, *a sub-clan from the Reshka clan of Mirîds* (ÊŞ-II)
Sicadîn	Sijadîn, *a Yezidi Sheikhs home* (ÊŞ-I)
Siloqî	Siloqî, *a Kurdish tribe, mentioned in Siirt* (JMSB)
Zuqirî	Zuqirî, *confederation of tribes* (ÊF, JK)

Place Names

Almaniya	Germany[1] (JMSB)
Axcekend	Aghjakand, *village* (LM)
Ava Xabîrî	The spring Khabîrî (BZ)
Avropa	Europe (JK)
Babîra	Babîra, *village* (GXMK)
Babîra Kevin	Old Babîra, *village* (GXMK)
Bakû	Baku (LM)
Batman	Batman, *province* (JMSB, JMS-I)

---

1   All place names are feminine.

Berbinîşik	Berbinîshk, *village* (GXMK)
Bêban	Bêban, *village* (GXMK)
Bêrgirî	Bergiri, *region* (JK)
Bêxêrî	Bêkhêrî, *mount* (BZ)
Bin Kendî	Bin Kendî (GXMK)
Bişêrî	Beshiri, *district* (JMSB)
Botan	Botan (JMSB)
Cim'a	Jim'a, *village* (JMS-I)
Cizîre	Jazira (JMSB)
Daşkend	Tashkent (UM)
Delal	Delal, *a name of a bridge in Zakho* (BZ)
Derelegez	Derelegez (TM)
dewleta Osmaniyê	the Ottoman Empire (ÊF)
Dihûk	Duhok (BD)
Dihûka Dasiniya	Duhok of Dasinî people (BD)
Doxata	Doghata, *village* (GXMK)
Ecrebad	Ejrebad, *village* (R-I)
Eşqebat	Ashgabat (UM)
Eres	the Aras, *river* (R-II).
Ermenîstan	Armenia (JK, ÊF)
Ermeniya	(JK). *See* **Ermenîstan**
'Êraq	(GXMK). *See* **'Îraq**
'Îraq	Iraq (ÊŞ-II, JMSB)
Îran	Iran (EWX, JMSB, TM)
Girî Dax	Ararat, *mount* (R-I, R-II)
Gorîs	Goris (TM)
Gurcistan	Georgia (JK)
Hekar	Hakkari (ÊŞ-II)
Hekkarî	(JMSB). *See* **Hekar**
Kewlecar	Kalbajar (LM, QM)
Kîrovabad	Kirovabad (QM)
Lîviya	Libya (JMS-II)
Mala Batê	Mala Batê, *village* (JMS-I)
Mêrdîn	Mardin (JMS-I)
Miseygîno	Miseygîno (R-II)
Misêrç	Misêrch, *village* (JMSB)
Mînkend	Minkend, *village* (TM)
Musil	Mosul (GXMK)
Nifêrî	Nifêrî, *village* (GXMK)
Nisêrî	Nisêrî, *village* (GXMK)
Orûclî	Orujli, *village* (QM)
Redewan	Redewan (ÊF)
Rom	Turkey (R-I). *See* **Roma Reş**

Roma Reş	'Black Rome', i. e. Turkey (ÊF, JK)
Qerewile	Qerewile, *village* (ÊŞ-I)
Qetranî	Qetranî, *village* (JMS-I)
Qubîn	Qubîn (JMSB)
Sardarapat	Sardarabad (ÊF)
Serhed	Sarhad (ÊF, ÊŞ-II)
Sêrt	Siirt (JMSB, JMS-I)
Sirêçka	Sirêchka, *village* (GXMK)
Stalîngrad	Stalingrad (UM)
Suriya	Syria (ÊŞ-II, JMSB)
Sûrî	(JMS-I). *See* **Suriya**
Şêxka	Shêkhka, *village* (GXMK)
Şingal	Shingal (ÊŞ-I, RRD)
Şirnax	Shirnak, *province* (JMSB)
Talîn	Talin, *region and city in Armenia* (R-I)
Tehtoka	Tehtoka, *the name of a place in Zakho* (BZ)
Tirba Sipî	Tirba Sipî (lit. 'White Grave') (JMS-I)
Tirkiya	Turkey (BZ, ÊŞ-II)
Tûrkmênistan **Sovêt Rêspûblîk**	the Turkmen Soviet (Socialist) Republic (UM)
Ute	Ute, *village* (JK)
Ûrisêt	Russia (JK)
Xallan	Khallan, *village* (QM)
Xetar	Khetar, *village* (GXMK)
Xewşaba	Khewshaba, *village* (GXMK)
Wan	Van (JK, R-I)
Zaxo	Zakho (BZ)
Zeyniya	Zeyniya, *a village in the collective village Khankê* (ÊŞ-II)
Zozan	Zozan (ÊŞ-I)

A GRAMMATICAL SKETCH OF KURMANJI

1 Phonology

1.1 Kurdish Alphabet

1.1.1 Vowels

There are eight vowels in Kurmanji, three of which are short: *e, i, u*, and five are long: *a, ê, î, o* and *û*.

1.1.1.1 Short Vowels

TABLE 1: SHORT VOWELS

Short Vowel	Explanation	Kurmanji examples
E e	as *a* in **a**ct, c**a**t, b**a**t (shorter)	*dem-demî*[1] 'temporal', *evîn* 'love'
I i	as *e* in th**e** (shorter), like *e* in German mach**e**n	*bilind* 'high', *firîn* 'to fly'
U u	near to *u* in German k**u**rz	*kul* 'sorrow', *gur* 'wolf'

1.1.1.2 Long Vowels

TABLE 2: LONG VOWELS

Long Vowel	Explanation	Kurmanji examples
A a	as *a* in f**a**ther	*lava* 'begging', *agir* 'fire'
Ê ê	as *a* in f**ai**r; d**ay**; German Es**e**l	*bêdengî* 'silence', *êvar* 'evening'
Î î	as *ee* in s**ee**n; k**ee**p	*îşev* 'tonight', *pîr* 'old'
O o	as *o* in k**o**dak; b**o**ne	*por* 'hair', *rovî* 'fox'
Û û	as *oo* in b**oo**t; m**oo**d	*Ûris* 'Russian', *bilûr* 'flute'

---

1   All words in section 1.1. are from texts in Part One. For the texts in which the words were used, see the Kurdish–English Glossary.

1.1.2 *Consonants*

TABLE 3: CONSONANTS

Cons.	Explanation	Kurmanji examples
B b	as *b* in **bat**, **brother**	*bîn* 'smell; breath', *şabûn* 'happiness'
C c	as *j* in **June**, **joy**	*camêr* 'gentleman', *ceh* 'barley'
Ç ç	as *ch* in **church**; **cheese**	*çayîr* 'meadow', *çima* 'why'
Ç ç, Ç′ ç′	unaspirated *ç*	*çe'm* 'river', *çêlek* 'cow', *çêjik* 'animal's young', *çêrîn* 'graze, pasture'
D d	as *d* in **dear**, **door**, **dawn**	*kedî kirin* 'tame', *dem* 'time'
F f	as *f* in **soft**, **fair**	*firavîn* 'lunch', *ref* 'flock', 'line'
G g	as *g* in **girl**, **game**	*reng* 'colour', *giran* 'heavy, difficult'
H h	as *h* in **house**, **honey**	*heval* 'friend, companion', *rohilat* 'east'
J j	as *s* in **vision**; **pleasure**	*jan* 'suffering, pain', *mewîj* 'raisin'
K k	unaspirated *k*, Russian кот	*kal* 'old man', *avakirin* 'establishment', *kevir* 'stone'
K k, K′ k′	as *c* in **cat**, and *k* in **key**; **kitchen**	*Kurdî* 'Kurdish', *kar* 'work'
L l	as *l* in **leap**, **learn**, **luck**	*lêv* 'lip', *zilam* 'man, husband'
M m	as *m* in **month**, **mine**	*mêranî* 'bravery', *ramûsan* 'kiss'
N n	as *n* in **nine**	*nêçîrvan* 'hunter', *kevn* 'old, archaic'
P p	unaspirated *p*, Russian папа	*payîz* 'autumn', *peyv* 'word'
P p, P′ p′	as *p* in **pet**	*pak* 'pure, clean', *pir* 'many, much'
Q q	guttural as in Arabic ق (qaf)	*quling* 'crane', *qeder* 'destiny, fate'
R r	as *r* in **rise**	*seyran* 'outing, picnic', *vekirî* 'open'
R r, R̄ r̄	trilled or rolled *r*	*razan* 'sleep', *rûreş kirin* 'disgrace'
S s	as *s* in **safe**, **soon**, **seven**	*sed* 'hundread', *dîsa* 'again, anew', *sistî* 'weakness'
Ş ş	as *sh* in **show**, **shell**	*fîşek* 'cartridge (of a gun)', *heşt* 'eight'

Cons.	Explanation	Kurmanji examples
T t	unaspirated *t*, Russian топать	*te'v* 'sunlight; sun', *teyrok* 'hail'
T t, T' t'	as *t* in **t**ea, German **T**ante	*tilî* 'finger', *tevayî* 'entirely, whole'
V v	as *v* in lo**v**e, **v**ote	*veşartin* 'hide, conceal', *zivistan* 'winter'
W w	as *w* in **w**ish, **w**ind	*were* 'come!', *serwext* 'clever, smart'
X x	as *ch* in German ma**ch**en and Scottish lo**ch**, and *x* in Russian холод	*xemilîn* 'be adorned', *xwarin* 'eat', *nexweş* 'sick'
Y y	as *y* in **y**ear, bo**y**	*peya bûn* 'dismount, get off', *yektayî* 'unique'
Z z	as *z* in **z**ero, la**z**y	*zar* 'child', *sûzenî* 'painful'

In some Kurmanji speaking areas, the following sounds are pronounced as in Arabic:

'E 'e, E' e'	as Arabic ع ('ayn)	*'ewir* 'cloud', *te'ştê* 'breakfast'
H h, H' h', Ḧ ḧ	as Arabic ح (ha)	*hesin* 'iron', *hirç* 'bear'
X x, Ẍ ẍ	as Arabic غ (ghayn)	*axa* 'agha', *xulam* 'slave'

1.2 Stresses in Kurmanji

1.2.1 Stresses

In Kurmanji the last syllable of a word is usually stressed, but in some cases the first syllable can also be stressed. In Kurmanji negative particles as *ne-*, *me-*, *ni-*, and *na-*, prefixes of the prefixed verbs such as *da-*, *hil-*, *ra-*, *ve-*, etc. are stressed.

1.2.2 Not stressed

In Kurmanji the indefinite article *-ek* (see section 2.1.1.2), postpositions *re*, *ve*, *de* (see section 2.7.2), and usually verbal endings *im*, *î*, *e*, *in* (see Table 11) are not stressed.

2 Morphology

Kurmanji has morphologically defined word classes' nouns, pronouns, adjectives, verbs, and particles.

2.1 Nouns

Nouns in Kurmanji distinguish gender: masculine and feminine (see section 2.1.3), number: singular and plural (see section 2.1.2) and case: direct and oblique (see sections 2.1.4.1–2).

2.1.1 Definition

In nominal morphology in Kurmanji, there is a two-way distinction between the definite singular and the indefinite singular.

2.1.1.1 Definite nouns

Definite nouns are formally unmarked.

2.1.1.2 Indefinite articles

Indefiniteness for both genders is marked by the enclitics *-ek* (sg.) and *-in* (pl.). Indefinite article of singular *-ek* (postvocalic *-yek*) goes back to the numeral *yek* 'one' and of plural to a pronoun *hin(e)* 'some'. The preposed numeral *yek* 'one' could function to mark indefiniteness as well.

kurek (HC)[2]	'a boy'
tiştine kevin (TKE)	'some old things'

2.1.2 Number

In Kurmanji there are singular and plural numbers. Singular and plural nouns in direct case are zero-marked; plurality is shown in the verb endings and izafe (see section 2.1.5). In the oblique case (see section 2.1.4.2.2.1) plurality is shown with the ending *-an*, in izafe with endings *-êd, -ên, -ê*, and in the vocative case (see section 2.1.4.3) with ending *-no*.

2.1.3 Gender

In Kurmanji nouns are either feminine or masculine.

---

2 In the round brackets are abbreviations of the titles of texts (see Abbreviated Titles of the Kurdish Texts) from Part I (very few from part II), in which the quoted words, phonemes, sentences, etc. are found.

2.1.3.1 Feminine
The feminine nouns can be classified in the following groups:

- female names, e. g. *Perîşan* (KR), *Xezal* (SE-II), *Zîn* (MZ);
- female people, e. g.: *jin* 'woman, wife' (ME, P-III, T), *dê* 'mother' (HC, KR, M-IV, ŞK);
- female animals, e. g.: *mirîşk* 'hen', *bizin* 'she-goat';
- most of the place names, e. g.: *Kurdistan* 'Kurdistan', *Qers* 'Kars' (HC), *Şam* 'Damascus' (BŞB), *Şengal* 'Shingal' (HD-I);
- names of seasons, months, weekdays, times of a day, e. g.: *payîz* 'autumn' (ŞK, M-II), *zivistan* 'winter' (SE-II), *êvar* 'evening' (SE-II, ŞK);
- all verbal nouns as *jiyan* 'life' (HD-II, MP, SE-II), *avakirin* (MP) 'establishment' and the nouns formed from the repeated verbal stems, e. g.: *nale-nal* 'moaning';
- nouns formed with the suffixes *-tî*, *-î*, *ayî*, and *-anî*, e. g.: *paletî* 'reaping, harvesting' (JK), *cînartî kirin* 'be (good) neighbours' (EÇ), *biratî* 'brotherhood', *kûranî* 'depth'.
- majority of the loan words: *atom* 'atom'.

2.1.3.2 Masculine

The following groups of nouns are masculine:

- male names, e. g.: *Hesen* (BŞB), *Kerem* (KR), *Memo* (MZ);
- male people, e. g.: *mêr* 'man; husband' (HC, P-III, P-V), *bira* 'brother' (HC, P-I, P-IV, P-VIII), *kur* 'boy; son' (HC, ME, MP, TKE), *bav* 'father' (HC, ME, M-IV, P-VIII, ŞK, TKE);
- male animals, e. g.: *gur* 'wolf' (ŞK, P-II, P-IV), *nêrî* 'he-goat', *beran* 'ram'.

There is also a large group of nouns, the gender of which cannot be put into this classification.

2.1.4 Cases
Among scholars there are two views on the case system in Kurmanji. The majority of linguists distinguish in Kurmanji a two-term case system, namely direct and oblique cases; however some Russian scholars[3] distinguish seven-term case system (See Table 5).

---

3 See Kurdoev, K. K. *Grammatika kurdskogo jazyka (Kurmandzhi): fonetika, morfologija* (Kurdish grammar based of the Kurmanji dialect: phonetic, morphology). Moskva-Leningrad, 1957, pp. 56–73.

2.1.4.1 Direct case

The direct case in Kurmanji is zero-marked. In the direct case, nouns and demonstratives do not have a distinct plural form, as in the oblique case (see section 2.1.4.2). The direct case is used for:

– the subject with present and past intransitive verbs;
– the direct object with past transitive verbs.

2.1.4.2 Oblique case

2.1.4.2.1 Usage of the oblique case

The oblique case marks the object of a verb or a preposition. The oblique case is used if the grammatical subject in present and future tenses is a direct object of the transitive verb. Examples:

Ez kitêbê dibînim.	'I see the book'.
Em wî dibînin.	'We see him'.

A noun in the oblique case appears as the logical subject of a transitive verb in the form of the past tense:

Min kitêb xwend.	'I read the book'.
Keçikê xwarin anî.	'The girl brought the food'.

A grammatical subject is in the oblique case if it is an attribute of another noun, expressing belonging, origin, and attitude:

Mala xûşkê bilind e.	'The sister's house is high'.
Dilê keçikê pak e.	'The girl's heart is pure'.

The oblique case is also used after the majority of prepositions, e. g.:

ew ne li ser vê erdê ye (MP)   'this is not on the earth'

2.1.4.2.2 Formation of the oblique case

2.1.4.2.2.1 Plural

a) In the oblique case all plural nouns get an ending *-an*.[4] For example:

Em daran dibînin.   'We see the trees'.

---

4 In some regions this ending has a short variant *-a*. See section 1.2.4.1 in Excursus II.

b) If there are demonstrative pronouns (see 2.3.2.1) before the noun, they are also in the oblique case in the following forms: *van* (pl.) 'these' and *wan* (pl.) 'those':

> *Em wan daran dibînin.*   'We see those trees'.

c) If a modifier comes after a noun, the izafe forms swallow the endings of the oblique case:

> *Em darên bilind dibînin.*   'We see high trees'.

d) If a word has a demonstrative pronoun and an attribute, the demonstrative pronoun is in the form of the oblique case, and the izafe forms before the modifier swallow the endings of the oblique case, for instance:

> *Em wan darên bilind dibînin.*   'We see those high trees'.

2.1.4.2.2.2 Feminine (sg.)

a) A singular feminine noun in definite or indefinite state in the oblique case takes the ending -*ê*:

> *Em kitêbê (kitêbekê) dibînin.*   'We see the book (a book)'.
> *ezê dengê gavekê binasim* (MP)   'I shall know the sound of a step'

b) If there is a demonstrative pronoun before the noun, it is also in the oblique case: *vê* (f. sg.) 'this' and *wê* (f. sg.) 'that'.

> *Em vê kitêbê dibînin.*   'We see this book'.
> *Ez û birayê xwe jî ketin*   'My brother and I
> *wê sêwîxaneyê.* (HC)   also entered that orphanage'.

c) If a modifier comes after a feminine noun, izafe forms swallow the ending of the oblique case; if the word has a demonstrative pronoun and a modifier, the demonstrative pronoun is in the feminine oblique case, and the izafe before the modifier swallows the ending of the oblique case:

> *Em vê kitêba kurdî dibînin.*   'We see this Kurdish book'.

2.1.4.2.2.3 Masculine (sg.)

a) If there is a demonstrative pronoun before the oblique case of masculine singular nouns, it has an ending -*î*, and the demonstrative pronoun stays in the oblique case: *vî* (m. sg.) 'this' and *wî* (m. sg.) 'that'.

> *Em vî tiştî dixwazin.*   'We want this thing'.

b) If a masculine noun has an indefinite article -*ek*, the noun takes an ending in the oblique case -*î*.

> *Em tişhtekî dixwazin.*   'We want something'.

c) If a modifier comes after the masculine noun, izafe forms swallow the endings of the oblique case. If the word has a demonstrative pronoun and a modifier, the demonstrative pronoun stays in the form of the masculine oblique case, and the izafe before the modifier swallows the endings of the oblique case:

> *Em vî tişhtê xweş dixwazin.*   'We want this tasty thing'.

d) The complexity of the masculine singular oblique case, without demonstrative pronouns and attributes, is that it is formed in South and North Kurmanji in different ways.

In the literary language a noun is zero-marked and some nouns change their internal inflexion, i. e. last vowel -*e*- or -*a*- in the word interchanges in -*ê*-, which is called *ablaut*. For example:

Translation	Noun in Kurmanji	Noun in the oblique case with ablaut	With demonstrative pronouns
'hand'	*dest*	*dêst*	*vî destî*
'mouth'	*dev*	*dêv*	*vî devî*
'bread'	*nan*	*nên*	*vî nanî*
'shepherd'	*şivan*	*şivên*	*vî şivanî*

Examples:

> *Ez nên naxwim.* (MP)   'I do not eat the bread'.
> *xelkê bajêr* (HD-I)   'the people of the town'
> *Ez siyarê li nav ezmên im.* (EÇ)   'I am the horseman in the sky'.

2.1.4.3 The vocative case

The vocative is used for addressing one or several persons or objects. Nouns in the vocative case are often used with an imperative (see section 2.5.3.1) or in questions and are marked with:

	postconsonantal	postvocalic
sg. m	-*o*	-*yo*
sg. f	-*ê*	-*yê*
pl.	-*no*	-*ino*

Examples:

> *Lawo, here, here êtîmxaneyê ...* (HC) 'O son, go, go to the orphanage ...'
> *Heylo, serokzindano!* (SH) 'Hey, the chief of the prison!'

2.1.5 Izafe
Izafe is used for the connection of a noun with an attribute.

2.1.5.1 Izafe added to the definite nouns
Izafe forms added to the definite nouns are as follows:

	postconsonantal	postvocalic
sg. m	-ê	-yê
sg. f	-a	-ya
pl.	-ên	-yên[5]

Izafe is written in one word in the case if a modifier is going just after the noun:

1. *Mala → min bilind e.*[6]
2. *Mala → apê → min bilind e.*
3. *Mala → apê → bavê → min bilind e.*
4. *Mala → apê → bavê → hevala → min bilind e.*
5. *Mala → apê → bavê → hevala → xûşkên → min bilind e.*

Translation:

1. 'My house is high'.
2. 'The house of my uncle is high'.
3. 'The house of the uncle of my father is high'.
4. 'The house of the uncle of the father of my friend (*f*) is high'.
5. 'The house of the uncle of the father of my sisters' friend (*f*) is high'.

2.1.5.2 Izafe added to the indefinite nouns
Izafe forms after indefinite articles (see section 2.1.1.2) in Kurmanji are as follows:

sg. m	-î
sg. f	-e
pl.	-e

---

5 In some regions the variant: -(y)ê is possible. See section 1.2.1.2 in Excursus II.
6 About the verbs see section 2.5.

Li ser hesareke din? (MP)   'On another planet?'
Tiştekî bêkêmasî nîne. (MP)   'Nothing is perfect'.
tiştine kevin (TKS)   'some old things'

2.1.5.3 Izafe in an isolated position

If there is more than one modifier, e. g. 'my new book', then an izafe before the
second and other modifiers is written in the isolated position:

sg. m   (y)ê
sg. f   (y)a
pl.   (y)ên

ronakbîrekî kurd yê bi navê ...[7]   'Kurdish intellectual whose name ...'
Cenga Cîhanî ya Yekemîn[8]   'the World War I'
kurên piçûk ên din (MP)   'other small boys'

TABLE 4: SYNOPSIS OF STATES AND CASES OF THE FEMININE NOUN

	Singular		Plural	
	Feminine definite			
Dir.	–	keç	–	keç
Izafe	-(y)a	keça (min)	-(y)ên	keçên (min)
Obl.	-(y)ê	keçê	-(y)an	keçan
Obl. with demonst	vê -(y)ê	vê keçê	van -(y)an	van keçan
	Feminine indefinite			
Dir.	-(y)ek	keçek	-in	keçin
Izafe	-(y)eke	keçeke (min)	-ine	keçine (min)
Obl.	-(y)ekê	keçekê	-inan	keçinan

---

7   Lesson III. Text 4. *Dîroka Kurdên Sovyeta Kevin*. Wezîrê Eşo.
8   Lesson II. Text 3. *Heciyê Cindî*. Tosinê Reşîd.

TABLE 5: SYNOPSIS OF STATES AND CASES OF THE MASCULINE NOUN

	Singular		*Plural*	
	Masculine definite			
Dir.	–	kur	–	kur
Izafe	-(y)ê	kurê (min)	-(y)ên	kurên (min)
Obl.	(-ê-) Ø	kur	-(y)an	kuran
Obl. with demonst	vî -(y)î	vî kurî	van -(y)an	van kuran
	Masculine indefinite			
Dir.	-(y)ek	kurek	-in	kurin
Izafe	-(y)ekî	kurekî (min)	-ine	kurne (min)
Obl.	-(y)ekî	kurekî	-inan	kurnan

According to Kurdoev, the synopsis of noun states and cases is as follows:

TABLE 6: SYNOPSIS OF NOUN STATES AND CASES

By K. K. Kurdoev[9]

Case	*Singular*		*Plural*	
Direct	–	xort	–	xort
Vocative	o	xorto	no	xortno
Oblique	–	xort	a (an)	xorta
Combined-Directional	ra	xort ra	a ra	xorta ra
Combined	va	xort va	a va	xorta va
Locative	da	xort da	a da	xorta da
Izafe	ê	xortê	ê, êd (ên)	xortê / xortêd

---

9 Kurdoev, K. K. *Grammatika kurdskogo jazyka (Kurmandzhi): fonetika, morfologija* (Kurdish grammar based of the Kurmanji dialect: phonetic, morphology). Ed. M. N. Bogoljubov. Moskva-Leningrad, 1957, Table 7, p. 79.

2.2 Adjectives

Adjectives in Kurmanji do not show agreement with a noun. Adjectives in Kurmanji can be made comparative and superlative.

2.2.1 Comparative

The comparative degree of the adjective is marked by the suffix *-tir* and the standard of comparison is introduced by the preposition *ji* 'from, than'. There are some irregularly formed comparatives, e. g.: *pir* 'much' comp. *bêtir* 'more', *baş* 'good' comp. *çêtir* 'better'. For instance: *Hevalê pak ji birê nepak çêtir e.* (P-I) 'The good friend is better than a bad brother'.
Adjectives that end in *t* drop the last *t* before the addition of the suffix *-tir*, e. g.: *kurt* 'short' comp. *kurtir* 'shorter'.

2.2.2 Superlative

The superlative degree is marked by the suffix *-tirîn* added to the adjective that precedes the noun they modify, e. g.: *mezintirîn gund*[10] 'the biggest village'. A second type of superlative is made with *here/herî* preceding the adjective, e. g.: *tiştê herî xweş* (SE-I) 'the most beautiful thing'.

2.3 Pronouns

2.3.1 Personal pronouns

Pronouns in Kurmanji have forms of direct and oblique cases. There are no enclitic pronouns in the Kurmanji dialect.

2.3.1.1 Personal pronouns in the direct case

TABLE 7: PERSONAL PRONOUNS IN THE DIRECT CASE

	1	*ez*	I
sg.	2	*tu*	you
	3	*ew*	he, she, it
	1	*em*	we
pl.	2	*hûn*[11]	you
	3	*ew*	they

Recently (mostly in Europe and Russia) *hûn* is also used respectfully for the 2nd person.

---

10 From the Part II, GXMK.
11 In many regions *hun*.

2.3.1.2 Possessive forms of the personal pronouns
Personal pronouns in the oblique case are as follows:

TABLE 8: POSSESSIVE FORMS OF THE PERSONAL PRONOUNS

	1	*min*
sg.	2	*te*
	3	*wî* (m), *wê* (f)
	1	*me*
pl.	2	*we*
	3	*wan*

2.3.2 Demonstrative Pronouns

2.3.2.1 Demonstrative pronouns in the direct case

The demonstrative pronoun in the direct case *ev* 'it, this, these' is used to refer to a person, a thing, or a place near to the speaker in position and time. For far from the speaker objects *ew* 'that, those' is used.[12]

TABLE 9: DEMONSTRATIVE PRONOUNS IN THE DIRECT CASE

sg.		*pl.*	
'this'	*ev*	'these'	*ev*
'that'	*ew*	'those'	*ew*

2.3.2.2 Demonstrative pronouns in oblique case

For demonstrative pronouns in oblique case, see sections 2.1.4.2.2.1–3.

---

12 In Armenia this demonstrative pronoun could be for sg. *ev* and *eva* 'this, it', pl. *evan(a)* 'these'. For far from the speaker objects for plural *ewan* 'those' is used. See in the section of Armenia in 1.2.3.2, Excursus II.

2.3.3 The Reflexive Pronoun xwe

In Kurmanji, there is just one reflexive pronoun *xwe* 'self' both for singular and plural numbers. It takes its person and number from the subject of the verb in the sentence in which it occurs.

Reflexive pronoun *xwe* is used possessively in the meaning 'own', reflexively in the meaning 'self', and emphatically (*xwe xwe, bi xwe*) '-self', e. g.:

> *min bêriya birayê xwe dikir* (HC)   'I missed my brother'
> *Îzet Dêrkî bi xwe bû* (BŞB)   '(it) was Izet Dêrkî himself'

2.3.4 Basic interrogatives and indefinite determiners

2.3.4.1 Interrogatives

In Kurmanji, there are such interrogatives as:

- demonstrative: *kîjan* 'which (one)?';
- pronominal: *kî* 'who?', *çi* 'what?';
- adverbial: *kengê* 'when?', *ku, kêderê* 'where?', *ji ku* 'where from?';
- causal: *çima* 'why?', *çira* 'why, for what?';
- quantitative: *çend* 'how many, how much?', *çiqas* 'how much?', etc.

Examples:

> *Tu kî yî?* (MP)   'Who are you?'
> *Evîndar çawa dê bike sebrê?* (MZ)   'How could the loving one face it?'
> *Çara wî çi ye eger ku nemrê?* (MZ)   'What is the solution if not to die?'
> *Çima bêhûde xwe dikî rûreş?* (MZ)   'Why do you disgrace yourself for
>   nothing?'

2.3.4.2 Indefinite determiners and compound

In Kurmanji, there are:

- pronominals: *kes* 'person', *kesek* 'somebody', *tişt* 'thing', *tiştek* 'something';
- quantifiers: *her* 'each', *hîç* 'any (at all)', *hemû* 'all', *çend* 'several'.

Examples:

> *kes nemaye* (MZ)   'nobody has remained'
> *hemû mirov jî mîna hev in* (MP)   'and all men are just alike'

2.4 Numerals

2.4.1 Cardinals

TABLE 10: CARDINAL NUMBERS

	1–9	11–19	10–90	100–900
1	yek	yanzdeh	deh	sed
2	du, didu	diwanzdeh	bîst	dused[13]
3	sê, sisê	sêzdeh	sî, sih	sêsed
4	çar	çardeh	çil	çarsed
5	pênc	panzdeh	pêncî	pêncsed
6	şeş	şanzdeh	şêst	şeşsed
7	heft	hivdeh	heftê	heftsed
8	heşt	hijdeh	heştê	heştsed
9	neh	nozdeh	nod	nehsed

In Kurmanji cardinal numbers *du* 'two' and *sê* 'three' are used before nouns, while during counting and without any noun, or in a short answer, *didu* and *sisê* forms are used. Numbers higher than one (*yek*) are followed by the singular nominal; plurality is marked in the verb.

2.4.2 Ordinals

Ordinal numbers are formed from the cardinal numbers with the stressed suffix -*an* added to a cardinal number: *çaran* 'forth', *şeşan* 'sixth', etc. Exception is *yek* 'one', where the ordinal is *pêşin* or *ewlîn* 'first'.

2.5 Verbs

The verb in Kurmanji has two numbers: singular and plural. The singular has forms of three persons and one form in plural. There are three times in Kurmanji: past, present, and future.[14] The verb system of Kurmanji is based on two stems, i. e. present and past. There are also irregular verbs in Kurmanji (see Table 37).

---

13 In the local variants forms *dusid*, *sêsid*, *çarsid*, etc. are possible.
14 About Tenses see section 2.5.4.

2.5.1 Personal endings

The present-tense copulas are unstressed enclitics, written as separate words:

TABLE 11: PRESENT COPULAS

Personal Pronouns			postcons.	postvoc.	English translation	
	1.	ez	im	me	I	am
sg.	2.	tu	î	yî	you	are
	3.	ew	e	ye	s/he, it	is
	1.	em	in	ne	we	are
pl.	2.	hûn	in	ne	you	are
	3.	ew	in	ne	they	are

2.5.2 Causative

Causative in Kurmanji is formed with the auxiliary verb *dan* 'to give' (present stem -*d*-; past stem *da*-) and Infinitive of the semantic verb, to which in Armenian Kurmanji -*ê*[15] (often) is added. For example: *ez dam xeberdanê* (HC) 'I was forced to talk'.

Causative verbs in Kurmanji are also formed from the present stem of the verb plus -*andin*. The present stem of such verbs ends in -*în*. For example: *çêrîn* 'graze, pasture' (P-II); *çêrandin* 'put animals to graze' (ŞK); *revîn* 'run' (EB, HC, M-II, P-II, T), *revandin* 'kidnap, abduct' (HC); *tirsîn* 'be afraid of, fear' (KTB, P-V, ŞK), *tirsandin* 'frighten, scare, terrify' (M-V).

2.5.3. Mood

2.5.3.1 Imperative

The imperative mood is represented by two forms: singular and plural. The first is used in the form of address to one person, the second to many people. Recently the last form is used in respectful address 'You' as well (see section 2.3.1.1).

2.5.3.1.1 Affirmative form of the imperative mood

Affirmative form of the imperative mood is formed with the help of the prefix *bi*-, the present stem of the verb and personal ending -*e* (for the 2nd person sg.) or -*(i)n* (for the 2nd person pl.), for instance: *bixwe* 'eat!' (sg.), *bixwin* 'eat!' (pl.). Prefixal verbs in the imperative mood do not take the particle *bi*-, for instance: *rabe* (sg.) and *rabin* (pl.) 'stand up!' The formative prefix takes the stress (see section 1.2.1). Exceptions are *hatin* and *çûn*:

---

15 According to Kurdoev this -*ê* in its form and sence is identical with the suffix -*ê* of the oblique case (Kurdoev 1957: 251).

	hatin 'to come'	*Translation*	**çûn** 'to go'	*Translation*
sg.	were		here	
pl.	werin	'come!'	herin	'go!'

If the present stem of the verb begins with a vowel then *i* in the prefix *bi* is dropped, e. g.: *bi + în + e → bîne* 'bring!', *bi + avêj + e → bavêje* 'throw!', etc.
If the present stem of the verb ends with a vowel, it gets in singular no *-e*, for instance: *bajo* 'drive!', *bişo* 'wash!', *bijî* 'live!', etc.

2.5.3.1.2 *The prohibitive form of the imperative mood*

The prohibitive form of the imperative mood is formed with the replacement of the prefix *bi-* to the negative particle *ne-*. In prefixal verbs in the negative imperative mood the negative particle *ne-* joins after the prefix, e. g.: *venexwe* 'do not drink!' (sg.).
Verbs which are exceptions (*hatin* 'to come' and *çûn* 'to go'), form negation according common rules, i. e. *neyê* 'do not come!' (sg.), *neçe* 'do not go!' (sg.). Rarer in the negative forms the particle *me-* instead of *ne-* is used.

2.5.3.2 *Optative*

The optative mood expresses condition and desire and it also forms the basis of the subjunctive mood.

2.5.3.2.1 *Optative: Present*

TABLE 12: OPTATIVE: PRESENT

Simple verb **dîtin** ('to see')		Prefixed verb **vekirin** ('to open')	
ez	bibînim	ez	vekim
tu	bibînî	tu	vekî
ew	bibîne	ew	veke
em	bibînin	em	vekin
hûn	bibînin	hûn	vekin
ew	bibînin	ew	vekin

2.5.3.2.2 Optative: Past Simple

TABLE 13: OPTATIVE: PAST SIMPLE

Intransitive verb **hatin** ('to come')		Transitive verb **dîtin** ('to see') without object	
ez	bihatima, bihatama	min(ê)	bidîta
tu	bihatayî	te(ê)	bidîta
ew	bihata	wê	bidîta
em	bihatina, bihatana	me(ê)	bidîta
hûn	bihatina, bihatana	we(ê)	bidîta
ew	bihatina, bihatana	wan(ê)	bidîta

2.5.3.2.3 Optative: Past Perfect

TABLE 14: OPTATIVE: PAST PERFECT

Intransitive verb **hatin** ('to come')		Transitive verb **dîtin** ('to see') without object	
ez	hatibûma, hatibama	min	dîtibûya, dîtiba
tu	hatibûyî, hatibayî	te	dîtibûya, dîtiba
ew	hatibûya, hatiba	wî, wê	dîtibûya, dîtiba
em	hatibûna, hatibana	me	dîtibûya, dîtiba
hûn	hatibûna, hatibana	we	dîtibûya, dîtiba
ew	hatibûna, hatibana	wan	dîtibûya, dîtiba

2.5.4 Tenses

Kurmanji has the following tenses: Present, Future, Simple Past (Preterite), Past Progressive (Continious), Present Perfect and Past Perfect. There are two kinds of conjugation differing from the transitivity of a verb.

2.5.4.1 The Present Tense

Present tense is used for progressive, habitual, predictive (near future) activities, as well as states in present time.

TABLE 15: THE PRESENT TENSE

*Verb **dîtin** 'to see'*

1	ez	dibînim	'I see / I am seeing'
2	tu	dibînî	'you see / you are seeing'
3	ew	dibîne	's/he, it sees / s/he, it is seeing'
1	em	dibînin	'we see / we are seeing'
2	hûn	dibînin	'you see / you are seeing'
3	ew	dibînin	'they see / they are seeing'

TABLE 16: THE PRESENT TENSE

*Prefixed verb **vekirin** 'to open'*

1	ez	vedikim	'I open / I am opening'
2	tu	vedikî	'you open / you are opening'
3	ew	vedike	's/he, it opens / s/he, it is opening'
1	em	vedikin	'we open / we are opening'
2	hûn	vedikin	'you open / you are opening'
3	ew	vedikin	'they open / they are opening'

The conjugation of the verb hatin ('to come') in the Present Tense see 2.5.5.1.1.

2.5.4.2 The Future Tense

TABLE 17: THE FUTURE TENSE

*Verb **dîtin** 'to see' (**-bîn-** with the final consonant)*

1	ezê[16]	bibînim	'I shall see'
2	tuê[17]	bibînî	'you will see'
3	ewê	bibîne	's/he, it will see'
1	emê	bibînin	'we shall see'
2	hûnê	bibînin	'you will see'
3	ewê	bibînin	'they will see'

---

16 There are a few variants of writing, i. e. ezê, ez'ê, and ez ê.
17 In many regions tuyê is pronounced. Tuê is often pronounced as tê.

TABLE 18: THE FUTURE TENSE

*Verb **jiyan** 'to live' (-jî- with the final vowel)*

1	ezê	bijîm	'I shall live'
2	tuê	bijî	'you will live'
3	ewê	bijî	's/he, it will live'
1	emê	bijîn	'we shall live'
2	hûnê	bijîn	'you will live'
3	ewê	bijîn	'they will live'

2.5.4.3 The Simple Past Tense (Preterite)

2.5.4.3.1 The Simple Past Tense (intransitive verbs)
The conjugation of intransitive verbs in the Past Tense is following:

TABLE 19: THE SIMPLE PAST TENSE

*Intransitive verb **hatin** 'to come'*

1	ez	hatim	'I came'
2	tu	hatî	'you came'
3	ew	hat	's/he, it came'
1	em	hatin	'we came'
2	hûn	hatin	'you came'
3	ew	hatin	'they came'

2.5.4.3.2 The Simple Past Tense (transitive verbs)

2.5.4.3.2.1 Ergativity
The term 'ergative' is used for a verbal structure in which the subject of the transitive verb in the Past Tense is in the oblique case, while the object is in the direct case. The verb is in agreement with the direct object of the phrase. Transitivity plays a crucial role in ergative construction in Kurmanji.

> *wê ez kedî kirime* (MP)   'she has tamed me'
> S   O   V[18]

---

18 Subject – Object – Verb, clause structure see section 4.

Simple Past Tense		Present Tense	
Verb agrees with Direct Object		*Verb agrees with Subject*	
Te **ez** dît**im**.	'You saw me.'	**Tu** min dibîn**î**.	'You see me.'
Me **tu** dît**î**.	'We saw you.'	**Em** te dibîn**in**.	'We see you.'
We **ez** nas kir**im**.	'You recognized me.'	**Hûn** min nas dik**in**.	'You recognize me.'

2.5.4.3.2.2 Conjugation of transitive verbs in the Simple Past Tense

TABLE 20: THE SIMPLE PAST TENSE

*Transitive verb **dîtin** 'to see' (without object)*

1	min	dît	'I saw'
2	te	dît	'you saw'
3	wî, wê	dît	's/he, it saw'
1	me	dît	'we saw'
2	we	dît	'you saw'
3	wan	dît	'they saw'

TABLE 21: THE SIMPLE PAST TENSE

*Transitive prefixed verb **vekirin** 'to open' (without object)*

1	min	vekir	'I opened'
2	te	vekir	'you opened'
3	wî, wê	vekir	's/he, it opened'
1	me	vekir	'we opened'
2	we	vekir	'you opened'
3	wan	vekir	'they opened'

TABLE 22: THE SIMPLE PAST TENSE

*Transitive verb **dîtin** 'to see' (with object)*

Şivên ez	dîtim	'The shepherd saw me.'
Şivên tu	dîtî	'The shepherd saw you.'
Şivên ew	dît	'The shepherd saw him/her/it.'
Şivên em	dîtin	'The shepherd saw us.'
Şivên hûn	dîtin	'The shepherd saw you.'
Şivên ew	dîtin	'The shepherd saw them.'

2.5.4.4 The Past Progressive Tense (Imperfect)

2.5.4.4.1 The Past Progressive Tense (intransitive verbs)

TABLE 23: THE PAST PROGRESSIVE TENSE
Intransitive verb **hatin** *'to come'*

1	ez	dihatim	'I was coming / I used to come'
2	tu	dihatî	'you were coming / you were to come'
3	ew	dihat	's/he, it was coming / s/he, it used to come'
1	em	dihatin	'we were coming / we used to come'
2	hûn	dihatin	'you were coming / you used to come'
3	ew	dihatin	'they were coming / they used to come'

2.5.4.4.2 The Past Progressive Tense (transitive verbs)

TABLE 24: THE PAST PROGRESSIVE TENSE
Transitive verb **dîtin** *'to see' (without object)*

1	min	didît	'I was seeing / I used to see'
2	te	didît	'you were seeing / you used to see'
3	wî, wê	didît	's/he, it was seeing / s/he, it used to see'
1	me	didît	'we were seeing / we used to see'
2	we	didît	'you were seeing / you used to see'
3	wan	didît	'they were seeing / they used to see'

TABLE 25: THE PAST PROGRESSIVE TENSE
Transitive prefixed verb **vekirin** *'to open' (without object)*

1	min	vedikir	'I was opening / I used to open'
2	te	vedikir	'you were opening / you used to open'
3	wî, wê	vedikir	's/he, it was opening / s/he, it used to open'
1	me	vedikir	'we were opening / we used to open'
2	we	vedikir	'you were opening / you used to open'
3	wan	vedikir	'they were opening / they used to open'

TABLE 26: THE PAST PROGRESSIVE TENSE

Transitive verb dîtin 'to see' (with object)

Şivên ez	didîtim	'The shepherd was seeing me / used to see me'
Şivên tu	didîtî	'The shepherd was seeing you / used to see you'
Şivên ew	didît	'The shepherd was seeing him/her/it / used to see him/her/it'
Şivên em	didîtin	'The shepherd was seeing us / used to see us'
Şivên hûn	didîtin	'The shepherd was seeing you / used to see you'
Şivên ew	didîtin	'The shepherd was seeing them / used to see them'

2.5.4.5 The Present Perfect Tense

The Present Perfect Tense in Kurmanji expresses an action the result of which continues in the present.

2.5.4.5.1 The Present Perfect Tense (intransitive verbs)

TABLE 27: THE PRESENT PERFECT TENSE

Intransitive verb hatin 'to come'

1	ez	hatime	'I have come'
2	tu	hatiyî	'you have come'
3	ew	hatiye	's/he, it has come'
1	em	hatine	'we have come'
2	hûn	hatine	'you have come'
3	ew	hatine	'they have come'

TABLE 28: THE PRESENT PERFECT TENSE

Intransitive verb çûn 'to go'

1	ez	çûme	'I have gone'
2	tu	çûyî	'you have gone'
3	ew	çûye	's/he, it has gone'
1	em	çûne	'we have gone'
2	hûn	çûne	'you have gone'
3	ew	çûne	'they have gone'

2.5.4.5.2 The Present Perfect Tense (transitive verbs)

TABLE 29: THE PRESENT PERFECT TENSE

Transitive prefixed verb **vekirin** *'to open' (without object)*

1	min	vekiriye	'I have opened'
2	te	vekiriye	'you have opened'
3	wî, wê	vekiriye	's/he, it has opened'
1	me	vekiriye	'we have opened'
2	we	vekiriye	'you have opened'
3	wan	vekiriye	'they have opened'

TABLE 30: THE PRESENT PERFECT TENSE

Transitive verb **dîtin** *'to see' (with object)*

Şivên ez	dîtime	'The shepherd has seen me.'
Şivên tu	dîtiyî	'The shepherd has seen you.'
Şivên ew	dîtiye	'The shepherd has seen him/her/it.'
Şivên em	dîtine	'The shepherd has seen us.'
Şivên hûn	dîtine	'The shepherd has seen you.'
Şivên ew	dîtine	'The shepherd has seen them.'

2.5.4.6 The Past Perfect Tense

2.5.4.6.1 The Past Perfect Tense (intransitive verbs)

TABLE 31: THE PAST PERFECT TENSE

Intransitive verb **hatin** *'to come'*

1	ez	hatibûm	'I had come'
2	tu	hatibûyî	'you had come'
3	ew	hatibû	's/he, it had come'
1	em	hatibûn	'we had come'
2	hûn	hatibûn	'you had come'
3	ew	hatibûn	'they had come'

2.5.4.6.2 The Past Perfect Tense (transitive verbs)

2.5.4.6.2.1 The Past Perfect Tense (without object)

TABLE 32: THE PAST PERFECT TENSE

Transitive prefixed verb **vekirin** *'to open' (without object)*

1	min	vekiribû	'I had opened'
2	te	vekiribû	'you had opened'
3	wî, wê	vekiribû	's/he, it had opened'
1	me	vekiribû	'we had opened'
2	we	vekiribû	'you had opened'
3	wan	vekiribû	'they had opened'

2.5.4.6.2.2 Past Perfect Tense (with object)

TABLE 33: THE PAST PERFECT TENSE

Transitive verb **dîtin** *'to see' (with object)*

Şivên ez	dîtibûm	'The shepherd had seen me.'
Şivên tu	dîtibûyî	'The shepherd had seen you.'
Şivên ew	dîtibû	'The shepherd had seen him/her/it.'
Şivên em	dîtibûn	'The shepherd had seen us.'
Şivên hûn	dîtibûn	'The shepherd had seen you.'
Şivên ew	dîtibûn	'The shepherd had seen them.'

2.5.5 Voice

2.5.5.1 Passive

The passive voice in Kurmanji is formed with the intransitive auxiliary verb *hatin* 'to come' and the infinitive of the semantic verb, to which in Armenian Kurmanji -*ê* is often added.

2.5.5.1.1 Conjugation of the verb hatin ('to come') in the Present Tense

TABLE 34: CONJUGATION OF THE VERB HATIN ('TO COME')
         IN THE PRESENT TENSE

ez	têm	'I come / I am coming'
tu	têyî	'you come / you are coming'
ew	tê	's/he, it comes / s/he, it is coming'
em	tên	'we come / we are coming'
hûn	tên	'you come / you are coming'
ew	tên	'they come /they are coming'

2.5.5.1.2 Conjugation of the verb hatin ('to come') in negative form

TABLE 35: CONJUGATION OF THE VERB HATIN ('TO COME') IN THE
         NEGATIVE FORM

ez	nayêm	'I do not come / I am not coming'
tu	nayêyî	'you do not come / you are not coming'
ew	nayê	's/he, it does not come / s/he, it is not coming'
em	nayên	'we do not come / we are not coming'
hûn	nayên	'you do not come you / you are not coming'
ew	nayên	'they do not come / they are not coming'

Examples:

Ez nehatime kedîkirin. (MP)	'I am not tamed.'
Jiyaneke ku her roj bi evînê tê avdan divê. (SE-II)	'He needs a life that is watered with love every day.'

2.6 Auxiliary verbs

2.6.1 Possession

There is no special verb with the meaning 'to have' in Kurmanji. Possession is expressed by the 3rd person of the verb *hebûn* 'to be', 'to exist':

	affirmative	negative	
sg.	*heye*	*tune*	/ *nîne*
pl.	*hene*	*tunene, tunin*	/ *nînin*

Word order in such sentence is following:

> Tifingên *wan* hene. (MP)   'They have guns.'
>   1   2   3

> Zarê *wê* tunebûn.[19]   'She did not have children.'
>   1   2   3

2.7 Adpositions

Kurmanji adpositions consist of prepositions, postpositions and ambipositions which include pre- and post-nominal elements. Moreover, the nominal objects of such adpositions are in the oblique case.

2.7.1 Prepositions

Prepositions in the Kurdish language can be divided into groups. Nouns and pronouns governed by prepositions are in the oblique case.

2.7.1.1 First group of prepositions

bê	'without'
bi	'with, by'
ji	'from'
li	'at, in, to'

bi gul û kulîlka (SX)	'with flowers'
zarokên bê dê û bav (HC)	'children without parents'
ji hemû yên din (MP)	'from all other'

There are four prepositions in the Kurdish language that were historically formed from the 3rd person singular pronoun and prepositions *bi, di, ji, li* and now are used in such forms:

bi +	*wê/wî*	=	*pê*	'with (the help of smth), by'
di +	*wê/wî*	=	*tê*	'in, into'
ji +	*wê/wî*	=	*jê*	'from'
li +	*wê/wî*	=	*lê*	'in, at'

---

19 Lesson IV. Text 3. *Berbang*. Erebê Şemo (original). Part II.

2.7.1.2 Second group of prepositions

Preposition	Translation	Usage in the texts
ber	'in front of; by, near; because of'	(HC, M-II, M-III, M-IV, etc.)
bin	'under'	(P-II)
bo	'for, because of'	(AE)
bona	'for'	(KTB, MP)
(li) cem	'near, with'	(HC)
heta	'up to; until'	(HC)
ji bo	'for, because of'	(HD-I, HD-II, ŞK)
ji nav	'from inside'	(M-II)
li ber	'in front of'	(HC, ME, N, TKE)
li bin	'under'	(MP, AE)
li nav	'among, inside, in between'	(EÇ)
li pey	'after'	(SE-II)
li ser	'on, over, at'	(HD-I, MP, SE-II, T)
nav	'among, inside, in between'	(KTB, M-II, M-III, ŞK)
pey	'after, following'	(ÊF)
ser	'on, over, at'	(BŞB, HC, KR, ME, MP, etc.)

2.7.2 Ambipositions

Kurmanji also has circumfix or ambiposition constructions, where a preposition is coupled with one of three postpositions *re, ve,* and *de* (in the literary Kurmanji in Armenia *ra, va,* and *da*). Accompanying prepositions, they can change their meaning, e. g., *ji te* 'from you', *ji te re* 'for/to you'.

The postposition *re* usually indicates motion towards or across. The noun with pre-postposition *bi… re* indicates togetherness. The postposition *ve* is usually used in the function of locality or indicates motion towards. The pre-postposition construction *bi… ve, û… ve* indicates togetherness of both subjects. Joining to the words that express time, postposition *ve* indicates the beginning of action in time. Locality is formed with the help of postposition *de*. It is often used in combination with prepositions *li* and *di*.

ezê ji te ra bînim (ME)	'I'll bring to you'
bi sed sala va cînarê hev bûn[20]	'(they) were neighbours for centuries'
di warê kurdzaniyê da[21]	'in the field of Kurdish Studies'

---

20 Lesson I. Text 3. *Zargotina Kurda.* Ordîxan û Celîlê Celîl. Part I.
21 Lesson II. Text 4. *Emînê Evdal (1906–1964).* Eskerê Boyîk.

3 Word Formation

3.1 Some Useful Derivational Suffixes

Suffixes 1 to 5 form words with the meanings of profession, possession, and quality.

3.1.1 -van

aşvan	'miller'	(from *aş* 'mill')
gavan	'herdsman'	(from *ga* 'bull')

3.1.2 -dar

dersdar	'teacher'	(from *ders* 'lesson')
evîndar	'lover, in love'	(from *evîn* 'love')

3.1.3 -kar

xwendekar	'student'	(from *xwendin* 'education')
gunehkar	'guilty'	(from *guneh* 'guilt')

3.1.4 -mend

aqilmend	'clever'	(from *aqil* 'mind')
hunermend	'artist, a person of art'	(from *huner* 'art')

3.1.5 -çî

zurneçî	'player of *zurne*'	(from *zurne* 'zurne', a reed instrument)
defçî	'drummer'	(from *def* 'drum')

3.1.6 -ik

-ik is a diminutive-endearment suffix.

darik	'wand, little stick'	(from *dar* 'stick')
dilik	'little heart'	(from *dil* 'heart')

3.1.7 -stan

A suffix *-stan* is used for the formation of place-names, where there are many people or some things.

Kurdistan	'Kurdistan'	(from *kurd* 'Kurd')
gulistan	'flower garden'	(from *gul* 'flower')

3.1.8 -dan, -dang/k

Suffixes *-dan* and *-dang* (especially in Armenia) or *-dank* are used for the formation of names with meaning of a container for a specific use.

huburdang/k	'ink-pot'	(from *hubur* 'ink')
kozîdang	'ash-tray'	(from *kozî* 'ash')

3.1.9 -tî, -î, -anî

Suffixes *-tî*, *-î*, and *-anî* are used in the formation of abstracts from nouns.

hevaltî	'friendship'	(from *heval* 'friend')
mêranî	'courage'	(from *mêr* 'man')
welatparêzî	'patriotism'	(from *welat* 'native land')

3.1.10 -î, -ayî

Suffixes *-î* and *-ayî* are used in the formation of nouns from adjectives.

giranî	'heaviness'	(from *giran* 'heavy')
korayî	'blindness'	(from *kor* 'blind')
şîrinayî	'sweetness'	(from *şîrin* 'sweet')

3.1.11 -î, -vanî

-î and *-vanî* are the suffixes for expressing people's origin.

Tilbîsvanî	'a person from Tbilisi'
Şikakî	'a person from Shikak tribe'
Şingalî	'a person from Shingal region'

4 Clause Structure

4.1 Simple sentences and sentence types

4.1.1 Declarative sentence

The basic word order in main, coordinate and dependent clauses in Kurmanji is SOV, i. e.:

> Subject – Object – Verb.
> *min*   – *dewar* – *hişt* (HC)   'I left the cattle'

The simplest clause can, however, comprise of a single verb. While the word order is SOV, in colloquial speech it can change, for instance, for emphasis on agent OSV.

Direction follows the verb without any preposition, but sometimes with the ending -*e*, added to the verb, e. g.:

> *here êtîmxaneyê* (HC)   'go to the orphanage'
> *diçûne mala wî merivî* (D)   '(they) used to go to the home
>   of that person'

In Kurmanji, introductory expressions, like interjections, expressions of emotions, are coming in the beginning of the sentence. Direct object phrases follow subjects. Modifying adverbial phrases usually follow the sequence:

> Time – Location – Manner.

4.1.2 Interrogative sentences

Interrogative sentences in Kurmanji do not change the basic word order SOV:

> *Tu zêviyên li wir dibînî?* (MP)   'Do you see the grain-fields
>   down there?'

The question-word appears where the parts of speech it represents are normally located:

> *Lê kîjan musîk?* (SE)   'But which music?'
> *Ew Xizir çi bû?* (MZ)   'What was that Khizir?'

4.2 Complex sentences

In coordinate clauses, the connectors may be simple conjunctions or complex phrases. Coordination conjunctions include: *û* 'and', *jî* 'also', *ya(n)* 'or', *lê*, 'but', *lê belê* 'but, however'. In the subordinate clauses, subordinating conjunctions are used: *ku* 'that', *(h)eger* 'if', *heta* 'until', *ji ber ku* 'because', *çimkî* 'because'. Relative clauses could be introduced by conjunction *kê* 'who'. Temporal clauses are introduced by conjunction *kengê* 'when' and, as a rule, precede the main clause. Conditional clauses precede the main clause and often are introduced by *(h)eger* 'if'. Causal clauses precede the main clause. Purpose clauses usually follow the main clause.

Excursus I: Verbs Used in the Part I

Tables (36–38) include regular, irregular and prefixed and compound verbs from the texts from Part I (excluding the verbs from the texts designed for self study). For each verb the present stem, imperative form singular, translation and transitivity are given.

1. Regular Verbs

TABLE 36: REGULAR VERBS

Infinitive	Present Stem	Imperative Sg.	Translation	Transitivity
barîn	*-bar-*	*bibare*	rain, snow, hail	intr
bişkivîn	*-bişkiv-*	*bibişkive*	blossom out, open (a flower)	intr
civîn	*-civ-*	*bicive*	gather	intr
çilmisîn	*-çilmis-*	*biçilmise*	wither, fade; die/fade away	intr
fikirîn	*-fikir-*	*bifikire*	think	intr
firîn	*-fir-*	*bifire*	fly	intr
gerîn	*-ger-*	*bigere*	walk; go for a walk; look for	intr
guhêrin	*-guhêr-*	*biguhêre*	change, vary	intr/tr
karîn	*-kar-*	*bikare*	be able to, can	tr
kenîn	*-ken-*	*bikene*	laugh, smile	intr
kirîn	*-kir-*	*bikire*	buy	tr
kutan	*-kut-*	*bikute*	hit, beat, knock	tr
mirin	*-mir-*	*bimire*	die	intr
meşîn	*-meş-*	*bimeşe*	walk	intr
nalîn	*-nal-*	*binale*	moan, groan, lament	intr
nasîn	*-nas-*	*binase*	know, recognize; get to know	tr
ne'lîn	*-ne'l-*	*bine'le*	moan, groan	intr
nihêrin	*-nihêr-*	*binihêre*	look	intr
nivîsîn	*-nivîs-*	*binivîse*	write	tr

Infinitive	Present Stem	Imperative Sg.	Translation	Transitivity
peyivîn	-peyiv-	bipeyive	speak, talk	intr
pirsîn	-pirs-	bipirse	ask	tr
pîvan	-pîv-	bipîve	measure	tr
revîn	-rev-	bireve	run	intr
riştîn	-rişt-	birişte	spin	tr
sekinîn	-sekin-	bisekine	stay, stand; await	intr
silikîn	-silik-	bisilike	step back; recede; go back; move away	intr
sincirîn	-sincir-	bisincire	be heated	intr
şibihîn	-şibih- / -şib-	bişib(ih)e	be/look like, resemble	intr
şûlikîn	-şûlik-	bişûlike	creep, crawl	intr
tirsîn	-tirs-	bitirse	be afraid of, fear	intr
xemilîn	-xemil-	bixemile	be adorned	intr
xeyîdîn	-xeyîd-	bixeyîde	be offended by, be hurt by	intr
zanîn	-zan-	bizane	know	tr
zewicîn	-zewic-	bizewice	marry	intr
zûkîn	-zûk-	bizûke	howl; wail	intr

2. Irregular Verbs

TABLE 37: IRREGULAR VERBS[1]

Infinitive	Present Stem	Imperative Sg.	Translation	Transivity
anîn	-în-	bîne	bring	tr
avêtin / avîtin	-avêj-	bavêje	throw; get rid of	tr
barandin	-barîn-	bibarîne	rain, shower (smth) on	tr
bexşandin	-bexşîn-	bibexşîne	forgive, excuse, pardon	tr
bihîstin / bîstin	-bihis-, -bihîz-, -bihê-	bibihîze, bibihê	listen, hear	tr
birin	-b-	bibe	take away, carry off	tr

---

1 Causative verbs are included in this table for easier usage.

Infinitive	Present Stem	Imperative Sg.	Translation	Transivity
bûn	*-b-*	*be/bibe*	be; become	intr
çêrandin	*-çêrîn-*	*biçêrîne*	graze, pasture, put animals to graze	tr
çêrîn	*-çêr-*	*biçêre*	graze, pasture	intr
çûn	*-ç-*	*here*	go, leave	intr
daçiviyan	*-daçiv-*	*bidaçive*	stoop; incline	intr
dan	*-d-*	*bide*	give; *dan* + *Inf* make smb do smth	tr
divêtin	*-vê-*	*bivê*	need	tr
dîtin	*-bîn-*	*bibîne*	see; find	tr
firotin	*-firoş-*	*bifiroşe*	sell	tr
gestin	*-gez-*	*bigeze*	bite	tr
gihandin	*-gihîn-*	*bigihîne*	get (smb/smth) to a place, make (smth) reach	tr
gihîştin	*-gihîj-*	*bigihîje*	reach, rise, arrive at	intr
girtin	*-gir-*	*bigire*	hold; catch	tr
gotin	*-bêj-*	*(bi)bêje*	say, tell	tr
guhastin	*-guhêz-*	*biguhêze*	transport; remove; change	tr
hatin	*-ê-*	*were*	come; arrive, reach	intr
hiştin	*-hêl-*	*bihêle*	leave, let; allow	tr
jiyan	*-jî-*	*bijî*	live	intr
ketin	*-kev-*	*bikeve*	fall	intr
kirin	*-k-*	*bike*	do, make; act	tr
kişandin	*-kişîn-*	*bikişîne*	carry; drag; draw last	tr
kotin	*-koj-*	*bikoje*	gnaw; nibble; masticate	tr
kuştin	*-kûj-*	*bikûje*	kill	tr
lîstin	*-lîz-*	*bilîze*	play; dance	tr
man / mayîn	*-mîn-*	*bimîne*	remain, stay	intr
parastin	*-parêz-*	*biparêze*	protect, save; take care (of), guard (from)	tr
perçiqandin	*-perçiqîn-*	*biperçiqîne*	knock down; crumple; crush	tr
pijqandin	*-pijiqîn-*	*bipijiqîne*	make (smth) gush or squirt	tr

Infinitive	Present Stem	Imperative Sg.	Translation	Transivity
qelaştin	-qelêş-	biqelêşe	tear (to/in pieces), tear up; split	tr
qetiyan	-qetîn-	biqetîne	break in two, snap	intr
revandin	-revîn-	birevîne	kidnap, abduct	tr
standin	-stîn-	bistîne	take; buy	tr
şandin	-şîn-	bişîne	send	tr
şewitandin	-şewitîn-	bişewitîne	set on the fire, set fire (to); burn (down)	tr
şûştin	-şo-	bişo	wash	tr
tirsandin	-tirsîn-	bitirsîne	frighten, scare, terrify	tr
vecini-qandin	-veciniqîn-	veciniqîne	frighten; startle, give (smb) a sudden fright	tr
xistin	-x-	bixe	beat; hit; put	tr
xwarin	-xw-	bixwe	eat	tr
xwastin	-xwaz-	bixwaze	want, wish; ask for	tr
xwendin	-xwîn-	bixwîne	study, learn; read	tr

3. Prefixed and Compound Verbs

TABLE 38: PREFIXED AND COMPOUND VERBS

Infinitive	Present Stem	Imperative Sg.	Translation	Transivity
aciz bûn	aciz -b-	aciz bibe	be annoyed with; suffer	intr
ad kirin	ad -k-	ad bike	swear; take one's oath	intr
av dan	av -d-	av bide	water, irrigate	tr
axîn kişandin	axîn -kişîn-	axîn bikişîne	sigh	tr
bal hev bûn	bal hev -b-	bal hev bin (pl.)	approach each other	intr
ber bi ... çûn	ber bi ... -ç-	ber bi ... here	make one's way (to, to-wards), wend one's way (to)	intr
ber bi ... hatin	ber bi ... -ê-	ber bi ... were	to go to meet, to meet smb half-way	intr
berê xwe dan	berê xwe -d-	berê xwe bide	turn towards; look; make one's way (to)	tr

Infinitive	Present Stem	Imperative Sg.	Translation	Transivity
berhev kirin	*berhev -k-*	*berhev (bi)ke*	gather, collect	tr
berjêr kirin	*berjêr -k-*	*berjêr bike*	lower, bow	tr
bersîv dan	*bersîv -d-*	*bersîv bide*	answer, reply	tr
bi paş de anîn	*(bi) paş de -în-*	*(bi) paş de bîne*	return, give back, restore; send back	tr
bêrî kirin	*bêrî -k-*	*bêrî bike*	miss, pine	tr
bêri(ya kesekî) kirin	*bêri(ya kesekî) -k-*	*bêri(ya kesekî) bike*	miss (smb)	tr
bin çe'va va li (kesekî) nihêrîn	*bin çe'va va li (kesekî) -nihêr-*	*bin çe'va va li (kesekî) binihêre*	look frowningly	tr
bi ser xwe de hatin	*bi ser xwe de -ê-*	*bi ser xwe de were*	come to consciousness	intr
bi ser hişê xwe de hatin	*bi ser hişê xwe de -ê-*	*bi ser hişê xwe de were*	come to consciousness	intr
bîr kirin	*bîr -k-*	*bîr bike*	forget	tr
cab(a kesekî) dan / caw(a kesekî) dan	*cab -d- / caw -d-*	*cab bide, caw bide*	answer, reply	tr
cîguhestî kirin	*cîguhestî -k-*	*cîguhestî bike*	move; change place	tr
cînartî kirin	*cînartî -k-*	*cînartî bike*	be (good) neighbours	tr
cuda bûn	*cuda -b-*	*cuda bibe*	differ, separate from	intr
çetin bûn	*çetin -b-*	*çetin bibe*	be difficult/hard, be complicated	intr
çe'v kutan	*çe'v -kut-*	*çe'v bikute*	stare at, fix one's eyes, gaze on	tr
çê bûn	*çê -b-*	*çê bibe*	heal, recover; be prepared	intr

Infinitive	Present Stem	Imperative Sg.	Translation	Transivity
dadan	da -d-	dade	close; rush to, fall on, jump to, throw oneself on	tr
danîn	da -în	dayne / deyne	put; lay down	tr
danîn ber (çavan)	da -în- ber (çavan)	dayne / deyne ber (çavan)	show, demonstrate	tr
dardakirin	darda -k-	dardake	hang (up)	tr
deranîn	der -în-	derîne	take out, lead out, make go out	tr
derketin	der -kev-	derkeve	go out, come out, get out	intr
derbas/ derbaz bûn	derbas -b-	derbas be	cross, go over; pass (through)	intr
ders û saz kirin	ders û saz -k-	ders û saz bike	organize	tr
dest dan	dest -d-	dest bide	touch	tr
dest pê kirin	dest pê -k-	dest pê (bi)ke	begin to, start	tr
deyamîşî ... bûn	deyamîşî ... -b-	deyamîşî ... bibe	lean on; touch	intr
dewsa ... girtin	dewsa ... -gir-	dewsa ... bigire	take the place of	tr
direw/ derew kirin	derew -k-	derew bike	lie	tr
diyar bûn	diyar -b-	diyar bibe	appear; be known	intr
dor û berê xwe nihêrîn	dor û berê xwe -nihêr-	dor û berê xwe binihêre	look round, have a look round	tr
derxistin	der -x-	derxe	take out, bring out; extract	tr
(bi) dûr ketin	(bi) dûr -kev-	(bi) dûr (bi)keve	become distant	intr
ecêbmayî man	ecêbmayî -mîn-	ecêbmayî bimîne	be astonished	intr
eciz bûn	eciz -b-	eciz bibe	suffer (from); despair (of)	intr

Infinitive	Present Stem	Imperative Sg.	Translation	Transivity
'emir kirin	*'emir -k-*	*'emir bike*	live	tr
fahm bûn	*fahm -b-*	*fahm (bi)be*	become clear	intr
fehm/fe'm kirin	*fehm -k-*	*fehm bike*	understand	tr
fikir dan	*fikir -d-*	*fikir bide*	make (smb) think	tr
fikir kirin	*fikir -k-*	*fikir bike*	think	intr
gazî kirin	*gazî -k-*	*gazî bike*	call; invite	tr
geş kirin	*geş -k-*	*geş bike*	shine on, cheer (smb) up	tr
guh dan	*guh -d-*	*guh bide*	listen, pay attention to smth	tr
guhdarî kirin	*guhdarî -k-*	*guhdarî bike*	listen to (smb/smth)	tr
gune pê anîn	*gune pê -în-*	*gune pê bîne*	pity; feel sorry for	tr
gura (ke-sekî) kirin	*gura (ke-sekî) -k-*	*gura (ke-sekî) bike*	obey; listen to	tr
gurîn kirin	*gurîn -k-*	*gurîn bike*	thunder; roar, rumble	tr
hal û wextê hev pirsîn	*hal û wextê hev -pirs-*	*hal û wextê hev bipirsin (pl.)*	ask after the welfare of each other	tr
hatin serê (kesekî)	*-ê- serê (kesekî)*	*were serê (kesekî)*	happen	intr
hatin xarê	*-ê- xarê*	*were xarê*	come down, fall down	intr
heqaret li (kesekî) kirin	*heqaret li (kesekî) -k-*	*heqaret li (kesekî) bike*	humiliate (smb)	tr
heyf(a ke-sekî ji tişt) hatin	*heyf(a kesekî ji tişt) -ê-*	*heyf(a ke-sekî ji tişt) were*	feel sorry (for smth); regret	intr
hêrs ketin	*hêrs -kev-*	*hêrs bikeve*	become angry (with), be cross (with), get angry	intr
hêsa bûn	*hêsa -b-*	*hêsa bibe*	have a rest; be/become easy	intr
(li) hêviya kesekî man	*(li) hêviya kesekî -mîn-*	*(li) hêviya kesekî bimîne*	wait for smb	intr
hildan	*hil -d-*	*hilde*	lift, raise; take	tr

Infinitive	Present Stem	Imperative Sg.	Translation	Transivity
hilgirtin	*hil -gir-*	*hilgire*	bear; carry, raise; lift up	tr
hiz/hez kirin	*hiz -k-*	*hiz bike*	love, like	tr
hizink rahiştin	*hizink ra -hêl-, hizink ra -hêj-*	*hizink rahêle*	sigh	tr
hîn bûn	*hîn -b-*	*hîn bibe*	study; get used to	intr
hîviya (kesekî) sekinîn	*hîviya (kesekî) -sekin-*	*hîviya (kesekî) bisekine*	wait for (smb)	intr
hû kirin	*hû -k-*	*hû bike*	make a noise (about the wind)	tr
înkar kirin	*înkar -k-*	*înkar bike*	refuse, deny; negate	tr
ji bîr kirin	*ji bîr -k-*	*ji bîr bike*	forget	tr
kedî kirin	*kedî -k-*	*kedî bike*	tame	tr
ketin hundir	*-kev- hundir*	*bikeve hundir*	enter, go into	intr
kêm bûn	*kêm -b-*	*kêm bibe*	decrease, to fall short (of), to be lacking	intr
kêm kirin	*kêm -k-*	*kêm bike*	reduce; abate (pain)	tr
kêrî (kesekî) hatin	*kêrî (kesekî) -ê-*	*kêrî (kesekî) were*	be of use (to), be useful for	intr
kul kirin	*kul -k-*	*kul bike*	inflame	tr
kulî bûn	*kulî -b-*	*kulî bibe*	to roll oneself into a ball, to roll up	intr
lava ji (kesekî) kirin	*lava ji (kesekî) -k-*	*lava ji (kesekî) bike*	entreat, beg (smb)	tr
leme-lem kirin	*leme-lem -k-*	*leme-lem bike*	purl, murmur; one can hear the noise of the sea	tr
lê vegerandin	*lê ve -gerîn-*	*lê vegerîne*	give back, return; answer (to smb)	tr
li ber xwe ketin	*li ber xwe -kev-*	*li ber xwe bikeve*	be worry, be upset	intr
li gor hev bûn	*li gor hev -b-*	*li gor hev bibin (pl.)*	look like each other, resemble	intr

Infinitive	Present Stem	Imperative Sg.	Translation	Transivity
li hev nihêrîn	li hev -nihêr-	li hev bi-nihêrin (pl.)	look to each other	tr
lêxistin	lê -x-	lêxe	hit, beat; play (instrument)	tr
mezin bûn	mezin -b-	mezin bibe	grow; grow up; increase	intr
mina bûn	mina -b-	mina bibe	disappear, vanish	intr
miqatî (kesekî) bûn	miqatî (kesekî) -b-	miqatî (ke-sekî) be	take care about (smb), look after (smb)	intr
miqatî (li kesekî) kirin	miqatî (li kesekî) -k-	miqatî (li kesekî) bike	take care of (smb/smth), guard from (smb)	tr
mitale kirin	mitale -k-	mitale bike	consider, think, ruminate (on)	tr
muhtacê (kesekî) bûn	muhtacê (kesekî) -b-	muhtacê (kesekî) be	be in need of (smb)	intr
nas kirin	nas -k-	nas bike	know, recognize; get to know	tr
nav kirin	nav -k-	nav bike	call; name	tr
nexweş ketin	nexweş -kev-	nexweş (bi)keve	fall sick / ill	intr
nêçîr kirin	nêçîr -k-	nêçîr bike	hunt	tr
nêzîkî (ke-sekî) bûn	nêzîkî (ke-sekî) -b-	nêzîkî (ke-sekî) be	come near (to smb)	intr
nêzîkî hev bûn	nêzîkî hev -b-	nêzîkî hev bin (pl.)	come close to one another	intr
perû kirin	perû -k-	perû bike	reward	tr
pev ketin	pev -kev-	pev kevin (pl.)	reconcile with each other, agree with each other	intr
peya bûn	peya -b-	peya be	dismount (a horse), get off (bus), get out of (a car)	intr
pêşniyaz kirin	pêşniyaz -k-	pêşniyaz bike	offer; propose	tr
pir bûn	pir -b-	pir bibe	increase	intr
pirs kirin	pirs -k-	pirs bike	ask	tr
pê hatin	pê -ê-	pê were	come with (smb)	intr

Infinitive	Present Stem	Imperative Sg.	Translation	Transivity
pêşiya ... da çûn	pêşiya ... da -ç-	pêşiya ... da here	to go to meet (smb)	intr
qerimî bûn	qerimî -b-	qerimî bibe	to be cooled down, to be freezed; be rooted to the ground	intr
qeseb xwarin	qeseb -xw-	qeseb bixwe	swear, vow; swear off (to do smth)	tr
qesem kirin	qesem -k-	qesem bike	swear, vow; swear off (to do smth)	tr
raberî ... kirin	raberî ... -k-	raberî ... bike	hold out, extend out	tr
rastî hev hatin	rastî hev -ê-	rastî hev werin (pl.)	meet each other by chance	intr
rastî (ke-sekî) hatin	rastî (ke-sekî) -ê-	rastî (ke-sekî) were	meet (smb) by chance	intr
razî bûn	razî -b-	razî bibe	be satisfied	intr
rabûn	ra -b-	rabe	stand up, get up, rise; be up	intr
rakirin	ra -k-	rake	lift, raise; lift up	tr
ramûsan	ra -mûs-	ramûse	kiss	tr
raxistin	ra -x-	raxe	spread, lay; make (bed)	tr
razan	ra -zê-	raze	sleep	intr
reca kirin	reca -k-	reca bike	entreat, beg; ask for	tr
rûreş kirin	rûreş -k-	rûreş bike	disgrace	tr
rûniştin	rû -n-	rune	sit down, sit	int
sebr/sebir kirin	sebir -k-	sebir bike	suffer, undergo, endure; have patience	tr
serxweş bûn	serxweş -b-	serxweş bibe	be drunk; get intoxicated (with)	intr
siyar bûn	siyar -b-	siyar bibe	board, mount, ride, get on	intr
sor(o-mo-ro) bûn	sor(o-moro) -b-	sor(o-moro) bibe	blush, turn red in the face	intr
şa bûn	şa -b-	şa bibe	make glad/happy; gladden	intr
şemal dan	şemal -d-	şemal bide	shine	tr

Infinitive	Present Stem	Imperative Sg.	Translation	Transivity
				tr
şer kirin	*şer -k-*	*şer bike*	wage war; fight (smb/ smth)	
şirokirin	*şiro -k-*	*şiro bike*	interpret; explain, elucidate (to)	tr
tam kirin	*tam -k-*	*tam bike*	taste	tr
temam bûn	*temam -b-*	*temam bibe*	be finished	intr
temaşe kirin	*temaşe -k-*	*temaşe (bi)ke*	view, watch	tr
temî li (kesekî) kirin	*temî li (kesekî) -k-*	*temî li (kesekî) bike*	preach, advice (smb) to do (smth)	tr
te'mûl dan	*te'mûl -d-*	*te'mûl bide*	stand, bear, suffer; have patience	tr
teselî kirin	*teselî -k-*	*teselî bike*	give (smb) consolation	tr
têgihîştin	*tê -gihê-*	*têbigihê*	understand	intr
tê ketin	*tê -kev-*	*tê keve*	enter, go in(to); get in	intr
tijî bûn	*tijî -b-*	*tijî bibe*	be filled; be inflated	intr
top kirin	*top -k-*	*top bike*	gather	tr
turuş kirin	*turuş -k-*	*turuş bike*	dare, venture; take the liberty of	tr
tûşî (tiştekî) bûn	*tûşî (tiştekî) -b-*	*tûşî (tiştekî) bibe*	meet, run into; be confronted (with smth)	intr
unda bûn	*unda -b-*	*unda bibe*	disappear, be lost	intr
vebûn	*ve -b-*	*vebe*	open	intr
vegerandin	*ve -gerîn-*	*vegerîne*	bring back, send back, return	tr
vegeryan	*ve -ger-*	*vegere*	return, come back	intr
vejandin	*ve -jîn-*	*vejîne*	break off; revive	tr
vekirin	*ve -k-*	*veke*	open	tr
velezîn	*ve -lez-*	*veleze*	lie on at full length, stretch out	intr
verê kirin	*verê -k-*	*verêke*	send, dispatch; mail; post	tr
veşartin	*ve -şêr-*	*veşêre*	hide, conceal	tr
war kirin	*war -k-*	*war bike*	shelter; give refuge (to)	tr

Infinitive	Present Stem	Imperative Sg.	Translation	Transivity
weranîn	*wer -în-*	*werîne*	bring	tr
wergirtin	*wer -gir-*	*wergire*	get, take (back)	tr
xatir xwastin / xastin	*xatir -xwaz-*	*xatir bixwaze*	take leave (of), say good-bye (to)	tr
xeber dan	*xeber -d-*	*xeber (bi)de*	speak, talk	tr
xew re çûn	*xew re -ç-*	*xew re here*	fall asleep	intr
xilaz/s kirin	*xilas -k-*	*xilas bike*	finish, complete; save, rescue	tr
xirabî kirin	*xirabî -k-*	*xirabî bike*	harm, do harm (to); to damage	tr
xwe avêtin	*xwe -avêj-*	*xwe bavêje*	rush to; throw oneself (on)	tr
xwe (ji ...) parastin	*xwe (ji ...) -parêz-*	*xwe (ji ...) biparêze*	defend oneself (from, against)	tr
xwe rûreş kirin	*xwe rûreş -k-*	*xwe rûreş bike*	disgrace (oneself), shame (oneself)	tr
xwe sipartin	*xwe -sipêr-*	*xwe bisipêre*	commit (yourself to smb)	tr
xwe unda kirin	*xwe unda -k-*	*xwe unda bike*	became flustered, lose one's presence of mind	tr
xwehr / xwar kirin	*xwehr -k-*	*xwehr bike*	tilt; bow, bend, curve	tr
xwedî kirin	*xwedî -k-*	*xwedî bike*	bring up; feed (an animal)	tr
xweyî kirin	*xweyî -k-*	*xweyî bike*	bring up; feed (an animal)	tr
xûn / xwîn kişîn	*xûn -kiş-*	*xûn bikişe*	bleed	intr
zeft kirin	*zeft -k-*	*zeft bike*	catch; bring under control	tr
zêde kirin	*zêde -k-*	*zêde bike*	add; increase	tr

Excursus II: Some Remarks on the Main Differences of the Local Kurmanji Variants from the Literary Language

to Part Two. Oral Texts in Kurmanji

1 Armenia

1.1 Phonology

1.1.1 'Aynation'

In Armenian Kurmanji, the 'aynation' or 'aynization' of a vowel marked ' is widely found. ' is a voiced pharyngal fricative, which is identical with Arabic ع ('ayn). In the texts in Part II, the aynized sound is found, for instance, in such words as:

In KA	Translation	Usage in the texts
'erf-'edet	'tradition'	(JK)
şe'r	'shawl'	(D)
'erd	'earth, land'	(R-II)

1.1.2 Phoneme x^w

As Sokolova[1] and Bakaev[2] note, the phoneme x^w or x^o, written in Kurmanji as xw exists along with the phoneme x in the all Kurmanji variants, however, it does not have a separate sign in the alphabet. This phoneme is found in the beginning and in the words in a position before the vowel a, as well as vowels $e, i, ê,$ and $î$. In many regions of Armenia and Georgia, xw in a position before e is pronounced just as xa, for example:

In LL	In KA	Usage in the texts
dixwest	dixast	(D)
xwe	xa	(R-I, R-II)
xweş	xaş	(D)
xweyî/xwedî kirin	xayî kirin	(JK)

The phoneme xw (x^w) with the following vowel $î$, i. e. $xwî$ ($x^w\hat{\imath}$) are pronounced in Armenian Kurmanji as $x\hat{u}$, for instance, $x\hat{u}n$ (KTB), instead of $xw\hat{\imath}n$ 'blood'.

---

1 Sokolova, V. S. *Ocherki po fonetike iranskikh jazykov* (Remarks on the phonology of the Iranian languages), I. Moskva, Leningrad, 1953.
2 Bakaev, Ch.Kh. *Jazyk Kurdov SSSR. Sravnitel'naja kharakteristika govorov* (The language of the Kurds of the USSR. Comparative characteristic of the dialects). Moskva, 1973, p. 49.

1.1.3 Consonant b

For the consonant *b* in Kurmanji in some regions in Armenia its spirantiza-
tion and transition into *v*, rare *w* is typical, e. g.:

In LL	In KA	Usage in the texts
bibe	bive	(R-I)
sibê	sivê	(R-I)
rabûne	ravûne	(R-I)
radibe	radive	(R-I)
xira(b) bû	xirav bû	(ÊF)

1.2 Morphology

1.2.1 Noun

1.2.1.1 Definite Articles

In Kurmanji in Armenia, when a noun is used with demonstrative pronoun it
gets the definite articles *-a* (sg.) and *-ana* (pl.).

1.2.1.2 Izafe

The plural izafe forms in Kurmanji in Armenia and Georgia are usually *-ê*
and *-êd*:

In KA	Translation	Usage in the texts
'erf-'edetê kurmancî	'Kurdish customs'	(JK)
êzdiyê Ermenîstanê	'Yezidis of Armenia'	(JK)
zarokêd fila	'Christian/Armenian children'	(ÊF)

If there is more than one modifier, e. g. 'my new book', then an izafe before the
second and other modifiers is not written in the isolated position as it is in the
literary language (see section 2.1.5.3[3]), but the izafe forms are as follows: for
the masculine sg. *-î* is added, for feminine sg. and plural *-e*.

kurê apî mezin	'elder son of the uncle'
kitêba mine nû	'my new book'
kincê mine pertî[4]	'my torn clothes'

---

3 Sections are from A Grammatical Sketch of Kurmanji to Part One
4 Lesson IV. Text 3. *Berbang*. Erebê Şemo. Part II.

1.2.2. Numerals

1.2.2.1 Cardinals

In Kurmanji in Armenia some cardinal numbers are different from the literary language (see section 2.4.1) variants.

TABLE 39: CARDINAL NUMBERS IN KA

	1–9	11–19	10–90	100–900
1	yek	yanzdeh	deh	sed
2	du, didu, dudu	donzdeh	bîst	dusid
3	sê, sisê	sêzdeh, sênzdeh	sî	sêsid
4	çar	çardeh	çil	çarsid
5	pênc	panzdeh	pêncî	pênsid
6	şeş	şanzdeh	şêst	şesid
7	heft, hevt	hivdeh	heftê, hevtê	hevsid
8	heyşt	hîjdeh	heyştê	heysid
9	neh	nozdeh	nod	nehsid

1.2.3 Pronouns

1.2.3.1 Personal Pronouns

In Armenian Kurmanji, the 3rd person plural pronoun in the direct case is *ewana* (D) and 3rd person singular in the oblique case for feminine nouns is *ewê* (R-II), for masculine is *ewî*.[5]

1.2.3.2 Demonstrative Pronouns

In Armenian Kurmanji, the demonstrative pronoun to refer to a person, a thing, or a place near to the speaker in position and time could be *ev* (this, it), *eva* (this, it), and *evana* (these). For far from the speaker objects *ew* (that) and for plural *ewan* (those) are used.

---

5 In the Part I, the pronoun *ewî* is used in the texts written in Armenia: Lesson III. Text 4. *Tarîxa edebiyeta Kurdî. (Ahmedê Xanî).* Qanatê Kurdo; Lesson IV. Text 3. *Berbang.* Erebê Şemo. Part I; Lesson VI. Text 3. *Zargotina Kurda.* Ordîxan û Celîlê Celîl. Part I; Lesson VII. Text 1. *Kurdê Rêwî.* Sehîdê Îbo.

1.2.4 Verbs

1.2.4.1 Cases

In the oblique case all plural nouns get an ending *-a*, instead of *-an*:

In KA	Translation	Usage in the texts
ber tirka revîn	'they run from the Turks' (JK)	
nava qurna da	'during the centuries'	(ÊF)
têkeliya êzidiya û fila	'relations of Yezidis and Armenians'	(ÊF)

1.2.5 Prepositions

In Kurmanji in Armenia and Georgia, the use of prepositions *li*, *bi* and *di* in pre- and postpositional constructions is not as strict as in the literary language and not so frequent, for example:

êla Zuqiriya temam wê	'people from the Zuqirî tribe
qezê da bûne (JK)	were all in that region'

2 Syria

2.1 Vocabulary

In Kurmanji in Syria, such words that are not usually found in the literary language are used:

In KS	Translation	Usage in the texts
bi war	'with them'	(JMS-II)
çûçik	'small'	(JMS-I)
dawem kir	'went on'	(JMS-I)
vêca	'this time, now; if so'	(JMS-I, JMS-II)
wulo	'so, in this way; such'	(JMS-I, JMS-II)

3 Iraqi Kurdistan

3.1 Morphology

3.1.1 Noun

3.1.1.1 Izafe

Instead of the plural izafe form *-ên* (sometimes *-ê*) in the literary language (see section 2.1.5.1), in Iraqi Kurdistan it is usually *-êt*. For instance:

In KIK	Translation	Usage in the texts
daxwazêt xo	'its wishes'	(RQA)
gundêt Sirêçka	'Sirêchka and Doghat	(GXMK)
û Doxata	villages'	
mirovêt bernas	'well-known people'	(RRD)

When the noun has the indefinite suffix *-ek*, then the izafe forms after it in Kurmanji in Iraqi Kurdistan are the same as for the definite nouns: *-ê* (sg. m) and *-a* (sg. f). The Izafe forms after the indefinite suffix *-ek* are following:

	In LL	In KIK
sg. m	*-î*	*-ê*
sg. f	*-e*	*-a*

Example:

Bajêrê Dihûkê bajêrekê xoş	'Duhok city is a nice and
û can e. (BD)	beautiful city.'

3.1.2 Numerals

Numeral *êk* (BZ, RQA, RRD) 'one' is used in this variant of dialect instead of *yek*.

3.1.3 Verbs

3.1.3.1 Present Personal Endings

In this variation of Kurmanji, the 3rd person singular has the ending *-(i)t* instead of *-e* in the literary language. For example, *dixwazit* (RQA) instead of *dixwaze* 's/he, it wants', *namrit* (RQA) instead of *namire* 's/he, it does not die'. The 1st person plural has *-în* ending, and not *-in* as in the literary language, for instance: *Em xelkê Zaxo hej bajarê xo dikîn.* (BZ) 'We inhabitants of Zakho love our city'. The present personal endings in Kurmanji in Iraqi Kurdistan (Zakho, Sheikhan, and other regions) are as follows:

TABLE 40: PRESENT COPULAS IN KIK

	Person	In LL	In KIK
	1	-im	-im
sg.	2	-î	-î
	3	-e	-it
	1	-in	-în
pl.	2	-in	-in
	3	-in	-in

3.1.3.2 The oblique case

In Kurmanji in Iraqi Kurdistan, a masculine singular noun in the oblique case takes an ending -î.

> Em nanî dixwazin.   'We want bread'.

3.1.3.3 Auxilliary verbs

3.1.3.3.1 Possession

In Kurmanji in Iraqi Kurdistan "there is/are ..." construction differs from that in the literary language (see section 2.6.1). In the latter the structure is as follows:

> <u>Du</u> <u>hevalên min</u> <u>hene</u>   'I have two friends',
>   1   2   3

while in Kurmanji in Iraqi Kurdistan there are two possibilities. First variant is following:

> Zava   dû birazava   hebûn. (RRD)
> 1   2   3
> '(To) bridegroom   two bridegroom's best men   there were'.

I. e. 'The bridegroom had two bridegroom's best men'.

> Her tiştî durka xwe ya   'Everything had its own special song.'
> taybet hebû. (RRD)

In the second variant in affirmative sentences, the izafe appears with the present indicative of this verb in a modified form. The 3rd person singular form loses the final vowel -e and an analogical 3rd person plural is formed.[6]

---

6   Explanation by MacKenzie, David N. *Kurdish Dialect Studies*, Vol. 1, Oxford, Oxford University Press, 1961, p. 191.

Min	*daxwazêt xo*	*yêt heyn.* (RQA)
1	2	3
'(To) me	my wishes	there are'.

I. e. 'I have my wishes'.

| *Bajêrê Dihûkê ... sirûştekê xoş* | 'Duhok city ... has a nice nature'. |
| *yê hey.* (BD) | |

| *Çend cihê şînwarî jî li nav* | 'In our city there are also some |
| *bajêrê me yêt heyn.* (BD) | ancient places'. |

3.1.4 Prepositions

In the Kurmanji dialect in Iraqi Kurdistan, such prepositions as *nik* (RRD) and *def* (BZ) 'to, near, with' that are not found in the literary language are widely used. In the literary language, equivalents to these prepositions are *cem* and *ba* (or *bal*).

3.2 Vocabulary

In this dialect, some words or different pronunciations are used that are absent in the literary language, for instance:

In KIK	*Translation*	*Usage in the texts*
vê gafkê	'at this moment'	(GXMK)
dêrîne	'archaic'	(GXMK)
durik	'song'	(RRD)

4 Azerbaijan

4.1 Phonology

The main difference in the Kurmanji of Kurds in Azerbaijan from the literary language is that there is no 'aynation'.[7]

In some words in the Kurmanji of Azerbaijan, instead of the literary *v*, the consonant *w* is used, for example: *naw* (QM) instead of *nav* 'name'.

Some words that in the literary language begin with *b*, in Kurmanji in Azerbaijan begin with aspirated *p*, for example, *pîztin* (JM) instead of *bihîstin* 'hear, listen', *pin* (JM) instead of *bin* 'under'.

When a vowel is added to a monosyllabic word that ends with a consonant, the consonant is doubled, for example:

---

7 Kurmanji of the Kurds in Azerbaijan see more in Bakaev Ch. Kh. *Jazyk Azerbaijanskikh kurdov* (The language of the Azerbaijanian Kurds), Moscow, 1965.

In KAZ	Translation	Usage in the texts
dakk-i bavîde me	'our parents'	(JM)
dakkê Rûman	'Rûman's mother'	(TM)
Lakke min gir lakkî xwe heyi.	'My older son has his own son'.	(JM)

4.2 Morphology

4.2.1 Noun

4.2.1.1 Izafe

Izafe singular that is -ê, -a (after definite nouns), -î, -e (after indefinite nouns) in literary language (see sections 2.1.5.1 and 2.1.5.2), differ in this Kurmanji by their functions. In the literary language interchange of the izafe forms is considered to be a mistake, whilst in the Kurmanji of Azerbaijan it is possible. Izafe singular for masculine nouns -ê could be used for feminine nouns instead of -a, for instance, dakkê xwe (QM) 'their mother'.

4.2.1.1.1 Izafe masculine singular with the definite nouns

The izafe of masculine singular with the definite nouns in the Kurmanji of Azerbaijan are: -ê, -î, -e.

In KAZ	Translation	Usage in the texts
navê bavê min	'the name of my father'	(LM)
nawî wî qiştaxî	'the name of that village'	(QM)
bave min	'my father'	(TM)

4.2.1.1.2 Izafe feminine singular with the definite nouns

Izafe of feminine singular with definite nouns are: -a, -ê, -i.

In KAZ	Translation	Usage in the texts
qiştaxa me	'our village'	(QM)
dakkê Rûman	'Rûman's mother'	(TM)
olkeyi me	'our country'	(JM)

4.2.1.1.3 Izafe plural after the definite nouns

The izafe of plural definite nouns are: -êne, -ne, -îde, -ene, and -ede:

In KAZ	Translation	Usage in the texts
lawkêne min	'my sons'	(LM)
merîne mezin	'old people'	(LM)
dakk-i bavîde me	'our parents'	(JM)
lakkene min	'my sons'	(JM)

4.2.1.2 Cases

Instead of endings for oblique case used in the literary language (see section 2.1.4.2.2), in the Kurmanji of Kurds in Azerbaijan, the endings -*e* and sometimes -*ê* are used for both genders, for example, *je Gorîse* (TM) 'from Goris'.

4.2.2 Pronouns

4.2.2.1 Personal Pronouns in the direct case

TABLE 41: PERSONAL PRONOUNS IN THE DIRECT CASE IN KAZ

		In LL	In KAZ	Usage in the texts
Sg.	1	ez	ez	(LM, QM)
	2	tu	tu	is not mentioned in the texts
	3	ew	ew, ewe	(JM, LM, QM, TM)
Pl.	1	em	em, emîde	(*em*: JM, LM, QM, TM, *emîde*: JM)
	2	hûn	hûn	is not mentioned in the texts
	3	ew	ew, ewne	(*ew*: JM, *ewne*: JM, LM, QM)

4.2.2.2 Personal Pronouns in the oblique case

In the oblique case, the personal pronouns mentioned in the texts, do not differ from the literary language (see section 2.3.1.2), for instance: *min* (JM, LM, QM, TM), *me* (JM, LM, QM), *wan* (JM, LM), *wî* (QM, TM).

4.2.2.3 The Reflexive Pronoun xwe

In contrast to the literary language (see section 2.3.3), the reflexive pronoun *xwe* in the dialect, acts also instead of the 3rd person singular in the oblique case *wî* (*we*) and the 3rd person plural *wan*, when they are used in the role of determination, for example:

> *Dakkê Rûman keçka min e,*   'The mother of Rûman is my daughter,
> *navî xwe Selwî ye.* (TM)   her name is Selwî'.

4.2.3. Numerals

In the Kurmanji of Azerbaijan, there are two ways of forming tens and numerals from 11 to 19; firstly as in literary Kurmanji (see 2.4.1), like *bîst* 'twenty' (LM), whilst the second formation, as well as in Kurmanji in Turkmenia, is as follows:

Numerals	In LL	In KAZ	Usage in the texts
40	çil	du bîst	(QM)
12	diwanzdeh	tew du	(TM)
13	sêzdeh	tew se	(TM)

4.2.4 Verb

4.2.4.1 Prefixes

This variant of Kurmanji uses the prefix *de-* instead of *di-*. For instance:

In LL	In KAZ	Usage in the texts
dibê(je)	debê	(TM)
dibîne	debîni	(TM)
dihêle	dehêle	(TM)
dimînin	demînin	(LM)
dişixule	deşixuli	(QM)
dixûne, dixwîne	dexûne	(LM)
dizanin	dezanin	(LM, QM)
nedihîştin	nedehîştin	(JM)

4.2.4.2 Personal Endings

In the personal endings of the singular in the Kurmanji of Azerbaijan there are dialectal variations that differ from the literary language (see Table 11).

In LL	In KAZ	Person, plurality
Postconsonantal		
-î	-î, -i	2 pers. sg.
-e	-e, -i, -î	3 pers. sg.
Postvocalic		
-yî	-yî, -yi	2 pers. sg.

4.2.4.3 Future Tense

In the future tense of the literary language usually *-ê* is added to the subject (see section 2.5.4.2), while in the Kurmanji of Azerbaijan *-e* is added and in rare cases *-ê*, for instance, *eze ... avad kim* (TM) 'I shall build'.

4.2.5 Prepositions

In Kurmanji in Azerbaijan, such preposition as *(le) rev* 'near', 'by' is widely used, while there is no such preposition in the literary language. For instance, *Le rev meran* (JM) 'in the presence of men'. There are also such variants of prepositions which are used as:

In LL	In KAZ	Usage in the texts
bi	be	(JM, TM)
bin	pin	(JM)
di	de	(JM)
heta	tay, tadim	(tay: JM, TM, tadim: QM)
ji	je	(JM, LM, QM, TM)
li	le	(JM, LM, QM, TM)
tev	pev	(JM, TM)

4.2.6 Conjunctions

In LL	In KAZ	Usage in the texts
jî	ekî	(TM), also eke, ekê[8]
lê	emma	(LM, TM), also le, hemma[9]
û	i	(JM)

4.3 Vocabulary

Some words are used in this variation of Kurmanji that are absent in the literary language, e. g.:

In KAZ	Translation	Usage in the texts
gep kirin	'talk'	(LM, TM)
safk, savk	'all'	(JM, QM)
tay, tadim	'until, as far as'	(JM, QM, TM)

5 Turkmenia and Khorasan

5.1 Phonology

5.1.1 'Aynation'

The main difference of Kurmanji of the Kurds in Turkmenia and Khorasan, as well as in Azerbaijan, is that there is no 'aynation'.[10]

5.1.2 Additional sounds δ, xᵒ, and ü

In the Turkmenian Kurmanji, there are three additional sounds are found, namely δ, xᵒ, and ü. The latter corresponds to the û or o in the literary language. These sounds are found in the texts in the following words:

---

8 See Bakaev 1965.

9 See Bakaev 1965.

10 For Kurmanji in Turkmenia and Khorasan see more in Bakaev Ch. Kh. *Govor Kurdov Turkmenii* (The language of the Kurds from Turkmenia). Moscow, 1962; Tsukerman I. I., *Khorasanskij Kurmandzhi. Issledovanije i teksty* (Khorasian Kurmanji: investigation and texts). Moscow, 1986.

In LL	In KT&K	Usage in the texts
dikime	*ðekime*	(EWX, UM)
dike	*ðeke*	(EWX)
bixwînî	*bixºûnî*	(UM)
dixwazî	*dexºazî*	(UM)
xwe	*xºe*	(EWX, UM)
xwand	*xºand*	(UM)
bixwînim/bixûnim	*bixºûnim*	(UM)
sor	*sûr*	(UM)

5.1.3 Consonant b

In some cases, instead of *b*, there is *w* in this variant of Kurmanji, for instance:

In LL	In KT&K	Usage in the texts
bûme	*wûme*	(EWX)
hebûn	*hewûn*	(UM)
mekteb	*mektew*	(KM, UM)
qebûl kirin	*qewûl kirin*	(UM)
sibê	*siwê*	(UM)
şorbe	*şorwe*	(EWX)
tunebûn	*tonnewûn*	(KM)
vebûn	*vewûn*	(KM)

5.2 Morphology

5.2.1 Noun

5.2.1.1 Gender

The category of gender in Kurmanji in Turkmenia and Khorasan is not only unstable, but also has undergone significant changes.

5.2.1.2 Izafe

The izafe forms in Kurmanji in Turkmenia and Khorasan are: m. sg. *-ê, -î, -i*, f. sg. *-a, -ê, -î,* and pl. *-ê, -ne, -êne, -ede.*

5.2.1.2.1 Masculine singular

The izafe forms of the masculine singular are following: *-ê, -î, -i.*

In KT&K	Translation	Usage in the texts
bavê min	'my father'	(EWX, UM)
bilbilê baxê te	'nightingale of your garden'	(ED)
zimanê Kormancî	'Kurdish language'	(KM)
midîrî mektebê	'school superintendent'	(UM)
navî bavî min	'the name of my father'	(EWX)
alefbayi xe	'their alphabet'	(KM)

5.2.1.2.2 Feminine singular
The izafe forms of the feminine singular are: *-a, -ê, -î.*

In KT&K	Translation	Usage in the texts
diya min	'my mother'	(UM)
xewa min	'my dream'	(XMT)
diyê min	'my mother'	(EWX, UM)
salê 1916	'1916 year'	(UM)
salî 1933	'1933 year'	(UM)

5.2.1.2.3 Plural
Izafe plural is *-ê* in the texts, but there are also *-ne, -êne, -ede:*

In KT&K	Translation	Usage in the texts
aşiqê çavê te	'beloved of your eyes'	(ED)
çavê min	'my eyes'	(UM)
lingê min	'my legs'	(EWX)

5.2.2 Verb
This variant of Kurmanji uses the prefix of present and past continuous tenses *de-* (sometimes *δe-*) instead of *di-.* For instance:

In LL	In KT&K	Usage in the texts
berf dibare	*berf debare*	(EWX)
dike	*deke, δeke*	(EWX)
dide	*dede*	(EWX)
dixwim	*dexum*	(EWX)
dixwend	*dexand*	(KM)
dimînî	*demînî*	(EKT)
radikevim	*radekevim*	(XMT)

5.2.3 Prepositions

In LL	In KT&K	Usage in the texts
heta	ta(y)	(UM)
ji	je	(EWX, UM)
ku	ki	(UM)
li	le	(EWX, UM)
li vir	le vira	(EWX)
pey	pêy	(UM)

5.2.4 Conjunctions

In LL	In KT&K	Usage in the texts
lê, lê belê	emma, le	(emma: KM, UM, le: EWX)
û	we	(KM, UM)

5.3 Vocabulary

In Kurmanji in Turkmenia and Khorasan, there some (usually loan) words that are not found in the literary language:

In KT&K	Translation	Usage in the texts
bedez	'after'	(UM)
don	'oriental robe'	(UM)
hemîşe	'always'	(KM)
kulli	'all'	(UM)
kurik	'sock'	(EWX)
qiçik	'small'	(EWX)
rû	'day'	(UM)
sa	'for'	(UM)
vî tora	'in this way'	(UM)
weşe kirin	'to be able'	(UM)
xizan	'child'	(EWX, KM, UM)
zindegani dekin	'live'	(KM)

APPENDIX

English Translation of Selected Texts

Part One: Modern Literature in Kurmanji

Lesson I, Text 2

Ehmedê Khanî: *Mem and Zîn*

From Kurdish into English: Kh. Omarkhali

1. Saw that the city and the streets were empty
    The little streets and houses were deserted

2. Left and deserted were the parks and the gardens
    The palaces and courtyards were with no one

3. Knew that the time was treacherous
    Said: 'Come on, heart! What a strange time it is!

4. It is an opportunity to go on a picnic,
    Look at the animals and the birds.

    ——

1. The unhappy Memo left the house
    It was teacher Khizir who made him leave

2. What was that Khizir? It was forgetting
    Forgetting what? The big love it was

    ——

1. O nightingale, if you are a lover
    The moth of the candle of the beloved's flower

2. My Zîn is brighter (i. e. more attractive) than your red rose
    But my fortune is darker than yours

3. I am the real nightingale, o you lucky one,
    Why do you disgrace yourself for nothing?

4. In every garden of flowers in the beginning of spring
   Flowers blossom, not one but thousands

5. Suppose there were many like their beloved
   They would be angels or affectionate huries

6. They will never be a reason for suffering
   Because they are everywhere

7. But if she were just one and unique
   As Zîn and Sîmurgh behind a covering

8. How could the loving one face it?
   What is the solution if not to die?

Lesson II, Text 1

Antoine de Saint-Exupéry: *The Little Prince*

From French into English: Katerina Woods

1. "Good morning," said the fox.
   "Good morning," the little prince responded politely, although when he turned around he saw nothing.
   "I am right here," the voice said, "under the apple tree."
   "Who are you?" asked the little prince, and added, "You are very pretty to look at."
2. "Come and play with me," proposed the little prince. "I am so unhappy."
   "I can not play with you," the fox said. "I am not tamed."
   "Ah! Please excuse me," said the little prince.
   But, after some thought, he added:
   "What does that mean – 'tame'?"
3. "You do not live here," said the fox. "What is it that you are looking for?"
   "I am looking for men," said the little prince. "What does that mean – 'tame'?"
   "Men," said the fox. "They have guns, and they hunt. It is very disturbing. They also raise chikens. These are their only interests. Are you looking for chickens?"

4. "No," said the little prince. "I am looking for friends. What does that mean – 'tame'?"

"It is an act too often neglected," said the fox. "It means to establish ties."

"'To establish ties'?"

"Just that," said the fox.

5. "To me, you are still nothing more than a little boy who is just like a hundred thousand other little boys. And I have no need of you. And you, on your part, have no need of me. To you, I am nothing more than a fox like a hundred thousand other foxes. But if you tame me, then we shall need each other. To me, you will be unique in all the world. To you, I shall be unique in all the world ..."

6. "I am beginning to understand," said the little prince. "There is a flower ... I think that she has tamed me ..."

"It is possible," said the fox. "On the Earth one sees all sorts of things."

"Oh, but this is not on the Earth!" said the little prince. The fox seemed perplexed, and very curious.

"On another planet?"

7. "Yes."

"Are there hunters on that planet?"

"No."

"Ah, that is interesting! Are there chickens?"

"No."

"Nothing is perfect," sighed the fox.

8. But he came back to his idea.

"My life is very monotonous," he said. "I hunt chickens; men hunt me. All the chickens are just alike, and all men are just alike. And, in consequence, I am a little bored. But if you tame me, it will be as if the sun came to shine on my life.

9. I shall know the sound of a step that will be different from all others. Other steps send me hurrying back underneath the ground. Yours will call me, like music, out of my burrow. And then look: you see the grain-fields down yonder? I do not eat bread. Wheat is of no use to me. The wheat fields have nothing to say to me. And that is said. But you have hair that is the colour of gold. Think how wonderful that will be when you

have tamed me! The grain, which is also golden, will bring me back the thought of you. And I shall love listen to the wind in the wheat ..."

10. The fox gazed at the little prince, for a long time.

"Please – tame me!" he said.

Lesson III, Text 3

Antigonus

From Kurdish into English: Kh. Omarkhali

1. Antigonus, a chosen commander of Alexander, went to visit his sick son. The father at the door of his son's room came across a lovely girl. When he came into (the room), his son said:

– Father, my illness went away.

2. The father answered him:

– Yes, my son, we met each other at your doorway. When I was coming, she was going.

Lesson IV, Text 2

Hafiz: *Don't Ask*

From Kurdish into English: Kh. Omarkhali

1. I suffer the pain of love

How much?

Do not ask!

I tasted the poison of a foreign land.

How much?

Do not ask!

2. I have wandered in the world,

I found my beloved.

Who is she?

Do not ask!

3. In front of her door
    My tears flow.
    How long?
        Do not ask!

4. Last night,
    I heard the words from her lips.
    What were (they)?
        Do not ask!

5. Why do you bite your lips,
    Twist your mouth
    I kissed the lips of my beloved
    When?
        Do not ask!

6. Without you
    I was in my destruction
    Was confronted with pain and suffering.
    How hard?
        Do not ask!

7. Like Hafiz
    I fell on the path of love
    and I have arrived ...
    Where?
        Do not ask!

Lesson V, Text 1

Maksim Gorky: *The song of the falcon*

From Russian into English by Dillon Emile Joseph[1]

1. Far up into the pinnacles of the hills crawled a snake and lay there in a
    dank crevice, coiled in a knot and looking out upon the sea.
    High in the heavens beamed the sun and the breathing of the moun-
    tain's sultry heat rose up towards the sky, while the billows below dashed
    themselves against the crag.
    And adown the cleft in gloom and in spray the torrent rushed onward to
    meet the sea, bounding over stones as it rolled.

2. Lashed into foam, grey and strong, it rent the mountain and tumbled into
    the sea, roaring angrily.
    Into the crevice wherein the snake lay coiled a falcon suddenly fell from
    heaven with broken breast and blood-bespattered plumage ...
    With a short cry he dropped upon the earth and beat his breast against
    the unyielding rock in paroxysms of power- less rage.

3. The snake was smitten with fear, and briskly crawled aside, but he soon
    saw that the bird's life would ebb away in two or three minutes.
    He crept closer to the wounded bird and hissed straight into his ear:
    'Art thou dying, then?'

4. 'Yes, I am dying!' answered the falcon, heaving a profound sigh.
    'Gloriously have I lived! I have known happiness! ... I have fought brave-
    ly! ... I have beheld heaven! ... Thou wilt not see it so near! ... Alas! thou
    poor creature!'

5. 'Why, what is heaven? An empty space ... How could I creep up there? I
    am very comfortable here ... It is warm and damp!'

6. That was the answer which the serpent made to the bird of freedom,
    scoffing at him in his heart for these ravings.
    And thus he thought: 'Whether you fly or creep, the end is the same; all
    will lie in the earth, all will moulder to dust ...'

---

1   Translation by Dillon Emile Joseph, in: Maxim Gorky; his life and writings. London,
    pp. 369–375.

Lesson VI, Text 1

Mehmed Uzun: *Cry of the Tigris – Part I*

From Kurdish into English: Kh. Omarkhali

1. The Yezidis of the region Be'edir, Shengal and Lalish with their special white garments, with their very long hair, combed beards and moustaches, sometimes came to the markets of Mosul to buy and sell, especially to sell the products from Shengal, such as walnuts, almonds, raisins, mulberries and dried figs.

2. Though they were inhabitants of the place and spoke a pure, beautiful Kurdish, they were like strange beings with visible traces of suspicion, pain and anxiety on their faces. They were stiff in their movements, their glance was tender, and their speech was modest. In spite of that, however, the people of the town, especially the children and Muslim youth, humiliated the Yezidis as if they were unclean creatures from another world.

Lesson VII, Text 3

Socrates

From Kurdish into English: Kh. Omarkhali

1. A student asked wise Socrates:
   – Which is better, to marry or to stay unmarried?
2. Socrates:
   – Whichever one you choose, you will regret.

Lesson VIII, Text 1

Eskerê Boyîk: *The cloud and the mountain*

From Kurdish into English: Kh. Omarkhali

1. The cloud said to the mountain:
    – 'My life is very interesting. I do what I like. I am the horseman in the sky. If I want, it rains, it snows and it hails. I beat the earth's breast with my sword and it breaks off. If I want I can make a beautiful rainbow curtain and if I want I can make a snowstorm, a flood, and a whirlwind rise ...'
2. – 'Because of this you come and go, and we stay,' the mountain answered to the cloud.
    Temporal neighbours cannot be neighbours for long.

Part Two: Oral Texts in Kurmanji

I. From Turkey, Text 1

My life in Siirt and Batman[2]

1. I am from Siirt; but originally I am from Misêrch village. As I remember, we used to live in the village of Misêrch. Later we came to Batman. We have also grown up in Batman.

2. Batman is a Kurdish city, I think. At first, it was connected with Siirt, but recently it was separated from it; it is now a separate city. Its population is about 500,000, I believe. 500,000 people live in it. It is a very nice city.

3. We grew up there. After that, it is already 15 years now since we came to Germany. Now we live in Germany.
    I have five children; the oldest one is married. Four other children are studying at the university.

4. In our region, Siirt, all people belong to four big tribes. The most famous tribe in our area of Misêrch, for instance, is a tribe called *the home of Jamilê Cheto*. They are called Pênjnarî. He was afterwards hanged, – killed. In our area, I'll tell you, there are people from the Siloqî and Pênjnarî tribes; in the area of Batman, there are people from the Elikî, Reshkotî and Rema tribes. These are three big tribes.

5. In the area of Batman, in the direction of Bishêrî, a region which is called Qubîn in Kurmanji, there are about 10 to 12 Yezidi villages, and maybe even more. Our relationships with each other were good.

6. The original Kurmanji, the variety that is we like most, is from Botan. Botan is located in the area of Jazira, Shirnakh, and Hakkari; those regions straddle the borders of Iran, Iraq and Syria. The majority of the people living there are nomad.

---

2   All translations of the texts from Part II from Kurmanji into English have been made by Khanna Omarkhali.

II. From Armenia and Russia, Text 2

Yezidis and Armenians

1. Until the 1970s the relations between Yezidis and Armenians in Serhed, as well as in the Soviet era in Armenia, were good. During this time, the Armenians never harmed us (i.e. the Yezidis); from 1971-1987 our relationships were also good, but after 1988, the situation deteriorated.
2. For centuries, we had often supported each other; we helped each other during the hard times. For instance, during the battle on the Radawan field between the Yezidis and Muslims, the Armenians under the leadership of the priest Polo (i.e. Pogos), supported the Yezidis.
3. Conversely, during Ottoman rule, when the Turks massacred the Armenians in 1915, the Yezidis rescued many Armenian elderly people and children, and also fought against 'Black Rome' (i.e. Turkey).
4. During the Battle of Sardarabad in 1918, in the war between the Turks and Armenians, the Armenians got great support from the army of Jangîr Agha, son of Khetîb Agha from the Mendikî clan, who with his 1500 Yezidi horsemen was the leader of the Zuqurî confederation of tribes. There has also never been a question of assimilating Yezidis to the Armenians.

III. From Syria, Text 2

Our life in Syria – Part II: My life

1. I have been working on the sewing machine for 16 or 17 years. I have probably made as many as 10 bride dowries with my own hands. I used to make embroidery.
2. I had 6 children; I was still carrying around the youngest one; he was five months old when my husband went to Libya. When he came home, he (i.e. the child) went to the first class in school. For so many years he (i.e. the husband) had not come home, since he had gone to the Arabic country.
3. Honest to God, I used to work at night as much as I worked during the day. There were also 6 children; I had work at home. When I finished the

work at home, I also began working on the sewing machine. My life was all work, from my girlhood on.

4. When my father passed away, I was seven years old. What I remember is that when they took the corpse of my father, I was on my mother's back; I remember it in this way. My brothers were all younger than I. There was no other daughter, just four brothers. All four were younger than I.

5. When I was ten, twelve years old, I was with strangers, grown ups, who were six to ten years older than I. I went to gather cotton together with them; I went with them to gather seeds, and did the same kind of work they did. I used to go with those adults, because the members of our family were small, and my mother was alone. I used to help my mother as well.

IV. From Iraqi Kurdistan, Text 5

Spirit and the body of Adam

1. Again they wanted the Spirit to enter the body (of Adam), and again the Spirit expressed its wishes. It said: "When I enter this body, when it becomes a human being, this human being will have a good and a bad side." It asked: "Then who will be responsible for these sins?" It said: "When it becomes a human being and it has *Nefs* (soul), this *Nefs* will want everything. Then this person will commit a lot of sins. When the person dies, will the account in the hereafter be made on the Spirit or on the body?"

2. The angels answered: "No, the body was created from the earth; it will return to the earth, and will become the earth. The account will be made with the Spirit. The Spirit does not die!" It said: "I shall not enter (the body)!" It said: "If I enter the body, I shall have my wishes." The Angels asked: "What are your wishes?"

3. It answered: "I want a tambourine and a flute to be present and precede the Spirit." The Angels answered: "Yes". It said: "I want a *Kherqe*, put the *Kherqe* on me!" They answered: "Yes!" It said: "I want Seven Angels to enter the body before me! And I want to go to paradise. One of the Angels will be for me an object of belief, and will guide me to paradise ..."

4. Then the Angels accepted its wishes. Seven Angels entered the body before the Spirit. The Angels went out (of the body) in the form of Mysteries: from the eyes, from the mouth, from the ears, (and from the nostrils). When the Spirit entered the body, this body was in the earth from soil and became blood and flesh, became blood and flesh, trembled, and then Adam sat up.

V. From Azerbaijan
Texts written down in the Kalbajar region, Text 1

My sons

1. My name is Zehra. My father's name is Mistafa. We have been in Kalbajar for more than 20 years. We have come to Kalbajar from Aghjakend. I have two sons; one is a doctor, and the other one is studying in Baku; he is 23 years old.
2. Yesterday I went to the village to see my relatives. They live there. They are well.
3. We have not spoken Kurmanji so often, so that is why we have forgotten it. The children understand (lit.: know) Kurmanji, but they cannot speak it. Adults speak Kurmanji well.

Texts written down in the Lachin region, Text 4

Our women

1. In the past, before the revolution, men did not allow women and girls to go anywhere. They were not considered as human beings. They were not allowed to go and walk where they wanted. Our women and girls used to be kept within four walls (i.e. indoors), under black *hijabs*. They did not know what was happening in the world.
2. Our parents gave us away in marriage to men whom we did not want (i.e. did not love). We were not even allowed to talk in the men's presence. The women were not allowed to eat together with the men.
3. After the revolution, the Soviet State brought women out from the darkness to the light. The Soviet State gave rights to women. Now all the women in our country are free. They go where they want. Our girls study in

school. Among Kurdish girls there are doctors. At night, we go to clubs, watch the movies and listen to the radio. Now we no longer have to wear a *hijab*. We all work in the *kolkhoz*.

4. I do not have a husband; he has died. I have two sons and two daughters. My older daughter has married. My younger daughter studies; she studies well. My sons work. My older son has a son of his own. They live with me. My younger son will go to the Soviet Army this year. He will write letters to me.

VI. From Turkmenia, Text 1

My life

1. I was a son of a poor shepherd. In 1916 my mother died. At that time I was a child. Less than half a year after my mother's death, my father died as well and I became an orphan. I was 14 years old then. In our village there was a bey called Mekhtimqulî. I became a shepherd for him.

2. When I became a shepherd for him, he told me: "Don't worry, I'll make you my own son, and I'll marry you off." And I believed him. Year after year passed, but the bey did not even buy me a new robe. So I carried on until 1922. In 1922, Turkmenistan became a Soviet Republic. Then all the beys were arrested.

3. One day I heard that my bey had been arrested as well. I came back from the field to the village. In the village, the Village Soviet called me and said: "Memo, in Ashgabat there is a school for farm labourers; do you want us to send you there to study." I answered: "Of course I will go." That night I did not sleep until the morning as I was so overjoyed.

4. In the morning, we three comrades went to the city. In the city, we found the school and went to the director of the school and showed him our letter (i.e. warrant). He read the letter and said: "I accept you". From this day on, we started on studies. In 1929, I finished school; I was then sent to Tashkent city to continue studying. I studied there until 1933, but in 1933 I developed an eye disease and I was not able to complete school. So I left the school. From there I went back to my village. I was a teacher in the village until 1941.

5. When the war began, I was taken into the ranks of the Red Army. I was sent to Stalingrad city where I became a sniper.

VII. From Khorasan, Text 1

Kurds and Schools

1. During the time of the Tsar's government, Kurds did not have their own schools. They had neither schools, an alphabet of their own, nor books.
2. Kurdish children were not allowed to enter schools; they always remained illiterate. Some of them, who did study, did not understand well why there was no Kurdish language.
3. But now, in the Soviet State, schools and Kurdish language courses have been opened for the Kurds who live in the Union of Soviet Socialist Republics (the USSR). Kurdish children now study their language at schools. Now they have both an alphabet and books of their own.

Sources of Kurdish Texts

Part One: Modern Literature in Kurmanji

Lesson I
Firîda Hecî Cewarî. *Heciyê Cindî. Jiyan û Kar*. Lîs: Istanbul, 2008, pp. 32–33.
Ehmedê Xanî. *Mem û Zîn*. Bi kurdiya îro: Jan Dost. Avesta: Istanbul, 2008, pp. 161, 165–166, 166–167.
Folklora Kurmanca. Heciyê Cindî û Emînê Evdal. Avesta: Istanbul, 2008, part I: Tosinê Reşîd, p. 17, part II: Eskerê Boyîk, p. 35.

Lesson II
Antoine de Saint-Exupéry. *Mîrê Piçûk*. Translation from English into Kurdish by Khanna Omarkhali.
Siyabend û Xecê. Sofya, 1995, p. 104.
Şikoyê Hesen. 'Ez û baran', in: *Payiz û Ba. Şi'rên bijarte*. Istanbul, 2008, p. 94.
Qanatê Kurdo. *Gramera Zimanê Kurdî (kurmancî-soranî)*. Koral: Istanbul, 1991, p. 8.

Lesson III
Mehmed Uzun. *Siya Evînê*. Avesta: Istanbul, 2001, part I: p. 16, part II: p. 159.
'Memê û Eyşê,' in: *Folklora Kurmanca*, Heciyê Cindî û Emînê Evdal. Ji Kîrîlî bo Latînî Tosinê Reşîd. Avesta: Istanbul, 2008, pp. 594–595. Written down from Hovanês Poxosyan, village Avan in Ashtarak, by H. Cindî and Ş. Kûzîkyan in 1933.
'Tiştine kevin lê herdem teze û hêja. Entîgonas', in: *Ronahî*, 21. Şam, 1943, p. 10.
Qanatê Kurdo. *Tarîxa edebiyeta Kurdî*. Öz-Ge: Ankara, 1992, p. 105.

Lesson IV
Ereb Şemo. *Şivanê Kurd (Le Berger Kurde)*. Kurdî-Fransizî. Traduit en français par Basile Nikitine, ancient consul de Russie à Ourmiah. Institut Kurde de Paris: Paris, 1989, p 26.
Hafiz. 'Nepirse', in: *Sorgul û Bilbil*. Wergerandin: Husein Muhammed. Nûdem: Istanbul, 2005, pp. 17–18.
Erebê Şemo. *Berbang*. Haypethrat: Yerevan, 1958, part I: p. 3, part II: p. 15. From Cyrillic to Roman: Kh. Omarkhali.

Lesson V

Nuredîn Zaza. *Bîranîn (Şam-Bêrût)*. Avesta: Istanbul, 2008, pp. 55–56.

Maksim Gorky. 'Kilam derheqa teyrê baz da', in: *Xwendina Lîtêratûrayê bona dersxanêd VII–VIII*. Neşirkirina çara. Translated and prepared by Mîroyê Esed and Qaçaxê Mirad. Yerevan, 1979, pp. 89–92. From Cyrillic to Roman script: Kh. Omarkhali.

Heinrich Heine. 'Tragêdiya', in: *Haynrîş Haynê. Helbest*. Translated from German into Kurdish: Hussein Habasch. Hogir: Bonn, 2001, p. 95.

Wezîrê Eşo. 'Dîroka Kurdên Sovyeta Kevin', in: *Nûdem*, 31. Sweeden, 1999, pp. 21–22.

Lesson VI

Mehmed Uzun. *Hawara Dîcleyê*. Avesta: Istanbul, 2001, part I: p. 172, part II: p. 179.

Kemal Burkay. 'Serokzindan û Hozan', in: *Azadî û Jiyan*. Roja Nû: Stockholm, 1988, p. 216.

Ordîxan û Celîlê Celîl. *Zargotina Kurda*. Nauka: Moskva, 1978, part I: p. 29, part II: p. 30.

Lesson VII

Sehîdê Îbo. *Kurdê Rêwî*. From Cyrillic to Roman: Khanna Omarkhali. Avesta: Istanbul, 2009, pp. 78–79.

Cegerxwîn. 'Agirî Evîndarî', in: *Kî me ez*. Dîwan 3. Avesta: Istanbul, 2003, p. 196.

'Tiştine kevin lê herdem teze û hêja, Sokrat', in: *Ronahî*, 21. Şam, 1943, p. 10.

Folklora Kurmanca. Heciyê Cindî û Emînê Evdal. Avesta: Istanbul, 2008. Emînê Evdal (1906–1964), Eskerê Boyîk, pp. 41–42.

Lesson VIII

Eskerê Boyîk. 'Ewir û çiya', in: *Çîrokên Oda Me*. Afiş: Istanbul, 2004, p. 136.

M. Lêrmontov. 'Msîrî', in: *Xwendina Lîtêratûrayê bona dersxanêd VII–VIII*. Neşirkirina çara. Yerevan, 1979. Translated and prepared by Mîroyê Esed and Qaçaxê Mirad, pp. 34–38. From Cyrillic to Roman: Khanna Omarkhali.

Kemal Mezher. 'Şerefname di Kurdnasiya Sovyetê de', in: *Şerefname Dîroka Kurdistanê. Şerefxanê Bedlîsî*. Werger: Ziya Avcî. Avesta: Istanbul, 2007, p. 59.

Part Two: Oral Texts in Kurmanji

I. Written down from the Kurd from Turkey

Text 1. *Jiyana min li Sêrtê û Batmanê*. The text was recorded from Jewzetê Khelîl by Kh. Omarkhali, on 23.01.2011, Nordstemmen, Germany.

II. Written down in Armenia and Russia

Text 1. *Jiyana Koçberiyê*. The text was written down from Qanatê Kakê by Kh. Omarkhali, on 02.08.2005, in Khimki, Moscow region, Russia.

Text 2. *Êzdî û File*. The text was written down from Usoyan Rizayê Kakê, on 10.10.2005, St Petersburg.

Text 3. *Dewat*. The text was written down from Nara Kerem by Kh. Omarkhali, 13.07.2005, St Petersburg.

Text 4. *Şîn*. The text was written down from Usoyan Rizayê Kakê, on 10.10.2005, St Petersburg.

Text 5. *Rev*. The text was written down from Rihana Minet by Kh. Omarkhali, on 04.08.2005, Semenovka village, Tula region, Russia.

III. Written down from the Kurd from Syria

Text 1. *Jiyana me li Sûriyê. Part I. Gundê me*. The interview with Diya Hezhar was conducted by Kh. Omarkhali on 16.01.2011, Hannover, Germany.

Text 2. *Jiyana me li Sûriyê. Part II. Emrê min*. The interview with Diya Hezhar was conducted by Kh. Omarkhali on 16.01.2011, in Hannover, Germany.

IV. Written Down in Iraqi Kurdistan

The Shingal (Sinjar) region

Text 1. *Rê û Rismê Dewatê li Şingalê*. The interview was made from Seydo Cheto Heso by Kh. Omarkhali, on 17.12.2010, Duhok, Iraqi Kurdistan.

Text 2. *Êzdiyên Şingalê. Part I*. The text was written down from Isma'îl Hejî Nîsko Reshkî by Kh. Omarkhali, on 15.04.2008, Lalish, Iraqi Kurdistan.

Text 3. *Êzdiyên Şingalê. Part II*. The text was written down from Gîrto Silo Temer Reshkî by Kh. Omarkhali, on 15.04.2008, Lalish, Iraqi Kurdistan.

The Til Kêf (Tel Keppe) region

Text 4. *Gundê Xetarê û Mîrê Kor*. The text was written down from Elyas Ne'mo Elyas by Kh. Omarkhali, on 09.04.2008, Khetarî, Iraqi Kurdistan.

Text 5. *Ruh û Qalibê Adem*. The interview was made with Merwanê Khelîl by Kh. Omarkhali, on 03.03.2008, Nienhagen, Germany.

The Zakho district

Text 6. *Bajêrê me Zaxo*. The text was written down from Ebdul Ezîz Silêman by Kh. Omarkhali, on 20.04.2008, Zakho, Iraqi Kurdistan.

Duhok

Text 7. *Bajêrê Dihokê*. The text was written down from Ehmed Elî Ebbas by Kh. Omarkhali, on 17.12.2010, Duhok, Iraqi Kurdistan.

V. Written down in Azerbaijan

The Kalbajar region

Text 1. 'Lawkêne min', in: Bakaev, Ch. Kh. *Jazyk Azerbajdzhanskikh kurdov*. Moscow, 1965, pp. 138–139. Written down by Ch. Kh. Bakaev from Zehra Mustefayeva, Kalbajar region. From Cyrillic to Roman: Kh. Omarkhali.

Text 2. 'Qiştaxa me', in: Bakaev, Ch. Kh. *Jazyk Azerbajdzhanskikh kurdov*. Moscow, 1965, pp. 140. Written down by Ch. Kh. Bakaev from Selîm Mamedov, Aghjakend region. From Cyrillic to Roman: Kh. Omarkhali.

The Lachin region

Text 3. 'Tiye me', in: Bakaev, Ch. Kh., *Jazyk Azerbajdzhanskikh kurdov*. Moscow, 1965, pp. 175. Written down by Ch. Kh. Bakaev from Qereqiz Khudoyeva, Minkand. From Cyrillic to Roman: Kh. Omarkhali.

Text 4. 'Jinîde me', in: Bakaev, Ch. Kh., *Jazyk Azerbajdzhanskikh kurdov*. Moscow, 1965, pp. 178–179. Written down by Ch. Kh. Bakaev from Qizbest Shaurdiyeva, Zerti. From Cyrillic to Roman: Kh. Omarkhali.

VI. Written down in Turkmenia

Text 1. 'Umrî min', in: Bakaev, Ch. Kh., *Govor Kurdov Turkmenii*. Moscow, 1962, pp. 153. Written down by Ch. Kh. Bakaev from Yakhshîmûrad Farkhadov, Ashgabat. From Cyrillic to Roman: Kh. Omarkhali.

Text 2. 'Ez we xᵒe', in: Bakaev, Ch. Kh., *Govor Kurdov Turkmenii*. Moscow, 1962, pp. 157. Written down by Ch. Kh. Bakaev from Bîvî Mamî, Bagir village, Ashgabat region. From Cyrillic to Roman: Kh. Omarkhali.

VII. Written down in Khorasan

Text 1. 'Kormanc we mektew', in: Tsukerman I. I., *Khorasanskij Kurmandzhi. Issledovanije i teksty*. Moscow, 1986, p. 266. Reprinted from: Pehlewî G. G., *Kitawê xandinê. Bolekê dowwom*. Salê 2–om. Eşqabad, 1934, pp. 101–102.

Text 2. 'Ezê dax im, daxê te me', in: Tsukerman I. I., *Khorasanskij Kurmandzhi. Issledovanije i teksty*. Moscow, 1986, p. 232. Reprinted from: Ivanow W., 'Notes on Khorasani Kurdish', in: *JPASB*, Vol. 23, 1, 1927, p. 73.

Text 3. 'Gulgerdîno', in: Tsukerman I. I., *Khorasanskij Kurmandzhi. Issledovanije i teksty*. Moscow, 1986, p. 232. Reprinted from: Ivanow W., 'Notes on Khorasani Kurdish', in: *JPASB*, Vol. 23, 1, 1927, p. 73.

Text 4. 'Ez ki terem, tu demînî', in: Tsukerman I. I., *Khorasanskij Kurmandzhi. Issledovanije i teksty*. Moscow, 1986, p. 233. Reprinted from: Ivanow W., 'Notes on Khorasani Kurdish', in: *JPASB*, Vol. 23, 1, 1927, p. 82.

Text 5. 'Xewa min tê, radekevim', in: Tsukerman I. I., *Khorasanskij Kurmandzhi. Issledovanije i teksty*. Moscow, 1986, p. 236. Reprinted from: Ivanow W., 'Notes on Khorasani Kurdish', in: *JPASB*, Vol. 23, 1, 1927, p. 80.

Recommended Literature

1. Dictionaries

Amindarov, A. *Kurdish – English, English – Kurdish Dictionary*, New-York, 1994.

Bakaev, Ch. Kh. *Kurdsko – russkij slovar'*. Ed. I. A. Orbeli. Moscow, 1957.

Blau, J. *Dictionnaire kurde – français-anglais*, Bruxelles, 1965.

Chyet, M. L. *Kurdish – English Dictionary*. New Haven and London, 2003.

Farizov, I. O. *Russko – kurdskij slovar'*. Ed. A. A. Dzhangoev. Moscow, 1957.

Khamojan, M. U. *Kurdsko – russkij frazeologicheskij slovar'*. Yerevan, 1979.

Kurdoev, K. K. *Kurdsko – russkij slovar' (Kurmandzhi)*. Otvets. red. M. N. Bogoljubov. Moscow, 1960.

Omar, F. F. *Kurdisch – deutsches Wörterbuch* (Nordkurdisch / Kurmancî). Kurdische Studien in VWB. Berlin, 1992.

Rizgar, B. *Kurdish – English, English – Kurdish (kurmancî) dictionary*. London, 1993.

Saadallah, S. *Saladin's English – Kurdish dictionary*. 2nd edition. Istanbul, 2000.

Şirîn, *English – Kurmanji, Kurmancî – Înglîzî word-list: Behdînî dialect*. Duhok, 2006.

Tsabolov, R. L. *Etimologicheskij slovar' kurdskogo jazyka*. Vol. I–II, Moscow, 2001, 2010.

2. Text Books

Begik, A., Neumann R. *Hînbûna Kurdî, Kurdisch lernen. Ein Kurdisch-Lehrbuch*. Köln, 2008.

Hajo, Z. *Kurdisch (Kurmandji) 20 Lektionen*. Dissertation zur Erlangung des Grades eines Doktors der Philosophie. Berlin, 1982.

Incekan, A. *Kurdisch Kompakt Lehr- und Übungsbuch mit Lösungsschlüssel und CD*. Wiesbaden, 2010.

Rizgar, B. *Learn Kurdish. Dersên Kurdî*. London, 1996.

Wurzel, P. *Rojbaş. Einführung in die kurdische Sprache*. Wiesbaden, 1997.

3. Literature on Kurmanji Grammar

Bakaev, Ch. Kh. 'Kratkij ocherk grammatiki kurdskogo jazyka', in: *Kurdskij slovar'* (Kurdish dictionary), Moscow, 1957.

– *Govor kurdov Turkmenii: fonetika, grammatika, teksty i slovar'* (The language of the Kurds from Turkmenia: phonology, grammar, texts and dictionary), Moscow, 1962.

– *Jazyk azerbajdzhanskikh kurdov* (The language of Azarbaijanian Kurds), Moscow, 1965.

– *Jazyk kurdov SSSR. Sravnitel'naja kharakteristika govorov* (The language of the Kurds of USSR. Comparative characteristic of dialects), Moscow, 1973.

– *Rol' jazykovykh kontaktov v razvitii jazyka kurdov SSSR* (The role of language contacts in the development of the language of the Kurds of USSR). Moscow, 1977.

– *Osnovy kurdskoj orfografii* (Principles of Kurdish orthography), Moscow, 1983.

Bedir Khan, E. D. und Lescot, R. *Grammaire k'urde: dialect kurmandji.* Paris: Maisonneuve, 1970. Also: Paris: J. Maisonneuve, (Librairie d'Amerique et d'Orient), 1991.

– (in German) *Kurdische Grammatik / Kurmancî-Dialekt,* Bonn, 1986.

– (in Turkish) *Kürtçe Gramer (kurmanci lehçesi).* Istanbul, 2004; *Kürtçe Gramer (kurmanci lehçesi),* Istanbul, 2009.

Bedirxan, C. A. *Bingehên Gramêra Kurmancî,* Istanbul, 2010. (From Hawar, Vol. 2, 27–54, Stockholm, 1998).

Blau, J. *Le kurde de 'Amādiya et de Djabal Sindjār: analyse linguistique, textes folkloriques, glossaries,* Paris, 1975.

– 'Le kurde', in: *Compendium Linguarum Iranicarum.* Hg. Rüdiger Schmitt. Wiesbaden, pp. 327–335, 1989.

Jardine, R. F. *Bahdinan Kurmanji, A Grammar of the Kurmanji of the Kurds of Mosul Division and Surrounding Districts of Kurdistan,* Baghdad, 1922.

Khamojan, M. U. *Osnovy frazeologii kurdskogo jazyka* (Fundamentals of the phraseology of the Kurdish language), Yerevan, 1988.

Kurdoev, K. K. *Grammatika kurdskogo jazyka (Kurmandzhi): fonetika, morfologija* (Kurdish grammar based of the Kurmanji dialect: phonetic, morphology). Ed. M. N. Bogoljubov, Moscow-Leningrad, 1957.

– *Kratkij ocherk grammatiki kurdskogo jazyka* (Brief outline of the Kurdish grammar), in: *Kurdskij slovar',* Moscow, 1960.

– *Kurdskij jazyk* (The Kurdish language), Moscow, 1961.

– *Grammatika kurdskogo jazyka na materiale dialektov kurmandzhi i sorani* (Kurdish grammar based on materials of the Kurmanji and Sorani dialects). Ed. M. N. Bogoljubov. Moscow, 1978.

MacKenzie, D. N. *Kurdish Dialect Studies.* London-Oxford University Press, Vol. I., 1961 XXI, Vol. II, 1962, XIV.

Qanatê Kurdo. *Gramera Zimanê Kurdî: kurmanci – sorani,* Istanbul, 1990.

Samî Tan. *Waneyên Rêzimanê Kurmancî,* Istanbul, 2000.

Tsabolov, R. L. *Ocherk istoricheskoj morfologii jazyka* (A sketch of historical morphology of the language), Moscow, 1978.

Tsukerman, I. I. *Khorasanskij kurmandzhi: issledovanije i teksty* (Khorasanian Kurmanji: investigation and texts), Moscow, 1986.

– *Ocherki kurdskoj grammatiki: glagol'nyje formy kurmandzhi* (Outlines of the Kurdish grammar: verbal forms of Kurmanji), Moscow, 1962.

English – Kurdish Dictionary of Linguistic Terms

English	*Kurmancî*
A	
abbreviation	*kurtebêj; kurtî*
abusive	*bedgo, çêrbaz*
adage, saying	*metelok*
adjective	*rengdêr*
adjectival	*rengdêrîn*
adverb	*rengpîşe*
adverbial	*rengpîşeyî*
affectionate form	*şêweyê dilovan*
affirmative	*erînî*
affirmative sentence	*hevoka erînî*
alphabet	*elfabe*
antonym	*dijwate*
application	*bikaranîn*
approximate meaning	*maneya nêzîk*
Arabic script	*tîpên/herfên 'erebî*
article	*veqetandek*
articulate	*bi lêv kirin*
attribute	*rûçik, wesf, celeb*
attribute, modifier	*wesf; paşnav*
B	
bilingual	*duzimankî*
C	
capital letter	*(tîp) girdek*
case	*hal*
colon	*niqtecot*
comma	*bîhnok*
comparative	*berhevda*
comparison	*berhevdanî, himberîhevkirin*
compilation	*berhevkirina peyvikan*
complete form	*forma temam*
conditional	*hekanî, hekînî*
conjunctive mood I	*bilaniya niha*

conjunction   *gîhanek, pevgirêk*
consonant   *dengdar*
Cyrillic script   *tîpên/herfên kîrîlî*

D
definite article   *veqetandeka binavkirî*
demonstrative   *işarkî, nîşankirinê*
demonstrative pronouns   *cînavên işarkî/nîşankirinê*
description   *rave*
dialect   *zar, zarav*
dictionary   *ferheng*
diminutive form   *hûredar*
diphthong   *cotedeng, pevdeng*
discourse   *axaftin, gotar*
dots, marks of omission   *pirniqte*

E
etymology   *êtîmolojî*
example   *mînak, nimûne*
exclamation mark   *niqtebang*
explicit   *eşkere, diyar*
express   *anîn zimên*

F
feminine   *(zayenda) mê*
folklore   *zargotin*
for example   *bo mînak*
Future tense   *dema pêşî; pêşedem*

G
gender   *zayend*
grammar   *rêziman*
grammatical   *rêzimanî, yê rêzimanê*
grammatical error   *xeletiyeke rêzimanî*
grammatical term   *biwêja rêzimanî*

H
hyphen   *bendik*

I
idiom   *biwêj*
idiomatic   *biwêjî*
imperative   *fermanî*

the imperative mood	*raweya fermanî*
impersonal form	*şêweyê nekesîn*
indention	*komek*
infinitive	*rader*
interjection	*baneşan*
interrogative	*pirsiyarî, pirsyarkî*
interrogative pronoun	*cînavê pirsiyarî*
in most cases	*bi piranî*
invariable	*neguhêrbar*
indefinite article	*veqetandeka nebinavkirî*
indirect objects	*objeyên nerêrast*
intransitive verb	*lêkera negerandî*
irregular verb	*lêkera nerêzdar*

J
jocularly	*bi henekan*
joint	*bi hev re, pevre, tevde*
joke	*henek*

K
Kurdish numbers	*hejmarên Kurdî*
Kurdish alphabet	*elfabeya Kurdî*

L
language	*ziman*
letter	*tîp, herf*
linguist	*zimanzan*
linguistic	*yê zimanzaniyê*
linguistics	*zimanzanî, zimannasî*
literary	*edebî, bêjeyî*
literate	*xwendewar*
literature	*edebiyat, bêje*
little dictionary	*ferhengok*
long vowels	*dengdêrên dirêj*

M
masculine	*(zayenda) nêr*
mood	*rawe*
mother tongue	*zimanê dê, makeziman, zimanê zikmakî*

N
negation	*neyînî, înkar*
negative question	*pirsa neyînî*

neutral   *alînegir, notir*
noun   *nav, navdêr*
number   *hejmar, jimar*
numeral   *hejmar, jimar*

O
object   *tişt, obje*
official   *fermî, resmî*
optative (mood)   *bilanî*
orthography   *rastnivîsîn*
orthographic   *rastnivîsînî*

P
paragraph   *komek*
parenthesis   *kevanek*
passive   *pasîf, tebatî*
past   *borî, derbasbûyî*
Past Continuous tense   *dema boriya berdest*
past participle   *raweya çêbiwar*
Past Perfect tense   *dema boriya çîrokî*
Past tense   *dema borî*
person   *kes, şexs*
personal   *kesane, kesîn, şexsî*
personal pronouns   *cînavên kesîn*
poem   *helbest, şîîr*
poet(-ess)   *helbestvan, şair*
poetry   *helbestvanî*
point   *niqte*
possessive case   *raweya xwedîtî*
possessive adjectives   *rengdêrên xwedîtî*
possessive pronouns   *cînavên xwedîtî*
Present Perfect tense   *dema boriya dûdar*
Present tense   *dema niha, dema hazir*
present stem   *koka niha*
punctuation   *niqteşanî*
punctuation mark   *nîşandek*
preposition   *daçek*
pronoun   *pronav, cînav*
pronunciation, articulation   *bilêvkirin, telefûz*

Q
question   *pirs*
quotation   *jêderk*

R

reduplication	*dubarekirin*
reduplication of the letter	*dubarekirina tîpekê*
Roman script	*tîpên/herfên latînî*

S

semicolon	*niqtebîhnok*
sentence	*hevok*
short form	*forma kurt*
short vowels	*dengdêrên kurt*
Simple Past Tense	*dema boriya têdayî*
small letters	*tîpên hûrek*
subject	*kirde*
syllable	*kît, kîte*
synonym	*hemwate, hevwate, hevmane*
singular	*yekejmar, yekhejmar, yekjimar*
sound	*deng*
source	*çavkanî*
syntax	*hevoksazî*

T

tense	*dem*
term	*têrim, biwêj*
transitive verb	*lêkera gerandî*
translation	*werger, wergerandin*

U

underline	*binî xet kirin*
unification	*yekbûn*
usage	*bikaranîn*

V

verb	*lêker*
verbal stems	*rayên lêkeran*
Vocative	*halê gazîkirinê*
vowel	*dengdêr*

W

word	*gilî, gotin, bêje; peyv*
word-formation	*peyvsazî*
writer, author	*nivîskar*

Grammatical Index